重构诉讼体制

——以审判为中心的诉讼制度改革

推进“以审判为中心”的诉讼制度改革，旨在解决以往的实践中“以侦查为中心”的诉讼模式时有发生的“侦查失控”、“制约失灵”及“控辩失衡”等问题，最终目的是进一步促进司法公正、更加有力地保障司法公正。

“以审判为中心”的诉讼制度与“以侦查为中心”的诉讼制度的差别，表面看是刑事诉讼中究竟是“谁说了算”的不同，实际上，更重要的是“凭什么说了算”的差别；表面看是刑事诉讼重心的不同，实际上，更重要的是其诉讼方式的差异。

推进“以审判为中心”的诉讼制度改革，所要推进的不仅仅是诉讼体制的变化，更重要的是诉讼方式的改变；不仅是改变刑事诉讼的中心，更是加强对刑事诉讼权利主体的保障，甚至要求重构刑事诉讼主体间的关系。

——王敏远

Towards a Trial-centered System

重构诉讼体制

——以审判为中心的诉讼制度改革

王敏远　等◎著

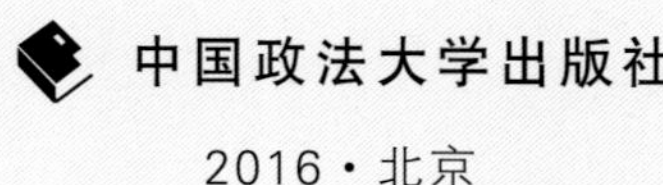

2016・北京

图书在版编目（CIP）数据

重构诉讼体制：以审判为中心的诉讼制度改革/王敏远等著. —北京：中国政法大学出版社，2016.4

ISBN 978-7-5620-6627-9

Ⅰ. ①重…　Ⅱ. ①王…　Ⅲ. ①诉讼—司法制度—体制改革—研究—中国　Ⅳ. ①D925.04

中国版本图书馆CIP数据核字(2016)第047754号

出版者　中国政法大学出版社

地　址　北京市海淀区西土城路25号

邮寄地址　北京100088信箱8034分箱　邮编100088

网　址　http://www.cuplpress.com（网络实名：中国政法大学出版社）

电　话　010-58908289(编辑部)　58908334(邮购部)

承　印　固安华明印业有限公司

开　本　880mm×1230mm　1/32

印　张　10.875

字　数　285千字

版　次　2016年4月第1版

印　次　2016年4月第1次印刷

定　价　44.00元

前言 PREFACE

本书的撰写源于我今年在中国社会科学院法学研究所主办的“创新论坛”上的主旨发言。“创新论坛”乃法学所为“创新工程”所设，旨在为研究人员进行学术交流提供平台。“创新论坛”自创办以来，我每年都会选择一个主题作主旨发言，并与参与该论坛的诸多同仁就此主题及相关问题展开讨论。今年我的发言主题是“以审判为中心的诉讼制度改革初步研究”。我的主旨发言，得到了当天参与讨论者的积极响应。这次“创新论坛”之后，参与者普遍认为应继续深入研究“以审判为中心的诉讼制度改革”问题。为此，我们对这个问题又进行了多次讨论。在对各相关问题的讨论达成意见比较一致的基础上，大家一起确定了本书的基本观点、研究思路和方法，并确定了本书的结构和写作分工。因此，本书虽然以我在论坛的发言为主基调，实际是大家共同努力的结果，是本书作者本着共同的法治信念和积极推动我国司法改革的热情，潜心研究的结果。

需要说明的是，我们的研究属于对策性研究，虽然基于对现代刑事程序法治的信念和观念，但却并非为解决理论中的问题而进行研究，而是针对实践中的刑事司法实践问题展开研究，希望有助于解决以往实践中常见的“以侦查为中心”的诉讼模式所产生的问题。当然，应当看到，“以审判为中心的诉讼制度改革”，有助于解决“以侦查为中心”的诉讼模式所产生的问题，但却不可能解决刑事司法实践中存在的所有问题，甚至于，关于这项改革对解决冤错案件的作用，我们也应有清醒的预期。显然，像美国那样奉行典型的以审判为中心的诉讼制度，冤错案件并未能根本杜绝，足以说明对以审判为中心的诉讼制度改革的效果，绝不应抱不切实际的期待。重要的是，“以审判为中心的诉讼制度改革”，不仅有助于解决“以侦查为中心”的诉讼模式所产生的问题，而且，这项改革本身就是刑事程序法治的进步。不论是从世界的范围来看，还是从中国的情况来看，刑事程序法治的发展和进步，虽然并不意味着实践问题的彻底解决，但总是意味着问题解决的推进。例如，就冤错案件来说，虽然不论诉讼制度怎样改革，人间的司法也难以绝对避免其发生，但是刑事程序法治的发展和进步，对于更加有效地预防和减少冤错案件，将产生积极意义。

推进以审判为中心的诉讼制度改革，是中央所确定的这次司法改革的重要内容。对我这样研究程序法的学者来说，其重要性特别显著，以至于我认为，在某种意义上可以说，以审判为中心的诉讼制度改革是否成功，将决定本轮司法改革是否能获得成功。因此，我们有必要倾注更多的努力来推动这项改革。希望我们的研究有助于促进这项改革中的问题的解决，有助于积极推动这项改革。

本书除了导论部分由我撰写，其余各章分别由杨东亮博士（第一章）、马永平博士生（第二章）、陈心歌副教授（第三章）、祁建建副研究员（第四章）、孔军博士（第五章）负责撰写，并由我对全书进行统稿。成书仓促，错误难免，敬请读者指正。

王敏远

2015 年 10 月

目录

导 论

以审判为中心的诉讼制度改革问题初步研究

关于“以审判为中心”问题，理论界早就有学者进行研究，而“以审判为中心”的诉讼制度改革问题研究，则源于本次司法改革。党的十八届四中全会《关于全面推进依法治国若干重大问题的决定》（以下简称《决定》）提出，要推进以审判为中心的诉讼制度改革。我们认为，推进以审判为中心的诉讼制度改革是司法改革的重要组成部分。这项改革，应当在现代司法理念的指引下推进，即按照司法的规律及坚持“司法是维护社会公平正义的最后一道防线”的理念推进改革；这项改革所要解决的问题，不仅仅是充分发挥法庭审判的功能，强化司法的权威，更重要的是为了促进司法公正、更加有力地保障司法公正、更加有效地维护司法公正。为此，通过改革，应当有利于从源头治理司法不公正的问题，即针对以往的刑事诉讼实践中“以侦查为中心”的问题，确立“以审判为中心”的新的诉讼制度，以便于有效解决这些问题。

“以审判为中心”的诉讼制度改革是一项意义深刻的改革，其所改变的不仅仅是何为刑事诉讼的中心，更重要的是，应该采用何种刑事诉讼的方式。因此，这项改革对于我国刑事诉讼的体制、程序、诉讼主体间的关系等诸多方面都将发生深刻影响，以此积极推动我国刑事程序法治的发展。

在此，我们将以确定推进以审判为中心的诉讼制度改革的意义为基础，分析这项改革所要解决的问题，探讨这项改革应当注意的关键环节，为本书的基本观点作简要阐述。

一、推进"以审判为中心"的诉讼制度改革的重要意义

"以审判为中心"作为体现现代刑事诉讼制度基本特征的概念，含义很复杂。所谓"以审判为中心"，是指刑事审判在整个刑事诉讼中具有核心的、决定性的地位，只有经过符合正当程序的审判，才能最终确定被告人的刑事责任问题；审前程序应当围绕司法公正的要求、服从公正审判的需要；审判机关不仅要在刑事诉讼进入审判阶段时发挥其主导刑事诉讼的作用，而且，应当对审前程序发挥积极作用，使审判在刑事诉讼中真正具有决定性的作用，以有效保障司法公正、实现司法公正。以上这三个方面的内容，只是简单地确定了"以审判为中心"这个概念的基本含义，而不是关于这个概念的详细探讨。如此确定这个概念的基本含义，可以满足我们在此的探讨需要，而关于这个概念的系统探讨，应该需要专门的研究。〔1〕

现代刑事诉讼制度之所以强调以审判为中心，我认为，主要基于两个方面的原因：一是刑事审判较之审前程序能够更全面地体现现代刑事司法公正的基本要求，因此，以审判为中心这种司法体制，更有利于实现刑事司法公正的目标；二是审前程序在刑事诉讼中具有极为重要的作用，但因为审前程序由强大且强势的侦查机关主导，如果不能受到司法的有效制约，易于偏离现代刑事司法公正的要求。正是基于促进和保障刑事司法公正的需要，

〔1〕我以为，从理论研究的角度，关于"以审判为中心的诉讼制度"这个概念的详细探讨，包括准确界定其内涵和外延等，是很有价值的。但鉴于这个概念以往讨论有限，得到学界清晰且较统一的认识，需要较长时间，与我们在此的对策性研究的需要不符。因此，这里对此概念中人们易于达成共识的问题只作简单说明，对概念的详细的探讨则予以搁置。

我国现在提出了推进以审判为中心的诉讼制度改革。这项改革不仅是本次司法改革的一个重点，也是一个亮点，更是一个难点。

之所以说推进以审判为中心的诉讼制度改革是本次司法改革的一个重点，不仅仅是因为党的十八届四中全会《决定》以及最高人民法院颁布的《第四个五年改革纲要》专门提到了这项改革，更主要的是因为这项改革在刑事司法改革中居于中枢地位，是这次刑事司法改革的关键所在。我国刑事诉讼制度自1979年制定《刑事诉讼法》之后，历经1996年和2012年修改，不断趋于完善；而从司法实践的情况来看，也在逐渐发展。然而，应当看到，刑事诉讼法律制度的完善，某种意义上可以说现在已经遇到了瓶颈。这个瓶颈就是现行刑事司法体制——未能遵循以审判为中心的诸多要求的体制。正是这个瓶颈，不仅使刑事诉讼法律制度的进一步完善难以推进，而且，刑事诉讼法已有的一些修改完善，也难以产生应有的积极效果。〔1〕因此，推进以审判为中心的诉讼制度改革，是进一步完善刑事司法制度的关键。

推进以审判为中心的诉讼制度改革，也是这次刑事司法改革的亮点。这不仅因为这项改革是刑事司法改革的关键，更重要的是因为这项改革契合了现代刑事诉讼发展的潮流，对促进具有现代意义的刑事司法公正来说，具有突出的价值。一方面，众所周知，现代刑事司法所要求的公正，不仅包含传统的实体公正，而且包含现代的程序公正，而刑事审判较之审前程序，能够更加充分地体现现代刑事司法公正的这两项要求，因此，现代刑事司法公正要求确立以审判为中心的诉讼制度；另一方面，现代刑事诉讼发展趋势表明，确立以审判为中心的诉讼制度，有助于使审前

〔1〕例如，非法证据排除制度等，实践效果不理想，这与现行的刑事诉讼体制密切相关。人们对此的分析很多（财新网2014年12月8日就以“非法证据排除规则亟待改革”为题，报道了部分学者对此的意见，参见 http://china.caixin.com/2014-12-08/100760134.html），诸如证人出庭作证制度、辩护制度等的修改完善，其实践中的积极意义也往往受到现行刑事诉讼体制的制约。

程序尤其是侦查程序得到更加有效的制约，以使刑事司法的公正问题能从源头予以有效解决。并且，以审判为中心的诉讼制度改革，在这次司法改革中具有核心地位，诸多重要的改革目标之实现与达成，均需要以审判为中心的诉讼制度作为基础和保障。例如，“司法是维护社会公平正义的最后一道防线”如果要在刑事诉讼中得到实现，需要以审判为中心的诉讼制度作为基础；“由审理者裁判，由裁判者负责”等目标的达成，同样需要以审判为中心的诉讼制度作为基本保障。

推进以审判为中心的诉讼制度改革，更是这次刑事司法改革的难点。从1979年制定《刑事诉讼法》之后，当时所确定的我国的刑事司法体制基本没有发生过变化。历经1996年和2012年两次重大修改，刑事诉讼法所规定内容，从基本原则到基本程序以及诸多具体制度均有重大变化，而刑事诉讼的体制却基本没有触及，应足以说明改变刑事诉讼体制是十分困难的。确实，推进以审判为中心的诉讼制度改革，意味着改变以往的以侦查为中心的诉讼模式，这将是一场艰巨的改革；由于这项改革还涉及诉讼体制外的诸多问题，使改革更加复杂而艰难。对此，若缺乏清醒的认识，就会对这项改革的困难估计不足；只有充分认识改革的困难，才能高度重视研究各种具有针对性的措施，以有效解决相关问题。

二、 推进“以审判为中心”的诉讼制度改革所要解决的问题

基于司法改革的基本目标是促进司法公正，刑事司法改革旨在解决我国刑事司法体制及实践中与保障和维护司法公正相关的问题，因此，我们在此的研究将以问题为导向，而非以学术研究建构理论体系为目的。另外，我们的研究并不是对刑事诉讼中某个部门的决策进行论证，而是为刑事司法公正问题的解决提供来自理论研究的视角和思路。基于此，我们关于推进以审判为中心的诉讼制度改革的研究，将基于“以审判为中心”的基本要求，

针对刑事诉讼现实中的体制性问题，从刑事诉讼体制改革的角度探讨解决问题的方法、途径，而并不仅限于对刑事诉讼中的某项职能、某种职权进行研究。

需要说明的是，推进“以审判为中心”的诉讼制度改革，系针对以往刑事诉讼中常见的“以侦查为中心”所产生的问题，因此，我们对问题的梳理，首先需要从实践中的案例着手；然而，提出这项改革，也是基于中央所提出的刑事司法的更高目标，即“努力让人民群众在每一个司法案件中都感受到公平正义”，由此，我们对问题的分析也将以该目标为基准。换句话说，一方面，我们需要通过案例剖析以往的“以侦查为中心”的实践问题，探讨其原因；另一方面，则应立足于刑事司法的新目标，研究如何通过“推进以审判为中心的诉讼制度改革”解决这些问题。因此，我们的研究并不是对以往的刑事司法的全盘否定，更不是对这些年来刑事司法不断地进步和发展的否定，而是为了进一步完善刑事司法，探讨新的发展路径。

应当看到，“以侦查为中心”的诉讼模式，与其说是基于我国现有法律的明确规定，不如说是对以往刑事司法实践中诸多问题的一种概括性描述。以往的刑事诉讼实践中常见的做法，包括“侦查案卷笔录中心主义”、“审讯中心主义”、“侦查羁押中心主义”，以及诸多体现侦查在刑事诉讼中的主导地位的做法，人们之所以将其统称为“侦查中心主义”，是因为这种种做法，使法庭审判被严重虚化，不能为刑事诉讼的公平正义守住最后的这道防线，以至于侦查以及侦查所形成的卷宗，对刑事案件的命运具有决定性的影响。对此，人们早已进行了分析和批判。〔1〕我认

---

〔1〕 关于以往对“侦查中心主义”的批判，人们多从刑事诉讼程序法的角度进行。实际上，从刑事实体法的角度分析，问题同样严重。例如，审判时关于刑事责任的确定所存在的“刑期实报实销”，就是一个由“羁押中心主义”所导致的严重问题，而这与“侦查中心主义”同源。参见郭晶：“‘逮捕实体化’之模式、危害及成因——‘行政内控’与‘诉讼制衡’之间的尖锐冲突”，载《西部法学评论》2012 年第 6 期。

为，“以侦查为中心”的诉讼模式所存在的问题，除了人们普遍认同的上述问题外，还有许多需要梳理的其他问题。为此，我们将从不同角度予以进一步分析。

首先，我们对“以侦查为中心”的诉讼模式与“侦查失控”及其危害性的关联问题，应有清醒的认识。众所周知，刑事侦查程序在刑事诉讼中居于基础地位；同时，法律赋予了侦查机关广泛且强大的权力，以便于其完成刑事侦查任务，然而，侦查如果失控，其所产生的问题也极为严重。从前不久（2015 年 3 月 7 日中央电视台“今日说法”）揭露的发生于河北保定顺平的王玉雷被侦查机关冤屈及纠正的过程中，我们可以清晰地看到，刑事诉讼中对侦查机关的有效制约，对于预防其滥用职权、避免冤案，具有十分重要的意义。〔1〕当然，根据有关规定，侦查机关内部也有制约机制，我国以往也主要依赖这样的内部制约以预防“侦查失控”的问题。但是，应该看到，来自侦查机关外部的制约，尤其是来自司法对侦查的制约，其效果与内部制约不可同日而语。对此，我们可以从聂海芬的例子中得到更加充分的说明。〔2〕这些案例表明，以往实践中的侦查中心主义模式，使侦查阶段中司法机关对侦查缺乏控制，易于导致“侦查失控”。

其次，我们还需要进一步对“以侦查为中心”的诉讼模式所导致的“制约失灵”的问题予以深刻剖析。从已经揭露的那些冤

---

〔1〕 据报道，2006 年 3 月 3 日，时任杭州市刑侦支队预审大队大队长的聂海芬接过勋章和证书，成为 1960 年以来唯一荣获全国“三八”红旗手称号的女民警。报道说，这位女预审员在近五年里，牵头主办重特大案件 350 余起，准确率达到 100%，经她审核把关的重特大恶性案件，移送起诉后无一起冤假错案。2006 年 4 月 13 日，中央电视台第 12 频道《第一线》栏目推出“浙江神探”系列报道之“无懈可击聂海芬”，她在所办理的诸多案件中，只选了张氏叔侄杀人案（该案已经作为冤案被纠正）作为例子在该档节目中宣讲自己的业绩。参见徐盈雁：“纠正王玉雷冤错案：排除非法证据引导抓获真凶”，载《检察日报》2015 年 2 月 13 日。

〔2〕 参见林战：“绞尽脑汁办了一件‘无懈可击’的错案预审员聂海芬：‘女神探’冤不冤”，载《南方周末》2013 年 5 月 16 日。

假错案来看（典型的如佘祥林案、赵作海案等），几乎都有案件数次发回重审、多次退回补充侦查等程序上的反复，而这些诉讼程序的反复所表明的，不仅仅是案件质量（尤其是侦查质量）出现了严重问题，而且表明了，这些问题已经被当时经办案件的司法机关所认识到了。我们对这后一个问题应高度重视。显然，在司法机关已经认识到案件质量有严重问题的前提下，最终仍然酿成了冤案，说明了在这些案件的诉讼过程中，侦查（虽然存在严重的质量问题）早就决定了案件的命运，而之后的起诉和审判只不过是为其“背书”而已，刑事诉讼法所规定的制约机制实际已经失灵。当然，“以侦查为中心”的诉讼模式所导致的“制约失灵”的问题并不限于此。法庭审理的“卷宗中心主义”、刑事诉讼中的“口供中心主义”等侦查中心主义的典型表象，所导致的问题还包括：那些“制作精良”的卷宗，彻底“讯服”〔1〕后的口供，在审查起诉和审判阶段难以发现其问题，更遑论纠正其错误。〔2〕由此可见，在“以侦查为中心”的诉讼模式中，司法机关对侦查往往只能“屈从”或“盲从”，难以发挥刑事诉讼法所要求的制约作用，以至于因“制约失灵”而导致刑事司法的实体公正和程序公正双重受损。

最后，我们应当对“以侦查为中心”的诉讼模式所产生的“控辩失衡”及由此导致的其他问题进行深入分析。侦查阶段的程序主要由侦查机关主导，即使法律规定辩护律师可以在侦查阶段介入诉讼，为当事人提供法律帮助，其在侦查阶段也难以发挥有效抗衡职权机关的作用，除非有司法的有力支持，这是具有普遍性的现象。而在我国传统的刑事诉讼模式中，司法机关对处于

〔1〕 有的被刑讯逼供而屈打成招的人，因为害怕翻供后再遭受刑讯而“始终认罪”。我将这种现象称为“讯服”。实践中，这种情况并不罕见。

〔2〕 据报道，呼格吉勒图自从在侦查阶段被刑讯，屈打成招之后直到审判阶段，一直认罪。参见谷岳飞：“呼格吉勒图死刑之后：一起命案的‘快’与‘慢’”，载《新京报》2014年11月20日。

侦查阶段的辩护方所能提供的权利保障方面的支持十分有限；更重要的是，因为审判主要采用的是“侦查卷宗中心”，使其在审判阶段对辩护方也很难提供有效的支持。辩护人提出关键证人出庭作证等要求，主持庭审的法官满足其要求的情况十分罕见，以至于实践中很难找到因为辩护律师的申请而使关键证人出庭作证的案例。这种现象，使辩护方很难通过有效辩护以维护其合法权益。至于实践中时有发生的“死磕派”律师与庭审法官在法庭审判中的冲突，在现代刑事诉讼中属于极不正常的现象，实际也往往源于“以侦查为中心”的诉讼模式。

推进“以审判为中心”的诉讼制度改革，旨在解决以往的实践中时有发生的“侦查失控”、“制约失灵”及“控辩失衡”等问题，最终目的是进一步促进司法公正、更加有力地保障司法公正。

三、“以审判为中心”的诉讼制度改革的着力点

推进“以审判为中心”的诉讼制度改革所要解决的问题，即所谓的“以侦查为中心”及其所产生的问题，是长期影响我国刑事诉讼的问题，是对我国刑事司法制度有着深刻影响的问题，是对整个刑事诉讼都有影响且与其他诸多因素纠结在一起的问题，因此，推进“以审判为中心”的诉讼制度改革是一个复杂工程，也是一个系统工程，更是一个艰难工程。认识到这项改革的这些特点，有助于我们展开针对性研究，以确定这项改革的着力点，有效、有序、妥善处理改革所面临的各种困难，积极稳妥推动改革。

（一）推进“以审判为中心”的诉讼制度改革是一个复杂工程

之所以说推进“以审判为中心”的诉讼制度改革是一个复杂工程，是因为这项改革的复杂性。这种复杂性首先源于人们对改革中的一些复杂问题的认识需要进一步提高。例如，对于这项改革所要达到的目标，就需要深入剖析才能认识清楚。就这项改革

的目标而言，不言而喻，其根本目标是进一步促进刑事司法公正、更加有力地维护刑事司法公正，然而，在这个根本目标之下，还有许多具体问题需要研究。例如，“进一步促进刑事司法公正”的含义，就需要分析。我认为，这当然意味着从质和量两个方面促进刑事司法公正。所谓从质的方面促进刑事司法公正，其含义是可以确定的，即刑事司法不仅要求实现实体公正，而且要求实现程序公正。而从量的方面提升刑事司法公正，则应是指“努力让人民群众在每一个司法案件中都感受到公平正义”，对此应当怎样理解，需要深入研究。一方面，基于人间的司法不同于人们想象中的“神的审判”，难免会有差错，因此，人们很容易将这个要求视为可望而不可即的目标；另一方面，也应当预见到，一旦按照“以审判为中心”的要求完善了我国的诉讼制度之后，刑事诉讼领域仍然会发生不公正的问题，就此而言，这项改革成功的标志，在司法公正“量”的提升上究竟意味着什么，也将是个疑问。我认为，对这个问题，应当从两个不同的方面进行分析：

第一，“努力让人民群众在每一个司法案件中都感受到公平正义”确实是个前所未有的高目标，但提出这个目标有其合理性以及必然性。就民众对司法领域的不公正现象的“零容忍”要求而言，党中央对司法公正所提出的这个目标有其合理性；而从司法的公平正义包含着不同内容来看，该目标又有其必然性。一方面，如果说司法的公平正义所包括的刑事实体公正（不枉不纵地解决刑事责任问题），其中的不放纵犯罪需要主客观条件的充分具备，因而难以在每一个刑事案件中都实现，但至少不冤枉无辜以及“疑罪从无”这个最低限度的刑事实体公正，应当作为目标在刑事审判这最后一道防线中被坚守；另一方面，如果说司法的公平正义所包括的刑事程序公正难以在所有的刑事案件的全部诉讼阶段中都得到保障，那么，起码应该在刑事审判这最后一道防线中得到有效保障。

第二，关于从质和量这两个方面促进司法公正，我们不仅应当看到上限被抬高到了“每一个案件”的司法公正，同时，也应当看到，关于司法不公正的底线也需要相应的上升，以此彰显司法在公平正义方面的发展。[1]也就是说，虽然人间的司法终究难免出错，但是，我们至少应该能够有效预防、避免和减少因为“不可挽回的错误”以及“不可饶恕的错误”而导致的冤假错案，[2]这正是通过推进“以审判为中心”的诉讼制度改革所要达到的目的。而且，因为“以侦查为中心”的司法模式所产生的“制约失灵”从而导致的冤假错案，通过这项改革，应能有助于进一步预防、避免和减少。

当然，这项改革需要解决的复杂问题很多，即使是在认识方面，也有许多我们尚未涉及的复杂难解的问题，例如，人们对于公检法三机关的关系问题的认识，与“以审判为中心”的诉讼制度就有相当的距离，如何弥合两者，就是个复杂的问题。并且，之所以说推进“以审判为中心”的诉讼制度改革是个复杂工程，除了以上所述，还因为改革的方法也需要深入探讨、谨慎选择。只是，关于这个问题的分析，更适合放在下面的讨论中。

（二）推进“以审判为中心”的诉讼制度改革是一个系统工程

之所以说推进“以审判为中心”的诉讼制度改革是一个系统工程，是因为这项改革涉及整个刑事司法体制，影响到整个刑事诉讼过程，甚至可以说，关于这项改革的每一项具体措施，都会在诉讼程序和司法体制中产生“牵一发而动全身”的效应，因

---

〔1〕在衡量经济发展的指标中，经济总量的增长固然重要，而生活贫困线的不断抬高以及贫困线以下人口数量的减少，同样是重要指标。这与我们在此所说的原理相通。

〔2〕关于刑事诉讼中的“不可挽回的错误”和“不可饶恕的错误”问题，我曾撰文予以论述。参见王敏远：“论死刑案件的‘证明标准’及刑事诉讼法的修改”，载氏著：《一个谬误、两句废话、三种学说——对案件事实及证据的哲学、历史学分析》，中国政法大学出版社2013年版，第228页以下。

此，改革必须注重刑事诉讼的全局效应。对此，我们试从以下两个方面进行简要说明：

第一，“以审判为中心”的诉讼制度与“以侦查为中心”的诉讼制度的差别，表面看是刑事诉讼中究竟是“谁说了算”的不同，实际上，更重要的是“凭什么说了算”的差异。如果认识不到这一点，只是简单地强调改革对审判权威的肯定，那么，推进“以审判为中心”的诉讼制度改革易于走向“失控的审判”。显然，这不符合这项改革的初衷。我们需要认识到，推进“以审判为中心”的诉讼制度改革，当然会强化审判的权威性，但这绝不意味着增加其任意性。因此，“以审判为中心”的诉讼制度使审判者权威的增加，必须建立在妥善解决审判“凭什么说了算”问题的基础上。而要解决审判“凭什么说了算”的问题，就需要对审判的职能和使命重新进行思考，以使对此问题的解决符合现代刑事诉讼的基本要求。

根据现代刑事诉讼的基本要求，审判应当秉持公正的立场、采用符合司法公正程序的方法得到公正的裁判结果。为此，我们不仅需要摒弃以往将审判者和控诉方视为“同盟军”的观念，因为这将使审判失去公正的立场，并使被告人沦为诉讼的客体，而不再是诉讼的主体；〔1〕而且需要改变以往将刑事诉讼的侦查、起诉、审判、执行视为“接力赛”的做法，因为这将使审判承担其不能也不应承担的职责。如果在控方未能完成其侦查破案的责任时，由审判者代为查清案件事实、收集确实充分的证据证明被告有罪或无罪，显然与其职责不符。而且，一个到了审判阶段仍然事实不清，证据不确实、不充分的案件，由法庭通过审判来查清案件事实、收集确实充分的证据，基本也不可能。因为，审判并不是破案的最佳时机，法庭也不是收集证据的合适场所。应当认

〔1〕 法谚有云：“如果法官就是控诉者，那就只有让上帝做辩护人了”，否则，审判将无公平正义可言，其道理就在于此。

识到，审判阶段的“查明”与侦查阶段的“查明”有着质的差异，实际只是在控辩审三方共同参与的法庭审判中，对控方所提出的事实、证据，通过质证、辩论等程序予以核实而已。[1]

由此，审判“凭什么说了算”的问题也就清晰了，即应当凭借公正的法庭审理说了算。

第二，“以审判为中心”的诉讼制度与“以侦查为中心”的诉讼制度的差别，表面看是刑事诉讼重心的不同，[2]实际上，更重要的是其诉讼方式的差异。需要说明的是，这里所说的诉讼方式，并不仅限于法庭审理方式，而是有着更加广泛的内容。“以侦查为中心”的诉讼制度中，法庭审理主要围绕“侦查卷宗”，有争议的重要证人几乎不出庭作证，使质证难以真正展开，从而使法庭调查虚化，对此，当然应当予以改变。应当按照“以审判为中心”的诉讼制度的要求，使法庭审理具有实质性的意义。

同时，我们应当看到，刑事诉讼是个整体，不同诉讼阶段中的内容、方法和程序的变化，对其他相关程序存在着必然的影响，正所谓“牵一发而动全身”。法庭审理方式的改变，将必然使起诉甚至侦查方式发生变化，而绝不仅仅局限于审判阶段的变化。例如，法庭审判一旦强调重要且有争议的证人出庭作证以使质证可以真正展开，对侦查而言，让证人作证的难度将会增加——原本不愿作证的，因为以后将要面对的出庭作证的义务，

---

〔1〕我曾撰文说明这个问题，即在现代刑事诉讼中，我们对“经法庭审理查明”的含义应正确认识，因为法庭审判针对事实和证据，只是核实指控是否成立、其证明是否成立等。参见王敏远：“论死刑案件的‘证明标准’及刑事诉讼法的修改”，载氏著：《一个谬误、两句废话、三种学说——对案件事实及证据的哲学、历史学分析》，中国政法大学出版社2013年版，第144页。

〔2〕关于以审判为中心的说法，应有清醒的认识。即，在此所说的“中心”，所意谓的只是审判在刑事诉讼中本应具有的决定性作用，因此，实际只是一种形容，并不是人们日常所理解的位置意义上的可以被围绕的中心。在这个意义上，将其称之为“重心”，可能更为恰当。当然，对“以审判为中心”这一约定俗成的表达，我们在此没有必要否定，重要的是，应当揭示其含义。

其在侦查阶段会更加不愿意作证。由此可见，推进“以审判为中心”的诉讼制度改革是一个系统工程，相关问题需要统筹考虑，全面解决。

推进“以审判为中心”的诉讼制度改革之所以是一个系统工程，除了上述因素，原因还有很多。例如，严重影响公检法各机关办理刑事案件的，除了法律的规定，还有各种考核要求、考评指标，这些考核要求、考评指标的影响甚至会超过法律规定的影响。实践表明，一些不符合诉讼规律的考核要求、考评指标，会产生公检法各机关办理刑事案件时置法律的明确规定于不顾的效果，导致行为“严重变形”。因此，推进“以审判为中心”的诉讼制度改革，必须废除对公检法机关不科学、不合理的考核要求、考评指标。

（三）推进“以审判为中心”的诉讼制度改革是一个艰难工程

之所以说推进“以审判为中心”的诉讼制度改革是一个艰难工程，是因为我国刑事诉讼长期受“以侦查为中心”模式的影响，且这种影响根深蒂固，要在较短的时间内彻底消除这种影响，完成“以审判为中心”的诉讼制度改革，十分艰难。这可以从以下两个方面作进一步说明：

第一，如前所述，“以审判为中心”的诉讼制度改革所要推进的不仅仅是诉讼体制的变化，更重要的是诉讼方式的转变，而诉讼方式的转变将是一个艰难的过程。我们以侦查方式的变化为例进行分析。毫无疑问，“以审判为中心”的诉讼制度与“以侦查为中心”的诉讼制度，对侦查的要求是不同的，前者对侦查将提出更高的要求，即不仅要求其破案，而且要求其收集到确实、充分的证据证明其确实破了案，甚至还要求其是采用刑事诉讼法所规定的合法的方式履行其侦查职能；更进一步来看，侦查还应当能够经受得住公正审判的检验。实现所有这些要求，将使侦查在刑事审判中“沦为”被审者，以至于侦查本身也将越来越受到来自司法的制约。这对长期习惯于刑事诉讼中的“老大”地位的侦查机关来说，将是一个艰难的过程。

第二，推进“以审判为中心”的诉讼制度改革，不仅是改变刑事诉讼的重心，更是加强对刑事诉讼权利主体的保障，甚至要求重构刑事诉讼主体间的关系。推进“以审判为中心”的诉讼制度改革，对公检法三机关在刑事诉讼中的关系的影响不言而喻，重要的是，我们还应当看到，刑事辩护主体与刑事诉讼中的各个职权机关的关系也将发生深刻的变化。“以审判为中心”的诉讼制度对刑事辩护提出了很高的要求，即不仅对刑事辩护的数量提出了要求，而且对刑事辩护的质量也提出了要求。显然，“以审判为中心”的诉讼制度所要求的公正审判，应当是有辩护律师广泛且有效参与的审判，否则，在“控辩失衡”的情形下将难以真正实现“以审判为中心”。因此，从刑事辩护的数量来说，应当实现所有的刑事案件的所有被刑事追诉之人都有辩护律师为其辩护。这对我国目前只有30%左右的辩护率来说，需要提升的空间很大。至于辩护质量的提高，则不仅是辩护律师的责任，也是刑事诉讼中职权机关的责任，尤其是法院的责任。因为，辩护权得到尊重并被有力维护，是辩护真正有效的必要前提。

要认识到推进“以审判为中心”的诉讼制度改革是一个艰难工程，我们要将目光延伸到司法体制的诸多方面甚至司法之外的体制性问题，例如，对政法委领导方式的变化、审委会功能的转变、国家对司法的投入的增加、涉诉信访制度的改革等，就需要高度重视。对这些问题都需要有深入的研究，并确定逐步推进相关改革的方案，以使改革的困难能够得到有效的解决，改革能够有序地展开。

第一章

以审判为中心的诉讼制度中的刑事司法公正

以审判为中心的诉讼制度改革的根本目的，与司法改革的总体目的一致，即促进刑事司法公正。以审判为中心的诉讼制度改革，是在反思和批判侦查中心主义、审判形式主义的基础上所作的经过深思熟虑的明智选择，毫无疑问，其直接目标是建立“审判”〔1〕在诉讼中的控制性、支配性地位，通俗地说，就是让审判“说了算”。然而，审判又是凭什么说了算？如果审判因“有权”而“任性”，则改革的结果就会脱离甚至背离改革的初衷。因而，正确认识这项改革的原因和目的，是防范改革走入简单的权力再分配、利益再分割的基础和前提。对本次以审判为中心的诉讼制度改革，应当形成以下共识：其一，以审判为中心的诉讼制度是相对于以侦查为中心的诉讼制度而提出的，其显著特征是将诉讼重心由侦查转到审判，使审判者在刑事诉讼中真正具有权威，使审判程序真正发挥作用，审判的各项要求能够真正得到实现；其二，以审判为中心的诉讼制度因其相对于以侦查为中心的诉讼制度更有利于促进司法公正，所以更加符合社会对刑事诉讼的现实需

〔1〕 虽然是常识但有必要强调的是，以审判为中心并不等同于以法院、法官为中心，故此处用词是“审判”这一描述程序和过程的概念，而非作为审判主体的法院、法官。

求；其三，以审判为中心的诉讼制度相对于以侦查为中心的诉讼制度更有利于实现司法公正，是因为其符合刑事诉讼的发展规律。

不过，司法公正与以审判为中心的诉讼制度作为两个高度抽象的概念，其含义本身是不明确的。司法公正绝不会仅仅因为我们声称它得以实现，就真的得到了实现；以审判为中心的诉讼制度也绝不会仅仅因为我们已经作出的肯定，其含义就确定了。所以，我们如果只将认识停留在口号层面，是不够的。故而，讨论以审判为中心的诉讼制度改革问题，首先需要厘清改革的原因及目的、怎样理解改革的目的以及怎样实现改革的目的，需要厘清什么是改革所追求的司法公正、怎样实现司法公正，以及现代刑事司法公正对刑事诉讼主体关系、程序设置、运行方式的基本要求是什么。本章将对这些基本问题展开分析，以期明晰以审判为中心的诉讼制度改革的基本理念。

第一节　以审判为中心的诉讼制度改革的目的：促进刑事司法公正

对于组织行为来说，我们最容易犯而又最不该犯的错误是把手段作为目的，把目的束之高阁，最终使手段脱离目的甚至背离目的。尤其是自上而下的改革，更容易走进“靡不有初，鲜克有终”的怪圈，在很大程度上，这是因为改革的参与者、执行者甚至决策者都容易在改革的推进中不自觉地陷入一种为改革而改革、为创新而创新的状态而难以自拔，使改革措施脱离改革目的甚至背离改革目的，最终使改革的预期效果减损或消灭，甚或起到反效果。为此，“不忘初心，方得始终”应当是改革中始终坚持的一种理性态度。对于以审判为中心的诉讼制度改革来说，这个“初心”就是保障、维护、促进刑事司法公正。为了明确这个“初心”的内涵，我们需要对改革的原因和背景加以分析，并在此基础上探讨如何正确看待改革的“初心”及其实现方式。

一、 当前我国刑事司法的主要问题：侦查中心主义下的司法不公正

经过既往数十年的司法建设，我国初步形成了公检法三机关在刑事诉讼中“分工负责、互相配合、互相制约”的司法体制，各机关职能分工较为明确、内部管理体系较为完整，司法在解决社会纠纷、维护社会稳定方面发挥了显著的作用。但是，以往的一些严重问题仍时有发生，且新的问题在不断酝酿、发生和积聚，司法公正遭遇了前所未有的挑战，司法公信遭遇了前所未有的质疑。这些问题和其所反映的深层原因，可以通过对近年来媒体报道的两个广受社会关注的典型案例的分析加以说明。

【案例1】张高平、张辉叔侄强奸杀人案

2003年5月18日21时许，前往上海送货的安徽歙县农民张高平和侄儿张辉，出于与人方便的善心，将熟人所托的同乡少女王某捎上了开向杭州的卡车。次日上午，年仅17岁的王某陈尸杭州留下镇东穆坞村，“头颈部反套黑色无袖背心，下身赤裸，仰卧在水沟内”。经过“神探”的“不懈努力”，警方侦查认定，当晚张辉将卡车开至杭州汽车西站后，见无人来接王某，遂起歹念，与张高平合谋在驾驶室内对王某实施强奸，张高平帮助按住了王某的腿，最终，王某因张辉用手掐住其脖颈，导致机械性窒息死亡。2004年4月12日，杭州市中级人民法院一审判处张辉死刑、张高平无期徒刑。半年后，浙江省高级人民法院二审改判张辉死缓、张高平有期徒刑15年。

判决后，张高平、张辉叔侄多年申诉无门，甚至服刑监狱的驻监检察官多次向有关单位反映问题也石沉大海，张高平的大哥多年信访也未得到回应。直至2011年11月21日，东方早

报发表了一篇名为“一桩没有物证和人证的奸杀案”的报道，详述了该案侦办、起诉、审判过程中的众多疑点，包括：死者8个指甲里检出一名并非张辉或张高平的陌生男性的DNA成分；死者死亡时间的推断可能存在“较大误差”；叔侄二人驾驶的卡车驶出杭州高速收费口的录像未被调查；两人“有罪供述”描述的作案细节南辕北辙；公安机关存在刑讯逼供或非法取证的重大嫌疑；作为警方线人的狱侦耳目违法逼迫张辉认罪；二审法院蹊跷改判；等等。次日，杭州市公安局即将死者王某8个指甲末端擦拭滤纸上分离出来的男性DNA分型与数据库比对，发现与2005年震惊杭州的女大学生遇害案件凶手勾海峰的DNA高度吻合。为确定该比对的准确性，杭州市公安局立即将这一结果送到公安部物证鉴定中心再次鉴定，鉴定结果相同。

2013年3月26日，浙江省高级人民法院对张辉、张高平强奸杀人再审案公开宣判，撤销原审判决，宣告张辉、张高平无罪。浙江省高院的再审判决书认定，本案不能排除公安机关存在以非法方式收集证据的情形，张辉、张高平的有罪供述、指认现场笔录等证据，依法应予排除。判决书还称，侦查人员在审讯过程中存在不在规定羁押场所关押、审讯的情形；公安机关提供的张辉首次有罪供述的审讯录像不完整；张辉、张高平指认现场的录像镜头切换频繁，指认现场的见证人未起到见证作用；从同监犯获取及印证原审被告人有罪供述等侦查程序和行为不规范、不合法。浙江省高院认为，根据前述DNA鉴定意见，结合此案现有的相关事实证据，不能排除勾海峰杀害王某的可能。

【案例2】龚道新绑架杀人案

1993年10月8日晚，湖北省公安县闸口镇，14岁少年刘丰放学后失踪。随后，刘丰的家人收到了一封勒索信。这是一封经过“技术”处理的勒索信，犯罪嫌疑人将尺子横放在纸上，用笔贴着尺子画出直线笔画，写下了这封勒索信。绑匪在勒索信中要求刘丰的家人将1万元赎金放在一防汛石料堆中。办案民警围绕这封勒索信展开调查，并在该防汛石料堆附近设伏。4天后，刘丰的尸体在该县虎渡河光明渡口附近被发现，法医鉴定显示，受害人是被人掐死后抛尸河中。几天后的一个晚上，该镇37岁的个体户龚道新闯入了设伏民警的视线。同年10月17日，龚道新被带到了公安机关讯问室。1993年12月18日，龚道新被湖北省人民检察院荆州分院以绑架勒索罪和故意杀人罪提起公诉。11天后，荆州地区（现为荆州市）中级人民法院认定龚道新绑架勒索和故意杀人两项罪名成立，一审判其死刑。

一审判决下达后，龚道新不服判决，上诉至湖北省高级人民法院。在看守所内，龚道新写下了4000字的申诉书，称自己遭受了严重的刑讯逼供。龚道新的律师提供的辩护材料显示，1987年，龚道新创办了一个香槟酒厂，年纯收入有3万元左右，从作案动机上来说，龚道新不可能为了勒索1万元去绑架杀人；龚道新的家在闸口镇杨四庙的堤脚边，此地是他回家的必经之处，这是龚道新深夜碰巧出现在放置赎金的地点——防汛石料堆附近的真实原因。但这些辩护意见并没有被一审法院采纳。“法院的一审判决依据主要有两个：一是写敲诈勒索信件使用了尺子，二是龚道新的口供。但在一审庭审过程中，检方却没有出示勒索信及写勒索信所用到的尺子，龚道新的口供是在刑讯逼供的情况下作出的，真实性存疑。因此，我们认为一审据此定罪证据不足。”龚道新的律师说。

此案上诉后，1994年11月16日，湖北省高院以事实不清、证据不足为由，撤销一审判决，将此案发回重审。此案发回重审后，检察机关将此案退回公安县公安机关补充侦查。龚道新在看守所内又苦苦等了近三年，没有任何结果。1997年10月8日，龚道新因病被取保候审一年。1998年，取保候审一年期满后，公安机关既不解除取保候审决定，补充侦查期满后亦未将案件移送检察机关重新起诉。直到2013年10月，公安县公安局才向县人大出具了一份《湖北省公安县关于龚道新信访事项办理情况的报告》，该报告承认，未在法定期限届满后解除取保候审，违反了相关法律程序规定。2014年1月，公安县公安局向龚道新下达了《终止侦查决定书》，该决定书称，现有证据不足以证明该案是龚道新实施的，决定终止对龚道新的侦查。此时，龚道新已是家破人亡、妻离子散，而原本执着于信访严惩凶手的被害人父母，已经灰心丧气、惨淡度日。

与以上案件同样让人备感沉重的，还有呼格吉勒图案、念斌案、赵作海案、佘祥林案、杜培武案、李久明案、张振风案、李怀亮案、于英生案、周爵斌案、刘少斌案等。而且，可以断言，上述被洗雪的案件只是冤假错案中的一部分，因为不是任何人都能那么“幸运”地遇见“真凶再现”、“被害人复活”以及办案机关的错误被确凿无疑的证据证明的小概率事件，而这往往是冤案能够昭雪的关键。上述案例反映出，当前我国刑事司法的不公正问题可以总结为两个方面：

一方面，以冤假错案为代表的实体不公正问题突出。就其本义而言，冤假错案是指无辜者遭受刑事追诉和有罪判决的案件。这是社会公众对最不公正、最令人震惊、最不可接受的错案的统称，冤假错案的影响远超出了司法的范畴，它使社会成员感到失望、愤怒、不安和自危，使社会成员对司法系统失去信赖甚至充满敌意。尤其当我们设想，我们就是好心助人（搭顺风车）的张高平、张辉，我们就是隔壁店主念斌，我们就是发现犯罪而报案的呼格吉勒图，我们就是夜间走在回家路上的龚道新时，我们将会不寒而栗？考虑到纠正冤假错案的过程如此艰难，以及媒体报道案件的偶然性，冤假错案的数量可能远多于我们所知。就目前纠正的冤假错案而言，绝大多数还是被告人自证清白，而不是从控方未尽“事实清楚，证据确实、充分”的证明义务而推定无罪。同时，不像冤假错案那样能够拨动社会的神经而其负价值同样是不可忽视的，还有不少刑过其实、罚不当罪的案件。这类案件的定错和纠错远比冤假错案更为艰难，也往往难以引起社会的关注和同情，但对当事人而言，司法几乎不再可能获得他们的信赖。

另一方面，以刑讯逼供为代表的程序不公正问题突出。刑讯逼供，是指对被讯问人使用肉刑、变相肉刑乃至精神折磨等方式获取其口供的一种极恶劣的刑事审讯方法。在人们尤其是侦讯人员的认识中，“大刑之下，何愁不招”是一种根深蒂固的观念，刑讯逼供也曾经被视为一种以暴制暴、以恶惩恶的手段而得到社会较多的容忍。然而，刑讯虽能迫使被讯问人开口，却不能保证其供述为真，当无辜者被施以刑讯时，为了减轻皮肉和精神痛苦而迎合侦讯人员的意愿也就成为常态，因而，大刑之下，冤案丛生。据同被讯问的呼格吉勒图的同事闫峰所述，呼格吉勒图在审讯中曾称“不是我杀的，你要叫我承认，你就赶快拿枪毙了我，拿刀砍了我”，但其之后却对自己并未实施的强奸杀人罪行“供认不讳”，可见其遭受的肉体与精神痛苦已非人所能忍受，其可能在极端痛苦下已经出现“但求一死”的绝望心态。应当认识到，刑讯逼供是刑事司法程序中最严重的程序不公正，它不仅违反了无罪推定、自愿供述、不得自证其罪等刑事诉讼的基本原则，而且是对基本人权的恶意践踏。现代刑讯逼供之所以大行其道，与审判机关的“宽容”具有密切关系。刑讯逼供在审判程序中面临着证明难、认定难、排除难的问题，其原因既与侦查程序的封闭性有关，又与审判机关不愿、不敢、不能认定刑讯逼供有莫大关系。与刑讯逼供同样具有负价值而并不广泛引人关注的，还有诉讼过程中其他基本人权和诉讼权利的克减和剥夺，如强制措施的任意施用，涉案和非涉案财产的任意处置，对调查取证、证人作证的申请的置之不理，申诉控告的石沉大海，无效的律师辩护，等等。程序不公正不但会导致实体不公正，而且其本身所昭示的以暴制暴、以恶惩恶就是宣扬一种不文明、不规范的野蛮诉讼，在这种程序里，正义难求而不公正难以避免。

司法所遭遇的信任危机的本质，就是司法不公正问题。冤假错案、出入人罪、量刑轻重失衡等实体意义上的不公正，以及刑讯逼供、践踏人权、漠视诉讼权利等种种程序意义上的不公正，以各种各样的方式存在于各种各样的案件中。其直接原因是纷繁复杂的，它包括人们的认识、法律规定、习惯做法等方面的原因。就人们的认识而言，重实体、轻程序，重打击、轻保护，重秩序、轻人权等问题比较普遍和严重；就法律规定而言，重职权、轻权利，重授权、轻后果，重配合、轻制约等问题比较普遍和严重；就习惯做法而言，重结果、轻方式，重口供、轻证据，重功绩、轻责任等问题比较普遍和严重。类似的问题不胜枚举，但这并不是问题的深层原因。应当认识到，虽然相对于庞大的刑事案件基数，前述个案所占的比例可称微小，但其所反映的问题却是普遍性的，其发生有深层的体制、机制原因。我国以往刑事司法的体制、机制问题，可以通过对追诉权、被追诉人、审判权的地位的分析加以揭示。

首先，追诉权失控。追诉作为与审判相对应的概念，是指国家机关追查、控诉犯罪的活动，包括侦查和起诉，其中，侦查居于基础地位。追诉是国家机关查明犯罪事实、查获犯罪证据、查缉犯罪嫌疑人并诉至审判机关求刑的活动，它本身不是刑事诉讼的目的，而是刑事诉讼的手段和过程，根据无罪推定原则，其不应具有刑事惩罚功能。因而，追诉程序中应尽可能少、尽可能轻地适用强制性措施，换言之，追诉程序中强制性措施的使用应当并且仅应当以保全诉讼为限，即仅以防止逃避诉讼、妨害诉讼为限。当前，在我国，各种限制和剥夺个人基本权利的强制性措施均由追诉机关自行决定和实施（即使是逮捕这种严厉的强制性措施，往往也只是由另一追诉机关批准而已），缺乏有效的制约与监督。这种原告抓被告、原告关被告、原告审被告的追诉程序构造，使追诉机关获得了近乎无所不能、无所不敢的超强权力，为追诉权的滥用和误用提供了“自由空间”，为权力的专横与腐败提供了温床。念斌案中，侦查机关之所以敢于和能够“精心造假”，就是因为其拥有不受控制的超强权力。

其次，被追诉人客体化。被追诉人，即刑事诉讼中的犯罪嫌疑人、被告人。由于追诉机关和审判机关的“刀把子”定位，被追诉人在我国并不被作为刑事诉讼的主体对待，而是被作为刑事诉讼的对象、国家专制的对象、打击犯罪和维护稳定的对象。基于此种刑事司法工具主义理念，无论是在审判程序还是在审前程序中都未给予被追诉人应有的诉讼主体地位。在审判程序中，被追诉人因立法上缺乏充分的正当程序权利，且实践中不能充分行使程序法所提供的诉讼权利，而无法充分防御，致使刑事审判程序无论拖延多久，在本质上都还是一种突袭性审判。在审前追诉程序尤其是侦查程序中，各种强制措施被作为追诉工具任意使用，被追诉人被作为追诉客体而处于“人为刀俎，我为鱼肉”，“弦断有谁听”的被动、无助境地。不仅被追诉人的人身自由面临着被随时、任意限制和剥夺的可能，而且被追诉人的财产也面临着被任意处置的风险。不仅如此，辩护人作为维护被追诉人合法权益的诉讼参与人，在刑事诉讼中也同样面临着不被尊重甚至被敌对的尴尬境地。追诉机关、审判机关更多地把提出尖锐意见的辩护人尤其是辩护律师视为麻烦制造者，而不是查明真相、维护正义的协同人。当张辉、张高平、念斌、呼格吉勒图、龚道新被刑讯逼供，甚至被审判时，他们没有被作为有独立人格的人和诉讼程序的主体对待，而是成为刑事诉讼的客体，在人格上得不到尊重，在程序上得不到保障，完全处于“任人宰割”的境地。

最后，审判权虚化。审判权作为一种社会权力、宪法权力、裁判权力，有其独特的地位和运行特征，它应当专属于法院。当前，我国司法制度和司法实践中的审判行政化、审判地方化等问题突出，在很多方面、很大程度上与司法规律背道而驰，使实然的审判权与应然的司法权相去甚远。在我国，刑事审判权也并未正确地担负起裁判纠纷的角色，其对程序纠纷的忽视和对审前程序的遗忘使其充满了工具色彩。审判权在立法和实践中所起的“橡皮图章”作用，使审判程序在刑事诉讼中被边缘化。根据作为现代刑事诉讼基本理念之一的无罪推定原则，对任何人的定罪处刑必须经过正当审判程序，因而，审判中心主义是现代刑事诉讼的当然准则。然而当前，我国的刑事诉讼却是一派侦查中心主义的景象，不仅审判权未能延伸到追诉程序内，而且，审判程序中的审判权也并未发挥其应有的裁判功能，审判程序在很大程度上不过是对侦查结果的确认，不过是给追诉机关认定的结果一个“名分”而已，甚至可以说，审判只是一种过场和表演。呼格吉勒图之所以在短短 62 天内就被定罪行刑，就是因为“配合为主，制约为辅”，甚至“只许配合，不许制约”，审判只是充当了赋予侦查程序和结果形式合法性的橡皮图章。

当前我国刑事司法的体制、机制，可以归结为侦查中心主义。在侦查中心主义的立法规定、实践做法和习惯认识下，侦查失控、制约失灵、控辩失衡的发生几乎是顺理成章、难以避免的。所谓侦查失控，是指侦查权不受控制而在刑事诉讼中具有近乎无所不能的权力，因而导致无所不能和无所不敢的滥用职权行为。所谓制约失灵，是指审查起诉和审判程序难以发现、发现后也难以纠正侦查中存在的问题，因而只能将错就错，甚至文过饰非。所谓控辩失衡，是指控辩双方不仅实际力量不对等，其诉讼地位也不同等，诉讼权利也不均等，而且司法实践中辩护方因缺乏审判方的程序支持而无法充分行使在立法上本已保障不足的诉讼权利，因而无力真正对抗强大的侦控方。审判边缘化、形式化、过场化，实质上是侦查中心主义的结果和表现。审判不能发现侦查所存在的问题，并且即使发现了也不能纠正问题，因而也就既不能预防问题的发生，也难以解决已经发生的问题，使刑事司法走入侦查愈加肆意、审判愈加不公的恶性循环。总之，我国刑事司法所存在的主要问题是体制性、机制性的，这些体制性、机制性问题已经构成了我国刑事司法进一步文明化、科学化、规范化的瓶颈，也是本次以审判为中心的诉讼制度改革的直接背景和根本原因。

二、以审判为中心的诉讼制度改革的目的：进一步促进刑事司法公正

如前所述，当前我国刑事司法的主要问题是侦查中心主义导致的司法不公正问题。以审判为中心的诉讼制度改革的目的，就是促进刑事司法公正、保障刑事司法公正、维护刑事司法公正，这与我国刑事司法改革的整体目标是相同的，与“让人民群众在每一个司法案件中都感受到公平正义”的要求是一致的。最高人民法院 2014 年发布的《人民法院第四个五年改革纲要》对建立以审判为中心的诉讼制度的总体规划是：“建立中国特色社会主义审判权力运行体系，必须尊重司法规律，确保庭审在保护诉权、认定证据、查明事实、公正裁判中发挥决定性作用，实现诉讼证据质证在法庭、案件事实查明在法庭、诉辩意见发表在法庭、裁判理由形成在法庭。到 2016 年底，推动建立以审判为中心的诉讼制度，促使侦查、审查起诉活动始终围绕审判程序进行。”怎样看待以审判为中心的诉讼制度改革的目的与总体规划，是需要加以分析的问题。对这个问题的解读，可以从以下几个方面展开讨论：

第一，以审判为中心的诉讼制度改革是促进刑事司法公正的手段。手段与目的的关系，抽象来看是容易理解和把握的，但具体实践中并非如此。实践中，实现目的的手段本身可能被作为目的，特别是决策与执行分离的组织行为模式下，执行者可能把决策者所传达的手段本身作为执行行为的目的。比如，在司法改革

中，改革试点的执行单位往往容易把改革决策者所要求的改革措施本身作为目的，而忽视改革的根本目的，致使改革手段脱离甚至背离改革目的。以我国法院系统正在试点的法官员额制为例，其改革目的在于实现法官的精英化、职业化，但应当避免以完成员额指标本身为目的的做法，出现唯“资历”论、唯职级论的现象，而不顾入员额法官的审判能力、经验，致使出现“劣币驱逐良币”的逆向淘汰现象，恰与员额制的目的相悖。自上而下的改革中，改革手段落地而改革目的落空的教训比比皆是，而在木已成舟、生米煮成熟饭的情况下，推倒重来恐怕是不现实的，历史也难以给予重新来过的机会。因而，司法改革中，应当始终明确和坚持改革的目的，而不能遗忘和脱离改革的目的。

在以审判为中心的诉讼制度改革中，应当始终明确和坚持促进刑事司法公正这一根本目的，在刑事诉讼主体关系、程序设置、运行方式的改革上应始终瞄准这一根本目的，唯有如此，以审判为中心的诉讼制度改革才能成为一项真正的系统工程而不是拼装、散装工程。在刑事诉讼主体关系的改革上，应当遵照刑事诉讼的规律，明确刑事诉讼主体控、辩、审三方的职能和保障其实现职能的相应职权和权利，使其各居其位、各尽其职，而不是以控方的职能统领和要求审方、辩方。在刑事诉讼程序设置的改革上，应当区分审前程序与审判程序的不同任务：审前程序的任务重在查明事实、收集证据；审判程序的任务则重在充分论辩、公正裁判。不能混淆和颠倒不同程序阶段的任务，否则容易走进“做自己案件的法官”的陷阱。在刑事诉讼运行方式的改革上，应当按照审判权运行的基本要求设计诉讼机制和诉讼权利，按照独立性、中立性、被动性、参与性、终局性的要求规制审判权和设计围绕审判程序进行的诉讼行为，使职权得到规制、权利得到保障、正义得到伸张。特别有必要强调的，是以审判为中心的诉讼制度改革的执行者、承载者应当始终瞄准促进刑事司法公正这一根本目的，而不能本末倒置、舍本逐末，这是改革成败的关键所在。

第二，以审判为中心的诉讼制度改革表面上看是要解决谁说了算的问题，实际上是要解决凭什么说了算的问题。以审判为中心的诉讼制度改革，是在反思侦查中心主义和纠正侦查中心主义所带来的一系列问题的基础上提出的，当然是要改变刑事诉讼以侦查为中心、由侦查机关说了算的现状。由于我国宪法和刑事诉讼法中公安、检察、法院三机关“分工负责、互相配合、互相制约”的关系定位，以及三机关均负有“打击犯罪、维护稳定”的职能，三机关成为具有相同的追诉犯罪的任务而只是分工不同的统一体，现实中也就出现了“配合有余，制约不足”的现状。而“配合有余，制约不足”的结果，无非是刑事诉讼由侦查说了算，审查起诉和审判沦为进行查漏补缺和形式确认的程序。这种现状导致了难以有效制约侦查权的滥用和误用，导致了难以发现和纠正以冤假错案为代表的实体不公正和以刑讯逼供为代表的程序不公正。以审判为中心的诉讼制度改革，首先当然就是要改变这种侦查无忌、审判无能的状况，使审判有能力、有胆量发现和纠正侦查中的错误，使审判在刑事诉讼中不再是泥塑的神像，而真正成为公平正义的主宰者。

但是，仅理解到这一层显然是有失偏颇的，以审判为中心的诉讼制度改革所要实现的从侦查的“威权”到审判的“权威”的转变，其根本目的在于促进刑事司法公正而非单纯树立审判的绝对权威，因而，构建能够最大限度促进、保障、维护司法公正的诉讼制度才是其所要解决的真正问题，诉讼重心的转移和诉讼阶段权重的变化，都是为了满足促进刑事司法公正的需要。所以，我们应当关注的是，审判凭什么说了算呢？浅显地说，要想说了算，一要说得对，二要有威权，三要使人服。所谓说得对，就是要保证实现公正，这是说了算所凭借的核心和基础；所谓有威权，就是要说一不二，不但对外、对他人说一不二，对内、对自己也要说一不二，不能朝三暮四、朝令夕改，也不能有令不行、有禁不止；所谓使人服，就是裁判者在立场上具备不偏不倚的中立性、在能力上具备明断是非的智识性、在过程上具有充分公开的参与性、在地位上具有一言九鼎的终局性。审判显然不是天生就有实现正义的能力，司法历史证明，它完全可以成为邪恶的帮凶。审判之所以应该说了算、能够说了算，应该缘于其更能促进公正的实现，这就要求审判内容、审判方式和审判参与主体的相互关系等设置具有科学性、合理性，要求审判有能力发现审前程序中所发生的实体和程序问题并能够对其“说不”，要求审判作为社会公平正义的最后一道防线能够坚持正义的底线。以审判为中心的诉讼制度改革，实际上真正要解决的就是凭什么说了算的问题，它是使诉讼制度向着科学化、文明化、规范化方向发展的全面改革。

第三，“始终围绕审判程序”是指始终要围绕审判所需的司法公正的要求。“到 2016 年底，推动建立以审判为中心的诉讼制度，促使侦查、审查起诉活动始终围绕审判程序进行。”这句话怎么理解？显然，侦查、审查起诉属于审前程序，在时空上是先于审判程序的，除非彻底改变我国刑事诉讼法所规定的纵向诉讼结构（诉讼阶段），否则不可能使侦查、审查起诉与审判程序同时进行而能够“始终围绕审判程序”。而侦查机关、检察机关不可能也不应该始终围绕审判机关，三机关分工不同、职能不同，不可能也不应该以一个机关的职能要求其他机关，否则分工负责就没有意义。事实上，侦查、审查起诉与审判程序的功能存在很大差异，甚至是截然不同的，侦查的功能在于查清犯罪事实、收集犯罪证据、查缉犯罪嫌疑人，审查起诉的功能是对于侦查结果按照法律要件予以审查整理并提起公诉要求行使国家刑罚权，而审判的功能则是对控辩双方提出的事实和法律主张进行法庭审理并作出裁判。如果将“始终围绕审判程序”理解为侦查、审查起诉要为审判“打好基础”，则有混淆程序功能和诉讼职能之嫌，而且等于认定改革以前的侦查、审查起诉并不以审判为目的。

“始终围绕审判程序”的完整表述，应该是“始终围绕审判所需的司法公正的要求”。事实上，全部刑事诉讼活动都应该围绕审判所需的司法公正的要求，不仅侦查、审查起诉活动的法律效果要由审判说了算，而且审判要能够对侦查、审查起诉提出要求，能够预防、发现和及时纠正问题以及避免使控方的错误在审判阶段延续，能够保证最低限度的公正，而不是以往经常发生的将错就错。如前所述，以审判为中心的诉讼制度改革实际上是要解决凭什么说了算的问题，也就是要保证实体公正和程序公正的实现，要提高刑事司法公正的质与量，要抬高刑事司法公正的底线。对于侦查、审查起诉等审前程序，为了保证实现以审判为中心的诉讼制度改革促进刑事司法公正的目的，就要以审判所要求的司法公正为目标，在实体与程序上促进、保障、维护公正，减少和遏制审前程序中实体和程序不公正的数量和程度。在以审判为中心的诉讼制度下，审判机关的中立地位更为突出，非法证据排除、程序性辩护等程序制度将会凸显，辩护权的保障也将更加广泛、普遍和有力，诉讼程序将会更加公开、透明，控辩攻防将会有序且有效地展开，这将给侦查、审查起诉带来新的挑战，也将给其向着文明化、科学化、规范化方向加速发展提供极佳机遇。

第四，以审判为中心的诉讼制度中应当特别注意预防“失控的审判”。构建以审判为中心的诉讼制度，就是要赋予审判机关程序主持、实体裁判的最高权威，使侦查、审查起诉始终围绕审判所要求的公正而进行，这种制度必须以保障审判的独立性、中立性为基础，否则就不可能实现“以审判为中心”，或者所要实现的“以审判为中心”与侦查中心主义就没有实质区别。然而，独立审判虽然是司法公正的必要条件，却并非充分条件。独立审判只是排除了影响司法公正的审判体制外的干扰，却并未解决影响司法公正的审判体制内的问题，如果这些问题不能妥善解决，独立审判可能导致审判因“有权”而“任性”，从而导致恣意审判风险的加大。独立审判要求法官具有近乎绝对的权威，以及对这种权威的无条件保障，这种绝对权威显然是排斥超越程序的任何干预的，这就可能导致法官无所顾忌。

应当明确，以审判为中心本身不是目的，以公正为中心才是目的。审判不是天然就具备实现公正的能力，符合现代司法规律的审判才能够最大限度地实现刑事司法公正。因而，构建以审判为中心的诉讼制度，必须特别注意预防“失控的审判”，防止从恣意侦查跳入恣意审判的泥淖，防止从审前主导的不公正演变为审判主导的不公正。预防“失控的审判”，必须始终瞄准促进司法公正的目的，从审判不愿恣意、不能恣意、不敢恣意等多维角度制定有效的改革方案和配套措施。比如，从不愿恣意的角度而言，应当考虑提高法官待遇、提升法官素养、维护法官尊严、确保法官自律等措施；从不能恣意的角度而言，应当考虑司法民主、司法公开、司法谦抑、正当程序等方面以权利制约权力、以程序制约权力的机制；从不敢恣意的角度而言，应当结合现有制约方式并参考法治发达国家的相关制约机制，考虑设置由体系完整的程序后果、纪律制裁、法律责任等构成的追责机制。唯有作为诉讼制度中心的审判不失控，促进司法公正的改革目的才可能得以实现。

三、 刑事司法公正的内涵式增长与外延式增长：质的跃升与量的提高

以审判为中心的诉讼制度改革的目的是促进刑事司法公正，这一抽象目标的具体所指是什么呢？或者说，怎样考量刑事司法公正是否得到了促进呢？这个问题是需要加以分析的。如导论所述，促进刑事司法公正，包括质和量两个方面。所谓从质的方面促进刑事司法公正，即刑事司法不仅要实现实体公正，而且要实现程序公正；而从量的方面促进刑事司法公正，则是指扩大刑事

司法公正的数量和范围，即“努力让人民群众在每一个司法案件中都感受到公平正义”。促进刑事司法公正的含义，不仅包括抬高刑事司法公正的标准，还包括抬高刑事司法公正的底线。所谓抬高刑事司法公正的标准和底线，就是在提高对刑事司法公正质与量的要求的同时，避免出现不可饶恕、不可挽回、不可原谅的恶意、低级、愚昧的错误。以下分述之：

（一）提高刑事司法公正的质

所谓提高刑事司法公正的质，就是促进实体公正与程序公正。促进刑事实体公正，即实现刑事司法不枉不纵。所谓不枉，就是不冤枉无辜，也不错误定性和过度施刑。不枉所指的实体公正，主要是对被追诉人或可能成为被追诉人的对象而言的，它包括使无辜者免于刑事追诉和有罪判决，以及使有罪者免于被过度追诉和过重量刑两个方面。所谓不纵，就是犯罪得到及时有效的追诉和审判。不纵所指的实体公正，主要是对被害人或犯罪客体的权利人而言的，它要求追诉和审判机关及时有效地破获犯罪案件和正确定罪量刑，不及时、未破获、未定罪、量刑过轻等都与不纵的要求相悖。应当指出的是，对于追诉和审判对象错误的冤假错案而言，在冤枉无辜的同时还放纵了真正的罪犯，这比仅仅因为未能破获犯罪案件而放纵了罪犯的错误更加难以原谅。如张辉、张高平叔侄强奸杀人案，不但没有做到不枉，而且也没有做到不纵，实际就是又枉又纵，毫无公正可言。对于被过度追诉和过重量刑者而言，刑事司法虽未放纵罪犯，但却使作为社会成员的被追诉者受到了超过应有限度的惩罚，损害了社会公平和刑罚秩序，这种超出应有限度的惩罚，其本质上与冤枉无辜无异。简单来说，刑事实体公正就是要实现有罪则罚、罚当其罪、不冤枉无辜。

促进刑事程序公正，即实现权利保障与职权规范。所谓实现权利保障，即充分尊重和保障刑事诉讼参与人尤其是被追诉人的权利，包括实体权利与程序权利。被追诉人的实体权利，是指其自有的人身权利、财产权利、隐私权利等基本人权或称宪法权利；被追诉人的程序权利，是指其作为被追诉之人所享有的以辩护权为核心的知悉权、质证权、举证权、辩论权、律师帮助权、申请回避权等诉讼权利。所谓实现职权规范，即按照司法规律设置职权及其相互关系、运行方式，使诉讼专门机关依法公正行使诉讼职权。职权规范的核心在于依法行使职权，它包括行使职权的主体、范围、内容、对象、方式等方面的要素符合法律规定和法治精神。应当指出的是，职权规范与权利保障通常可以视为一个硬币的两面：职权规范是权利保障的手段，权利保障是职权规范的目的。比如，刑讯逼供是一种滥用职权行为，其侵害了被追诉人的合法权利，而遏制刑讯逼供，实则是通过规范追诉机关的职权，实现保障被追诉人权利的目的。

促进刑事程序公正与促进刑事实体公正既存在紧密联系，又具有相互独立的价值和意义。一般而言，促进程序公正有利于促进实体公正，程序公正的功能性价值之一就是实现实体公正。实体公正的实现，仅依赖于控方的勤勉自律或审判者的明镜高悬是远远不够的，除非由神灵担任控方或主持审判。程序公正是通过规范职权保障诉讼参与人的权利，它建构了一种最能够使控辩双方公平、理性地充分展示、论辩、攻防的诉讼秩序，更有助于发现真实和作出公正的裁判。如果呼格吉勒图等案中的被告人获得了有效辩护，被冤杀的悲剧很可能会避免。不仅如此，程序公正还有其独立价值或者说内在价值，即具有不依赖于实体公正而单独存在的价值。程序公正向诉讼参与人和社会展示了一种公正的司法程序，使人们信赖、认同这种程序并自觉遵守社会法治秩序。在实体公正无法实现或者未能实现的情况下，坚守程序公正的意义更为突出。我们不得不承认，刑事案件作为已经发生了的历史事实，因时间的单向性而不存在再次重演和由审判者进行见证的可能，这就意味着基于人类认识能力的现实可能性的有限性，存在着司法者尽其所能也无法查明案情的可能性，也存在着司法者得出错误结论的可能性，也就是说，完全避免冤假错案几乎是不可能的。在这种情况下，坚守程序公正实际就是坚守人类文明化、科学化、规范化的发展方向。

（二）扩大刑事司法公正的量

所谓扩大刑事司法公正的量，就是使刑事司法公正在更多的案件中实现，其目标就是“努力让人民群众在每一个司法案件中都感受到公平正义”。对于这个目标的理解，我们有必要在区分实体公正与程序公正的基础上加以分析。就实体公正而言，从抽象可能性的角度来看，案件事实是客观存在的，世界是可知的，人的认识能力是无限的，因而保证每一个案件都实现实体公正是可能的。但是，从现实可能性的角度来看，案件事实是不可再现的历史事实，对世界的认识取决于多种因素，个体的认知能力也是有限的，因而保证每一个案件都实现实体公正是不可能的。因而，虽然不愿意，但我们不得不承认，有时我们竭尽所能也难以做到查清全部事实、准确定罪量刑，这意味着人的审判不可能像“神的审判”那样绝对正确。虽然如此，这并不表示我们可以因此放弃对真相、真理的追求，恰恰相反，我们只有做到竭尽所能才能问心无愧，只有在每一个案件中都追求真相和准确裁判，才能最大限度、最大范围、最大可能地实现实体公正。

就程序公正而言，不同于不受司法机关操控的作为历史事实的案件事实，诉讼程序是受司法机关操控的案件办理之中正在发生的事实，因而对司法机关而言，保证每一个案件都实现程序公正是具备现实可能性的。相对于因客观因素的制约有时可遇而不可求、可求而不可得的实体公正，程序公正对司法机关而言是现实可控的。而且，实体是否公正，准确来说只有亲历案件事实的当事人才能准确感知，而程序公正则不仅可以让诉讼程序的全部参与人感知，还可以通过公开、透明的司法机制让社会公众感知。虽然应当承认，有时以暴制暴、以恶惩恶也能实现实体公正，但因其取决于制暴惩恶者的主观意志而具有任意性的特征，实体公正的实现就或多或少地体现出了偶然性的特征。而只有公正的程序，才能最大限度、最大范围、最大可能地实现实体公正并昭示司法制度的正义性。因此，程序公正是“努力让人民群众在每一个司法案件中都感受到公平正义”的“牛鼻子”，是促进刑事司法公正的可靠“抓手”。

由以上分析可知，“努力让人民群众在每一个司法案件中都感受到公平正义”的要求，就是每一个案件都按照公正的要求去办理，并让人民群众感受到诉讼过程的公正。它实际上包含着两个层次的要求：一是每一个案件都按照公正的要求去办理，即于实体上，每一个案件都应追求案件真相和准确的裁判；于程序上，每一个案件都按照正当程序保障权利和规范职权。二是要让人民群众感受到司法公正，这是一个更难的要求，即对诉讼参与人尤其是当事人而言，法律应当赋予、实践应当保障其充分享有和行使实体权利和程序权利；对其他社会公众而言，司法程序应当公开、透明，应当“可围观”、可体验、可评判。不无必要指出的是，对于司法腐败的案件而言，无论实体结果和办案程序是否公正，无论当事人因此受害、受益还是不受影响，当事人都不可能感受到公平正义，也不可能信赖司法。作为社会公平正义最后一道防线的司法如果失守，人们对政体的信赖也会湮灭。

（三）抬高刑事司法公正的标准和底线

刑事司法公正的标准是随历史而发展的，人们对刑事司法公正的理解是随着人类文明的进步而不断演化的。促进刑事司法公正，意味着应当抬高刑事司法公正的标准，即使刑事司法公正的标准符合当代人类社会的价值理念和公正观念。在实体公正方面，传统的刑事司法强调打击、惩罚、报复犯罪，而当代社会更加注重被破坏的社会秩序、法定权益和行为人人格的矫正、弥补和恢复。例如，肉刑在古代司法中被视为天经地义的惩罚犯罪的手段，但随着人类文明的发展，这类野蛮、不人道的刑罚逐渐被摒弃。在程序公正方面，传统的刑事司法容忍甚至鼓励为了实现实体公正的需要而不惜代价、不讲方式，而当代社会更加注重正当程序和规范职权。例如，刑讯逼供在古代司法中被作为一种合法讯问手段而被广泛采用，包青天就常常威吓嫌犯“大刑伺候”，但随着无罪推定、人权保障等刑事诉讼基本理念的发展，刑讯逼供已成为一种不可容忍的程序不公。应当说，刑事司法公正的标准与社会文明发展程度密切相关，不存在永恒不变的标准，只存在永恒不变的发展。因而，刑事司法公正的标准必须与社会价值理念的变化和公众公正观念的发展相同步。

刑事司法公正底线的抬高对促进刑事司法公正这一目的而言具有特别重要的意义。刑事司法公正的底线是从反面对刑事司法公正所提的要求，指刑事司法不能发生不可挽回、不可饶恕的错误。底线是容忍度的问题，不可挽回、不可饶恕的错误已经超出了刑事司法的容忍度，是不能被容忍而应该坚决予以遏止、杜绝的。比如，在实体上，冤枉无辜因不可挽回而不能被容忍，特别是死刑案件，呼格吉勒图冤案虽然得到昭雪，但其生命不可能复活；在程序上，刑讯逼供因不可饶恕而不能被容忍，特别是故意制造冤假错案。之所以说刑事司法公正底线的抬高对促进刑事司法公正这一目的而言具有特别重要的意义，是因为底线的抬高对刑事司法而言，能够使我们避免犯那些愚蠢的、野蛮的、耸人听闻的错误，避免司法发生最不公正、最不可接受的事件；是因为唯有抬高底线，刑事司法的公正度才可能进入能够为公众所广泛接受的范围。就司法实践而言，无罪推定、非法证据排除等基本的刑事诉讼原则和制度必须坚守，而“命案必破”、“从快从重”等有违司法规律的要求则必须摒弃。

第二节　以审判为中心的诉讼制度所要实现的刑事司法公正

以审判为中心的诉讼制度所要实现的刑事司法公正是什么?这个问题并非不言自明。无论是理论研究者还是实务工作者，都常常将司法公正挂在嘴边，似乎它是一个无需解释的确定无疑的常识性概念。不幸的是，事实并非如此，甚至大部分时候，我们在使用司法公正一词时，自己也不知所云。如大部分科学研究一样，对常识性问题的研究实际更为艰难，因为它看起来太简单了，以至于无需去论证或者无法去论证。然而，对“简单”问题的正确分析，正是科学研究的必要思维。基于此种认识，有必要对刑事司法公正的概念和分类展开深入分析，以期区分刑事司法公正这一概念在不同情境中的不同含义，为研究和改革提供基础语境和讨论平台。

一、刑事司法公正的概念

概念，是指概括事物的特性而形成的抽象观念，它构成了认识的基本要素和基本工具。从某种程度上说，科学研究的主要成果就是形成和发展概念，概念的界定和选择是否得当，直接影响到科学研究的理论和实践意义。因此，厘清刑事司法公正这一概念的内涵，是研究的首要任务。刑事司法公正是一个主谓结构的形容词性短语，由刑事、司法、公正三个词构成，其中，刑事是司法的定语，司法是公正的主语，公正是该短语的中心语。故而，对刑事司法公正内涵的考查，应从对公正内涵的考查着手。

（一）公正的概念

在词源学上，“公”与“厶”是意思相对的两个字，“厶”

是“私”的古字。《说文解字》对“私”的解释是：“奸邪也。韩非曰：仓颉作字，自营为厶。”《说文解字》对“公”的解释是：“平分也。从八从厶。八犹背也。韩非曰：背厶为公。”可见，“公”的本意是无私。“公”的当代含义都是以此为渊源衍生的，基本含义包括正直无私、为大家利益、共同的、大家承认的以及由此衍生的代词等。“正”的字形从甲骨文至今变化不大，在甲骨文字形中，上面的符号表示方向、目标；下面是止（足），意思是向这个方位或目标走去。《说文解字》对“正”的解释是：“是也。从止，一以止。”意思也是向着一个方位或目标不偏不斜地走去。“正”的当代含义也都是以此为渊源衍生的，基本含义包括不偏斜、合于法则、合于道理以及相对事物中对的、好的、强的一方等。将“公”与“正”联系起来使用，最早似出自战国时期法家代表人物之一慎到：“故蓍龟所以立公识也，权衡所以立公正也，书契所以立公信也，度量所以立公审也，法制礼籍所以立公义也。凡立公所以弃私也。”[1]较早使用“公正”一词的典籍还有汉朝班固的《白虎通》：“公之为言，公正无私也”，以及《淮南子》：“公正无私，一言而万民齐”。由以上分析可知，“公正”的本义应为正直无私的、不偏不倚的、公平正义的。

在英文中，公正即“justice”，与中文翻译的“正义”以及作为实现正义之方式的“司法”是同一个单词，其来源为拉丁语中的“*jus*”。在西方法律思想史上，正义思想起源于古希腊。古希腊思想家柏拉图（Plato）在其著作《理想国》中认为，正义是治理国家的原则，正义有两种含义：一是与智慧、勇敢、节制并列的人的四种美好品德之一；二是国家正义或统治者的正义。柏拉图认为，国家正义首先是统治者必须树立执政为公的理念；其次是社会有机体各个部分之间应保持和谐的关系，每个公民在其

---

〔1〕参见高其才、肖建国、胡玉鸿：《司法公正观念源流》，人民法院出版社2003年版，第20页。

所属的地位上尽符合自己天性的义务。〔1〕亚里士多德把正义分为普遍的正义和特殊的正义两类：普遍的正义又称为原始的正义、抽象的正义、绝对的正义，指正义的根本；特殊的正义又叫政治正义、法律正义，是正义在社会制度层面的特殊表现形式。特殊的正义又分为分配的正义和矫正的正义两种，前者指在分配财物、职务、名誉时应体现公平公正；后者指当出现不正义行为或现象时，恢复公平、纠正不公，使正义失而复得。其后，西方思想家提出了不同的正义观念，如美国社会学家莱斯特·沃德（Lester Ward）提出的平均主义正义观、英国社会学家赫伯特·斯宾塞（Herbert Spencer）提出的自由主义正义观、霍布斯（Hobbes）和边沁（Bentham）提出的保护安全正义观，等等。进入现代，美国学者罗尔斯（Rawls）在其《正义论》中提出了社会正义观，认为正义是至高无上的，社会基本结构均应体现正义，正义有两个基本原则："第一个原则：每个人对与其他人所拥有的最广泛的基本自由体系相容的类似自由体系都应有一种平等的权利。第二个原则：社会的和经济的不平等应这样安排，使它们①被合理地期望适合于每一个人的利益；并且②依系于地位和职务向所有人开放。"〔2〕罗尔斯所称的第一个原则，是平等自由的原则；第二个原则，是社会差别应建立在机会平等原则的基础上。这两个原则的要义是平等地分配基本权利和义务，同时公平地分配社会利益和地位。

究其本质而言，公正是一项关系原则。"公正是处理人与人之间、社会与个人之间关系的价值理想准则。"〔3〕"所谓公正，就是给人应得，就是一种应该的回报或交换，说到底，就是等利

---

〔1〕 参见［古希腊］柏拉图：《理想国》，郭斌和、张竹明译，商务印书馆2002年版，第133～154页。

〔2〕［美］约翰·罗尔斯：《正义论》，何怀宏、何包钢、廖申白译，中国社会科学出版社1988年版，第60～61页。

〔3〕 张曙：《刑事司法公正论》，中国人民公安大学出版社2009年版，第27页。

害交换的善行：等利交换和等害交换的善行是公正的正反两面；所谓不公正，就是给人不应得，就是一种不应该的回报或交换，说到底，就是不等利害的交换的恶行：不等利交换与不等害交换的恶行是不公正的正反两面。这就是公正的精确定义。”〔1〕公正作为一项处理关系的理想原则，同时也是评判社会行为及作为其后果的对社会关系的影响是否公正的标准。然而，我们不得不承认的一个事实是，我们难以从公正的精确定义得到是否公正的精确评判。因为，公正作为一个表述相对关系的概念，取决于评断主体及其价值观念。如一度被我们奉为圭臬的“杀人偿命，欠债还钱”的公正观念，随着恢复性司法观的发展在当代社会已经发生了显著变异。因而，对公正的精确把握，应该放在具体的语境中。

（二）刑事司法公正概念的辨析

刑事司法公正，简言之，就是指刑事诉讼正直无私，不偏不倚，就是指刑事司法要体现公平、正义的要求。它是一个抽象概念，是一个主观价值判断概念。在这个概念里，隐含着这样几个问题：其一，谁来评断刑事司法是否公正？其二，凭借什么标准来评断刑事司法是否公正？其三，作为评价对象的刑事司法是指什么？这三个问题，分别指向刑事司法公正的主体、标准与客体。这三个问题的答案，构成了刑事司法公正的概念的基本内容。

1. 刑事司法公正的主体

谁来评断刑事司法是否公正？这是刑事司法公正的主体问题。当我们谈论刑事司法是否公正时，我们显然站在了某一主体视角，这个视角可能是审判机关、公诉机关、侦查机关，可能是被追诉人、被害人、其他诉讼参与人，也可能是社区（与犯罪相关的）成员、新闻媒体、社会公众，这取决于我们与被评判的刑

〔1〕王海明：《新伦理学》，商务印书馆2008年版，第772页。

事司法的关系和社会角色。同理，当我们听到他人谈论刑事司法是否公正时，他人也是站在了特定的主体视角上，即谈论者必然有自己的角色立场。如念斌投毒案中，当念斌被定罪时，其认为案件是不公正的，而受害者家属则认为是公正的；当案件昭雪以后，念斌最后获得了迟来的公正，但受害者家属则认为是不公正的。对于研究有意义的做法是，我们应当区别直接主体与间接主体。就评断刑事司法公正的主体而言，直接主体是指刑事诉讼的参与者，间接主体是指刑事诉讼的旁观者，即刑事诉讼参与者以外的主体。区别直接主体与间接主体的意义，一是两者所感受的刑事司法公正的真切度、真实度不同，直接主体的感受显然更为真切、真实；二是两者的评判标准存在差异，直接主体往往以自己的权益是否受到尊重和保护作为评判标准，间接主体则往往以一般社会观念作为评判标准。

在这两类主体中，我们首先应当关注的是直接主体，即刑事诉讼的参与者，因为他们是刑事诉讼权利义务的承担者和诉讼行为的实施者，对刑事司法是否公正具有直观的体验、见证。直接主体中，我们应当特别重视刑事诉讼当事人的评断，因为案件的处理过程和结果往往对他们的人身、财产具有决定性影响，他们对案件的关注和投入程度决定了他们具有最直接、最深切的体验，因而最有资格对刑事司法是否公正作出评断。事实上，社区成员、新闻媒体、社会公众甚至其他诉讼参与人对刑事司法是否公正的评断，在很大程度上来自刑事诉讼当事人的传导。因而，与其关注刑事司法的社会舆论〔1〕，不如关注当事人的真切体验。如同未能经得起现实考验的公正没有资格交由历史去考验一样，未能经得起当事人考验的公正也没有资格交由社会去考验。实际

---

〔1〕 社会舆论与社会效果是两个容易混淆而又应该加以区别的概念，前者是指社会公众的评价，后者是指现实的社会影响，一般而言，后者应包含前者，但前者不一定是后者的主要内容。

上，也只有通过刑事司法的过程和结果让当事人及其辩护人、诉讼代理人体验到公正，才可能实现在社会范围内广泛认可刑事司法公正，这是“让人民群众在每一个司法案件中都感受到公平正义”的钥匙。应当指出的是，即使实际上做到了实体和程序公正，当事人仍有可能认为是不公正的，这是因为当事人据以评判的标准在客观性、合理性上出现了问题，所以对评判主体对司法是否公正所作的评判的认识，必须结合其据以评判的标准。

2. 刑事司法公正的标准

凭借什么标准来评断刑事司法是否公正？这是刑事司法公正的标准问题。应当明确，公正的标准是一种社会观念、一种道德准则，它既具有主观性又具有客观性。之所以说其具有主观性，是因为它是人们主观意识层面的存在；之所以说其具有客观性，是因为它是一定时空范围内社会集合体的共同需求和认知，并不决定于单独个人的意志。这就意味着，刑事司法公正的标准是多元的、变化的、历史的。例如，“以牙还牙，以眼还眼”的报复理念可能是人类最初的刑事司法公正标准，它强调使犯罪之人付出同等代价，“杀人偿命”在人类相当长的历史时期内被认为是天经地义的。然而，随着恢复性司法理念的兴起，人们开始尝试以一种观察病人的态度去审视罪犯，单纯的报复犯罪理念已经逐渐被摒弃。在量刑和执行刑罚过程中，如果我们不注意这一变化，就难以跟上刑事司法公正的观念进步。

在诸多价值标准之中，衡量刑事司法是否公正的标准，主要包括自由、公平、秩序三个方面：所谓自由，即社会成员的意思自治以及基本权利不受侵扰的状态；所谓公平，即平等对待和平等保护，是指每个社会成员法律地位平等、法律人格完整的一种状态；所谓秩序，是指自由得到公平的对待和保护、社会关系得到有序的维持和调控的状态。也就是说，衡量刑事司法是否公正，主要是看刑事司法是否保护了权利和自由，是否符合社会公平，是否维护了正义的秩序。其中，就是否保护了权利和自由而言，又分为是否保护了被害人的权利和自由与是否保护了被追诉人的权利和自由，在这两者之间，其平衡点不是永恒不变的，而是与社会公平观念的发展直接相关。就是否符合社会公平而言，法定的公平有时与人们的公平观念不尽一致，如何调和也考验着司法者。就是否维护了正义的秩序而言，这种秩序本身是否正义是一个非常关键的问题，如果所维护的秩序并不正义，则对这种秩序的维护也谈不上公正。

如果需要从多元、变化、历史的刑事司法公正的标准中抽象出一个一般标准，我们认为应当是刑事诉讼法的目的的实现程度。刑事诉讼法是规定刑事诉讼活动的法律规范，刑事诉讼活动是以司法权解决刑事纠纷的活动。解决刑事纠纷存在两个基本步骤：一是确认是否存在犯罪行为以及存在怎样的犯罪行为，即定罪；二是确定是否处以刑罚以及处以怎样的刑罚，即量刑。刑事诉讼法作为规范刑事诉讼活动的法律而不是刑事诉讼活动本身，要求不但要打击犯罪，而且要正确打击犯罪。所谓正确打击，一是要准确；二是要适当。为了保证准确和适当，就要授予专门机关有力的职权并约束其职权不被滥用和误用，就要尊重和保护个人基本权利并赋予和保障其程序权利。由此，刑事诉讼法存在三个目的，即打击犯罪、规范职权、保障人权。因而，评判刑事司法是否公正的标准，就是要看其是否完成了准确、适当打击犯罪的目的，是否完成了文明、科学地规范诉讼职权的目的，是否完成了在打击犯罪的同时充分保障人权的目的。在前述冤假错案中，往往是三者皆无，因此毫无公正可言。

3. 刑事司法公正的客体

作为评价对象的刑事司法是指什么？这是刑事司法公正的客体问题。当一个人说“刑事司法是公正的”或者说“刑事司法是不公正的”，他的评判意见所指向的对象是什么呢？对于这个问题，应当区分层次来看，我们可以将其区分为超广义客体、广义客体与狭义客体、次狭义客体。所谓超广义客体，是指包括立法、司法在内的从刑事法律创制到刑事法律实施的全部活动。例如，当一个人说我国的“刑事司法是不公正的”，他的评断依据和所指的对象可能是案件标的相同的作为自然犯的盗窃罪与作为法定犯的贪污罪的刑罚不相当，或者是不履行法院生效裁判文书而极少被追责但不归还银行信用卡则容易被追责。这种评断实际包含着立法与司法的内容，而不仅是司法本身。所谓广义客体，是指抽象的全部的刑事司法活动，即国家专门机关执行国家刑事法律的全部活动。例如，当一个人说我国的“刑事司法是不公正的”，他的评断依据和所指的对象可能是我国刑事司法中冤假错案频发，或者刑事司法总体而言职权未受到有效规范、权利未受到充分保障。这种评断是对抽象的刑事司法活动的一种评价，是刑事司法活动给人的一种总体印象。

对于评判刑事司法是否公正而言，更有意义的客体是狭义客体。所谓狭义客体，是指具体案件的刑事司法活动，包括立案、侦查、起诉、审判、执行等专门活动。应当指出，中西方司法的语义是有极大区别的。在汉语中，司法原指执掌法律、执行法律的官吏，后来发展为执掌法律、执行法律的专门行为；在英语中，司法为“justice”，即正义，指维护正义、实现正义之方式，后来发展为以法律方式维护正义、实现正义的专门行为。在西方法律语言中，司法是中立、明辨、利益无涉的第三方代表社会的最高理性裁决社会纠纷的活动，其性质是社会权力、宪法权力、裁判权力，因此，就其本原含义而言，司法仅指法院的审理裁判。但是，在我国的司法体制和习惯用语中，刑事司法的概念已超出刑事审判的范畴，而与刑事诉讼的概念相等，即指国家专门机关在当事人及其他诉讼参与人的参加下，依照法律规定的程序，为解决被刑事追诉人的刑事责任问题而进行的专门的活动。在我们使用刑事司法公正的概念时，我们所指的实际就是刑事诉讼公正。

所谓次狭义客体，即刑事司法的实体结果。这是社会公众传统上广为接受的客体，即只要实现了“杀人偿命，欠债还钱”的结果公正，不论其过程和方式如何，社会公众就认为刑事司法公正得到了实现。这种刑事司法公正观念当然具有其历史正当性和现实合理性，但在当代法治理念中却应当予以批判。我们所应当批判的不是对实体公正的执着追求，而是对实现实体公正的过程和方式的不公正的纵容和鼓励。在当代法治文明社会中，实体公正当然仍然是我们的执着追求，但却应当坚持以公正的程序去实现实体公正，否则非但实体公正是否能够实现存在疑问，连人们对文明秩序的信赖也将减损和消失。

综上所述，案件当事人对具体案件的诉讼程序和实体结果按照一般社会标准和公众观念所作的是否公正的评判，是最有价值的，对司法机关而言也是最为现实可控的，这是促进刑事司法公正的着眼点和着力点。

二、 刑事司法公正的分类

如前所述，刑事司法公正是一个包含不同主体、客体、标准的相对性概念，这就意味着，绝对的、单一的刑事司法公正是不存在的，刑事司法公正在不同语境中具有不同含义。因而，按照不同标准对刑事司法公正予以分类，就是一种必要的科学态度。对刑事司法公正，主要可以作以下分类：实体公正与程序公正、充分的司法公正与最低限度的司法公正、广义的司法公正与狭义的司法公正、抽象的司法公正与具体的司法公正。以下分述之：

（一）实体公正与程序公正

“司法公正既要求法院的审判过程坚持正当平等的原则，也要求法院的审判结果体现公平正义的精神。前者可以称为程序公正，后者可以称为实体公正。它们共同构成了司法公正的基本内容。”〔1〕所谓刑事实体公正，是指刑事司法的实体裁判结果公正，包括正确裁判有罪与否与准确定罪量刑两个方面。所谓正确裁判有罪与否，就是既不冤枉无辜，也不放纵罪犯。如前所述，在事实不清、证据不足的情况下依据无罪推定原则作出无罪判决，虽有放纵罪犯的风险，但它顶多是犯了一个错误；而如果因作出有罪判决而冤枉无辜，则其必然同时放纵了真正的罪犯，是同时犯了两个错误。因而，在事实不清、证据不足的情况下，坚持无罪推定原则才能更好地实现实体公正。如念斌投毒案、龚道新绑架案的昭雪，最终就是适用这一原则的结果。所谓准确定罪量刑，一是准确定罪，不发生此罪与彼罪、重罪与轻罪的错误定性；二是准确量刑，不发生罪重刑轻、罪轻刑重的错误裁量。所谓刑事程序公正，是指刑事诉讼的程序运行过程公正，包括自然权利的尊重与保护和诉讼权利的赋予与保障两个方面。所谓自然权利的尊重与保护，就是非因进行刑事诉讼的必要、非依法律规定和法定程序，不得侵犯诉讼参与人自有的人身、财产、隐私等权利；所谓诉讼权利的赋予与保障，就是按照正当程序的要求充分赋予和保障诉讼参与人知悉权、主张权、举证权、辩论权、救济权等程序权利。

关于实体公正与程序公正的关系，当前，我国刑事诉讼法学界流行着形形色色的非科学的“兼顾论”、“平衡论”观点。这种观点认为，在刑事诉讼中，要兼顾实体公正与程序公正，要平衡实体公正与程序公正的关系。这种观点貌似是有道理的，实则是非科学的。之所以说这种观点是非科学的，原因有三：其一，兼顾论未能厘清实体公正与程序公正的逻辑关系，误将二者对立起来。兼顾论在潜意识中将实体公正与程序公正当作了矛盾、对立的双方，因而提出要对其兼顾、平衡。事实上，实体公正与实体不公正是一对矛盾，程序公正与程序不公正是一对矛盾，而实体

〔1〕何家弘：“司法公正论”，载《中国法学》1999年第2期。

公正与程序公正并不是一对矛盾。其二，兼顾论在实践中是不可能实现的，打着兼顾的旗号办案，不但做不到两种目的兼顾，反而会两者皆失。如在案件事实难以查明、案件证据难以收集时，既不敢依据程序法的无罪推定原则宣告无罪，又不敢按照实体法正常确定刑罚，结果兼顾出一个折中的从轻判决。这种结果，貌似兼顾，实则既未实现实体公正，又未实现程序公正。其三，兼顾论不仅将导致逻辑上的谬误，而且实际上对解决问题也无指导意义。如对刑讯逼供所取得的（真实的）证据，实体公正要求将其作为证据使用，程序公正则要求将其排除，两者是截然对立的，实际上不可能兼顾。在这种情况下，所谓兼顾，恐怕只是为非法取证辩护。

刑事程序公正与刑事实体公正是过程与结果的关系，应当坦率地承认，过程的公正并不必然能够实现结果的公正，结果的公正并不必然以过程的公正为前提条件，过程的不公正并不必然导致结果的不公正，结果的不公正并不必然源于过程的不公正。这是否意味着我们可以仅以实体公正为目标呢？答案当然是否定的。刑事司法的发展，应当与人类社会的发展保持同步，人类社会由野蛮向文明、由愚昧向科学、由恣意向理性的发展规律表明，文明化、科学化、规范化是刑事司法的发展方向。如前所论，程序公正不仅具有实现实体公正的工具价值，还具有其昭示程序正义和彰显正义秩序的独立价值。当代法治文明社会中，应当并且仅应当容许以程序公正的方式实现实体公正，而不能容许以程序不公的方式实现实体公正。事实上，由于实体公正需要建立在准确认定案件事实的基础上，而对案件事实的认知不可避免地存在模糊和误差，因而实体公正本身是有局限性和模糊性的，甚至当我们认为实体公正已经实现时，事实恰好相反。比如，当呼格吉勒图、张高平叔侄、念斌被判处死刑时，很多人会认为实体公正得到了实现，但事实却完全相反。对程序公正的忽视，将会导致实体不公正，而且给以实现实体公正之名行出入人罪、变乱法治之实大开方便之门。因而，程序公正才是刑事司法公正的切入点和真正能够把握的“抓手”。

（二）充分的司法公正与最低限度的司法公正

充分的司法公正与最低限度的司法公正，是对刑事司法公正的一种分层。充分的司法公正，又可称为完美的司法公正，是指刑事司法的实体结果和程序过程的每一个细节都完全符合公平、正义要求的一种状态，它包括犯罪得到正确打击、权利得到充分保障两个方面。充分的司法公正虽然受到多种因素的制约而并非总是能够实现，甚至有时尽其所能也难以实现，却是刑事司法应然的追求。只有在刑事司法中以实现充分的司法公正为目标，才能最大限度、最大范围、最大可能地实现司法公正。虽然刑事司法的目标与结果并不一定是一种“取乎其上，得乎其中；取乎其中，得乎其下”的关系，但也绝不可能出现“取乎其下，得乎其中；取乎其中，得乎其上”的逆向效果。充分的刑事司法公正，不仅要求在具体标准的选择上适用最高标准，而且要求在办理案件过程中的每一个环节和细节上均体现公正的要求；不仅要求法律规则本身要公平、合理，而且在执行法律规则时应当遵循公平正义的原则和正当程序的精神。

与充分的司法公正相对的是不充分的司法公正，而最低限度的司法公正是不充分的司法公正的一种。我们承认存在充分的司法公正时，就不得不承认还存在不充分的司法公正，或者从某种角度而言，司法公正与司法不公正并非非此即彼、界限分明的，它有一个模糊地带。也就是说，有时候刑事司法虽未实现充分的公正、完美的公正，但我们还是愿意接受和承认它仍然实现了或表现得比较公正、相对公正、“还算”公正。这种不充分的公正或者说相对公正的底线，就是最低限度的公正。不充分的公正只要高于最低限度的公正，它仍然能够在一定程度上得到接受和认可，而一旦刑事司法低于最低限度的公正，它就不再有公正性可言。具体来说，最低限度的公正就是刑事司法不能出现不可挽回、不可饶恕的错误，如实体上的冤枉无辜和程序上的刑讯逼供。

（三）广义的司法公正与狭义的司法公正

根据司法的广义与狭义的区分，我们可以将刑事司法公正分为广义的司法公正与狭义的司法公正。司法，在狭义上仅指审判，即法院的审理裁判活动。只有审判才是独立、中立、明辨、利益无涉的第三方依据法律对控辩双方的纠纷进行审理裁判的活动，因而司法在本义上仅指审判。而在我国的习惯用法中，司法的概念不仅指审判，还指公诉机关的审查起诉行为，甚至侦查行为。在这一点上，刑事司法与刑事诉讼的概念是等同的。由此，广义的刑事司法公正，是指全部刑事诉讼过程的公正；而狭义的刑事司法公正，是指刑事审判过程的公正。因为我国的刑事诉讼广义而言包括立案、侦查、起诉、审判、执行五个阶段，而不同阶段的主管机关不同，因而要实现广义的刑事司法公正，需要每一阶段的主管机关“主持正义”以及全部刑事诉讼主体的协同互动。而要实现狭义的刑事司法公正，则尤其强调审判程序中法官的作用。从某种程度而言，只要我们赋予、保障、规范法官适当的职权，法官具有凭借一己之力实现审判公正的能力。

狭义的司法公正或者说审判公正不仅有其独立作用，而且因其是刑事诉讼中“一锤定音”的一环，其能够对审前程序提出要求，能够发现、纠正、预防审前程序中的不公正问题。区分广义的司法公正与狭义的司法公正的重要意义也正在于此，它能够使我们在明确审判这一刑事司法的中心的基础上通过公正审判倒逼公正侦查。合理制定和严格执行违反刑事诉讼程序的程序性法律后果，是狭义的刑事司法公正倒逼广义的刑事司法公正的切入点，典型如非法证据排除规则。在非法证据排除规则之下，不公正的程序手段所取得的证据不得被作为证据在审判中予以采信，这使得非法取证的目的不能实现，因而对于预防和遏制非法取证最为有效。特别是，这种程序性法律后果与纪律责任、法律责任相互配合，更能充分发挥作用，倒逼审前程序的公正。应当指出的是，排除非法证据是以维护程序正义为直接目标的，实体正义不是其直接目标，当我们说非法取得的证据应当排除时，主要不是因为非法取得的证据可能是虚假的，而是因为这种取证行为本身是不公正的。在此意义上，排除非法证据的真正含义，是排除非法取得的真实证据。在这种情况下会存在一个疑问，即是否会因为排除了非法取得的真实证据而阻碍实体公正的实现？在具体个案中，这种情况是可能发生的，但这并不是因为程序公正与实体公正是相对立的，而恰恰是因为没有保障程序公正，因而使实体公正的实现受阻。解决这一困境的正确做法不应当是偏执地追求实体公正，而应当是恪守程序公正，在正当程序的范畴内调控各种力量，尽最大可能实现实体公正。

（四）抽象的司法公正与具体的司法公正

抽象的刑事司法公正与具体的刑事司法公正，又可称为一般的刑事司法公正与个别的刑事司法公正。所谓抽象的刑事司法公正、一般的刑事司法公正，是指社会公众对刑事司法整体是否公正的正态评价；所谓具体的刑事司法公正、个别的刑事司法公正，是指人们对具体刑事案件的过程和结果是否公正的正态评价。抽象的、一般的刑事司法公正包含着两层含义：其一，它是社会整体对刑事司法的评价；其二，它是对刑事司法整体的评价。抽象的刑事司法公正实际上是一个集合概念，它包含着最广义的主体，也包含着最广义的客体，是一个高度抽象的一般评价。抽象的刑事司法公正是司法公信的基础，只有社会公众普遍认为刑事司法整体公正的时候，人们才可能信赖刑事司法。抽象的刑事司法公正可以从刑事诉讼功能的视角加以评断，对被追诉人而言，公正的刑事司法应当实现了惩罚功能、保障功能、教育功能；对被害人而言，公正的刑事司法应当实现了保护功能、救济功能、安抚功能；对一般社会成员而言，公正的刑事司法应当实现了引导功能、教育功能、威慑功能。

具体的、个别的刑事司法公正具有特别重要的价值。个别公正是指在一般公正的指引下，对具体的人、具体案件处理的公正。“在刑事法律活动中，个别公正之所以重要，主要是因为刑事立法所确立的一般公正由于法律规范本身的局限性，在适用于个别案件的时候，这种一般公正并不能‘天然地’转化为个别公正，而有待于能动的刑事司法活动。法律无法以一种完美无缺的公平方法来适用于一切情况。因此，法律的公正总是存在缺憾的。在这种情况下，刑事司法显得尤为重要，因为它具有个案处理的特点，能够在一定程度上弥补法律规范的确定性、概括性和抽象性所可能损及的某些公正。在这个意义上，个别公正可以说是一种‘衡平’的公正。”〔1〕上述论证实际是在阐释司法公正与立法公正的关系之中谈论的个别公正，它同样适用于具体的司法公正与抽象的司法公正的关系之中。抽象的司法公正作为一个集合概念，是建立在具体的司法公正的基础上的。在刑事司法领域，容易发生 100 - 1 = 0 的现象，一个具体的不公正足以毁坏人们对刑事司法的整体信赖，因而，“努力让人民群众在每一个司法案件中都感受到公平正义”就是通过具体的司法公正促进抽象的司法公正的正确途径。

第三节　现代刑事司法公正对以审判为中心的诉讼制度的要求

刑事司法公正只有在相应的具体诉讼制度中才能得以实现，以审判为中心的诉讼制度旨在促进刑事司法公正，但以审判为中心的诉讼制度怎样才能实现刑事司法公正呢？这个问题实际就是现代刑事司法公正对以审判为中心的诉讼制度的要求问题。在现

〔1〕 陈兴良：“刑事司法公正论”，载《中国人民大学学报》1997 年第 1 期。

代法治文明中，应当明确，以审判为中心的诉讼制度不仅具有促进刑事司法公正的工具价值，而且，其本身对刑事诉讼主体关系、程序设置、运行方式的基本要求和基本规范，也是现代刑事司法公正的当然内容。关于现代刑事司法公正对以审判为中心的诉讼制度的要求的分析，当然可以从不同层面、不同角度展开，但鉴于以审判为中心的诉讼制度改革的原因和背景是侦查中心主义导致的司法不公正问题，本节将以我国的刑事诉讼制度从侦查中心主义到审判中心主义主要应当实现的几个重要变化为视角进行讨论，以期厘清本次改革的主要着眼点。

一、 主体定位转化

刑事诉讼主体是指刑事诉讼基本职能的承担者。刑事诉讼的基本职能主要包括追诉、辩护、裁判三者，其中，追诉包括侦查与起诉两个子职能。因而，刑事诉讼主体就包括追诉机关、被追诉人、裁判机关，其中，追诉机关包括侦查机关与公诉机关。在侦查中心主义的背景下，刑事诉讼主体的定位及其相互关系并不符合现代刑事司法公正的要求，因而以审判为中心的诉讼制度改革必须要实现诉讼主体定位的转化，使之符合刑事司法的制度规律和现代刑事司法公正的要求。

（一）侦查中心主义下的主体定位

在侦查中心主义背景下，顾名思义，刑事诉讼主体的定位和相互关系是以侦查为中心的。对这个问题的解读，可以区分为刑事审前程序与刑事审判程序两个阶段。所谓刑事审前程序，是指立案、侦查、审查起诉三个先于审判的刑事诉讼阶段。考察我国的刑事审前程序，不难发现其存在着严重的结构性问题，这个结构性问题可以总结为：侦查权越位、检察权错位、辩护权失位、审判权缺位。我国刑事诉讼中，包括拘留、取保候审、监视居住、搜查、扣押、技术侦查等强制性侦查措施在内的几乎全部侦查措施均由追诉机关自行决定实施，即便是较为严厉的强制性侦查措施也只需要履行内部行政审批手续，不存在中立的审判机关的事先授权，也不存在审判机关的事中审查和事后救济。作为相对人的被追诉者，在审前追诉程序中并不能与追诉机关平等对话，其辩护意见尤其是程序性辩护意见却只能向追诉机关提出，而缺乏由中立的裁判者进行审查裁判的机制保障。这种辩护的效果完全取决于追诉机关的主观态度，甚至取决于办案人员的“心情”。面对着“无所不能”并且可以“为所欲为”的追诉权力，被追诉人往往陷入无尊严、无自由、无救济的境地。

我国目前的刑事诉讼制度中，侦查、起诉、审判分别由三个机关分工负责，彼此独立，每一机关只与其相邻机关发生有限的业务交接关系，法院和法官在审前追诉程序中是缺位的。在这种结构中，追诉权不受控制，辩护权没有保障，被追诉人面对追诉机关的绝对权力只能“束手就擒”、“坐以待毙”，刑事诉讼程序只能是赤裸裸的行政治罪程序。我国刑事诉讼中的刑讯逼供、非法取证、滥用强制措施等顽症，之所以屡禁不止，从根本上讲，是公、检、法三机关的定位和相互关系存在重大缺陷的结果。审判权的缺位，导致刑事审前程序成为一种单向追诉程序，追诉机关具有绝对的控制性地位，被追诉人面对强大的国家强制力显得弱小而无助，特别是被追诉人在道德上亦居于显著弱势，这种道德地位的差别对控辩双方的心理影响会放大诉讼地位的差别，使刑事诉讼失去查明案件事实、正确适用法律的本初目的，而陷入“办案”的技术性操作中。一方面，这种诉讼结构下几乎不存在程序正义的空间，真正的诉讼对抗和辩论在这种结构中显得奢侈而遥不可及；另一方面，这种诉讼结构显然不可能真正实现实体正义，因为非正义的程序得出的实体结果是充满偶然性和任意性的。

在目前的刑事审判程序中，审判机关虽然具有程序主导人的地位，但就其情形来看，仍然具有控辩不分、纠问式诉讼的浓厚色彩。审判机关，作为维护正义的最后一道防线，直到生米已然煮成熟饭时才最后出现，不过，在一些案件中，其出现的意义并非维护正义，而是对追诉机关的工作成果进行“签章确认”，为行政治罪程序打上“诉讼”和“司法”的标签，以赋予治罪结果形式上的合法性。尽管我国的刑事审判制度已经引入了控辩式诉讼的一些元素，但总体而言行政治罪的痕迹仍然较为明显，不符合控审分离、控辩平等、裁判中立的基本诉讼原则。究其思想原因，与我国对刑事诉讼的工具化定位有关。在设计国家司法体制和司法制度时，有意无意地沿着工具化的理念进行，必然使侦查、起诉、审判共同成为治罪程序的有机组成部分，侦查、起诉和审判之间被设计为递进关系，后者对前者的首要作用是确认，附带着查漏补缺。这是张高平、张辉、念斌们被一再定罪处刑的体制原因，也是司法机关常常敢于将冤假错案办成“铁案”、将经不起现实考验的案件草率地交给历史去考验的真正原因。

（二）审判中心主义下的主体定位

现代刑事司法公正所要求的审判中心主义下的刑事诉讼主体定位，应当遵守三个层面的基本原则：一是正当结构，即控审分离、控辩平等、审判中立；二是正当关系，即追诉者、被追诉者、审判者均为刑事诉讼的主体，追诉方与被追诉方具有对等的权利义务关系；三是正当程序，即告知、申辩、救济等核心程序机能应当具备，参与性、公开性、及时性等程序运行特征应当满足。

刑事诉讼结构是由一定的诉讼目的所决定，并由主要诉讼程序和证据规则中的诉讼基本方式所体现的控诉、辩护、审判三方的法律地位和相互关系。诉讼者，诉之以法而讼之于官也，现代法治文明中，不论何种诉讼模式下，诉讼必须具备控、辩两方和居中裁判的法官。控审分离、控辩平等、审判中立，这是现代刑事诉讼的基本结构，也是现代刑事司法公正对以审判为中心的诉讼制度的基本结构所提出的要求。三方主体中，追诉方是政府的

代表，审判方是正义的代表。之所以作出此种区分，是因为追诉犯罪是政府维护社会生活秩序、履行国家管理职责的活动，其理应站在并且实际上也只能站在国家政权的立场上去查缉犯罪；而审判则是处理社会纠纷、维护社会正义的活动，审判方只服从由人民意志制定的法律，只代表社会的理性和良知。因此，现代刑事诉讼必然要求控审分离，要求审判方不能是诉讼的一方主体，追诉方因为自己为诉讼一方主体而不得自行裁判；控辩平等要求追诉方与辩护方具有同等的地位、对等的权利，具有向审判方主张、申辩、举证的同等机会和便利；审判中立要求审判方与纠纷的任何一方不存在共同目标、任务、利益，裁判者不能存在偏好、偏见和预定立场。

刑事诉讼的正当结构，解决了追诉机关、被追诉人、审判机关三方的基本关系定位问题，但尚未解决这种架构之下权利义务关系的微观状况，这就需要借助刑事诉讼法律关系层面上的分析。现代刑事司法公正对刑事诉讼主体之间的基本法律关系所提出的要求是，控、辩、审三方存在正当关系，即追诉机关、被追诉人、审判机关三方之间的权利义务关系具有公平性、正当性。其基本要求是：其一，追诉机关与被追诉人之间应存在相同或对等的对抗关系；其二，审判机关与追诉机关之间应存在裁判与被裁判、制约与被制约的制衡关系；其三，审判机关与被追诉人之间应存在保护与被保护、决定与被决定的保障关系。上述对抗关系、制约关系、保障关系是现代刑事司法公正所要求的刑事诉讼法律关系的基本样态，其中，对抗关系强调双方的同等性，制约关系、保障关系强调审判权的优越性。总之，一方主体的任一权利必然对应另一方或两方主体的义务。如果权利、义务失去对应关系，则意味着刑事诉讼法律关系的正当性丧失。

刑事诉讼的正当关系，解决了追诉机关、被追诉人、审判机关三方的微观权利义务关系，但并未解决权利义务实现的动态问题，这就需要借助于对诉讼程序的分析。现代刑事司法公正对诉讼程序提出的要求，就是刑事诉讼程序应当是正当程序。正当程序“表示规范的、正规的执法。其建立在政府不得专横、任意地行事的原则上，意味着政府职能按照法律确立的方式和法律为保护个人权利对政府施加的限制进行活动”。正当程序之所以重要，是因为不正当的程序不但会埋葬实体公正，而且会埋葬人们对于实现公正的希望。正当程序是现代法治社会法律程序的基本要求，也是刑事法治的基本标志，具有重要的独立价值，“正是程序决定了法治与恣意的人治之间的基本区别。”正当程序的要求，就是正当刑事诉讼法律关系得到保障和实现，而不致发生权利无法行使、义务不须履行的情况。具体而言，正当程序要求：其一，国家专门机关在刑事诉讼中负有告知义务，当事人享有知悉权；其二，当事人享有充分的程序参与权，包括进行申辩、提出主张、提供证据、自行或要求国家机关收集证据、质证和对质、获得职业律师帮助等；其三，审判机关中立而公正，能够充分听取刑事诉讼参与主体的主张和申辩，能够对各诉讼参与主体之间的纠纷进行不偏不倚的审查和裁断；其四，除具有被动性、中立性、独立性的审判者在诉讼程序中具有优越性地位以外，其他程序主体的地位是平等的；其五，程序的运作过程应当符合人们对于公平、合理的一般判断，应当符合人类理性的要求，杜绝任意和专横；其六，裁判结果应当来自程序之中而不是程序之外；其七，在能够实现程序目的的前提下，应遵循最小损害、最低成本原则，包括时间、人力、财力的投入和消耗。

（三）刑事诉讼相关主体定位的转化

刑事诉讼主体定位由侦查中心主义到审判中心主义的转化，包括审判机关定位的转化、追诉机关定位的转化和被追诉人定位的转化。

审判机关定位的转化，就是要更加突出和保障审判机关在国家政体中的独立地位，确保审判机关依法独立公正行使审判权；更加突出和保障审判机关在刑事诉讼中的中立地位，确保审判机关不担任追诉的角色和担负追诉的任务。审判权是在控辩两方的参与下解决社会纠纷的社会权力、宪法权力、裁判权力，其职能和任务是按照法律规定和社会的理性和良知裁判纠纷，它具有不同于行政权的显著特征。在国家权力结构中，打击犯罪、维护稳定实际上不应当是审判机关担负的核心任务，而应当是追诉机关担负的核心任务，审判机关只是对追诉机关提出的指控经过正当程序进行审理后作出裁判而已，因而其核心任务是维护刑事司法公正。如果说审判行为客观上起到了打击犯罪、维护稳定的效果的话，那也是它的“副作用”而非主要作用。现代刑事司法公正对审判机关定位的核心要求，就是其中立性。

追诉机关定位的转化，就是要将追诉权纳入审判权和正当程序的控制之下，形成以权力制约权力、以程序制约权力的局面，实现追诉权的规范化。侦查中心主义下的追诉权失控，带来了严重的实体不公正和程序不公正问题。我国对刑事追诉权力尤其是对侦查权的监督，主要有检察监督、内部监督、社会监督、纪检监督、党政监督等。总体而言，上述监督的效果都不乐观，基本都属于事后监督和非介入式监督，发现和纠正问题实际上具有偶然性，冤假错案和刑讯逼供屡禁不止就是明证。当前我国的侦查权在权力结构上几乎完全不受控制，且侦查程序本身又具有封闭性，如此则必然形成侦查权一家独大的局面，当侦查犯下错误之后，让审判程序去发现、去纠正实际上是一个比较高、比较难的要求。理想的做法，就是构建刑事诉讼中的司法审查制度，将追诉权纳入审判权和正当程序的控制之下，唯有如此，才能最大限度实现追诉权的规范化和追诉程序的公正性。

被追诉人定位的转化，就是要改变把被追诉人作为刑事诉讼客体、对象的理念和做法，赋予和保障被追诉人的诉讼主体地位。主体是与客体相对立的概念，主体性，是指某一个体作为一种道德主体所具有的区别于客体性的本质属性。主体性的核心要求就是尊重人作为人的尊严和自主性。“既然人本身是最高价值，那么，不言而喻，对于任何人，不管他多么坏，对他的坏、他给予社会和他人的损害，固然应予相应的惩罚，应把他当作坏人看；但首先应因其是人，是最高价值而爱他、善待他、把他当人看。”〔1〕刑事诉讼中的主体性理论是对哲学主体性理论的具体运用和阐释，并且是在对纠问式诉讼反思和批判的背景下发展起来的。刑事诉讼程序主体性的基本要求包括：其一，诉讼程序的构成和运作须以保障被追诉人的程序主体权为主要内容；其二，立法者和司法者均应致力于充实各项诉讼制度，巩固诉讼参与主体的程序主体地位；其三，在诉讼程序中，诉讼所涉及的人应被尊重为程序主体，而不应被作为程序客体来对待或支配。〔2〕

二、 诉讼重心转移

在传统的流水式作业的诉讼构造中，刑事诉讼的中心是侦查，审判难以发现或发现了也难以纠正审前程序的错误。以审判为中心的诉讼制度改革，是要解决侦查中心主义下的刑事司法不公正问题，因而要实现诉讼重心由侦查向审判的转移。应当明确，以审判为中心的诉讼制度的中心是审判，其实质是重心在审判。之所以重心在审判，与刑事诉讼目的和刑事诉讼主体功能的实现相关，审判庭是控、辩双方在裁判者主持之下的集中角力场所，审判应当遵循公平的程序规则、为控辩双方提供公平的程序平台、对案件作出公平的裁判，这样，才能最大限度地实现刑事司法公正。以审判为中心的诉讼制度下，审判要能够发现、并且能够纠正审前程序的错误。

---

〔1〕 王海明：《公正、平等、人道——社会治理的道德原则体系》，北京大学出版社 2000 年版，第 125 页。

〔2〕 参见邱联恭：《司法之现代化与程序法》，三民书局 1993 年版，第 111 ~ 112 页。

(一) 流水式诉讼构造的重心是侦查

我国《宪法》第135条规定:“人民法院、人民检察院和公安机关办理刑事案件,应当分工负责,互相配合,互相制约,以保证准确有效地执行法律。”《刑事诉讼法》第7条规定:“人民法院、人民检察院和公安机关进行刑事诉讼,应当分工负责,互相配合,互相制约,以保证准确有效地执行法律。”两个条文除“办理”与“进行”这一值得琢磨的词语差别外,核心意思是完全相同的。根据上述规定,“分工负责、互相配合、互相制约”成为我国刑事诉讼结构的基本原则。这项原则表明我国的公安机关、检察机关、人民法院不但具有相同的诉讼任务,而且具有高度合作的诉讼关系。落实到具体立法和实务中,又演变为两种情况:一是在诉讼目的上,配合有余而制约不足;二是在诉讼活动上,分工有余而交叉不足。

根据上述原则,在刑事诉讼中,公安、检察、法院三机关是一种相互独立、各司其职、协作配合、彼此制约的关系,有学者将此现象形象地比喻为一个工厂里的“三道工序”,亦有学者将其称为“流水作业”式构造,认为“公安、检察和裁判机构在这三个环节上分别进行流水作业式的操作,它们可以被看做刑事诉讼这一流水线上的三个主要的‘操作员’,通过前后接力、互相配合和互相补充的活动,共同致力于实现刑事诉讼法的任务”〔1〕。三道工序论、流水作业论抑或诉讼阶段论,都形象地描绘了我国刑事诉讼纵向结构的现状。无论从立法还是实务中看,我国的刑事诉讼总体而言具有明显的流水作业、接力办案的特征,以公安、检察、法院为代表的侦查、审查起诉、审判三职能部门呈现出一种线性合作关系,将“犯罪嫌疑人”经过程式化工序加工成“罪犯”。

关于流水作业式诉讼结构的基本特征,有学者作了较为深入

---

〔1〕 陈瑞华:《刑事诉讼法的前沿问题》,中国人民大学出版社2005年版,第333页。

的总结和归纳：①公安机关、检察机关和法院相互独立，在诉讼中各自独立实施诉讼行为，事实上属于互不隶属的“司法机构”；②审前诉讼活动没有法官的参与，不存在司法授权和司法审查机制，司法机构不能就追诉活动的合法性进行任何形式的程序性裁判活动；③审判过程中，法院针对追诉行为合法性而进行的司法审查极为薄弱，难以对审前追诉活动进行有效的司法控制；④追诉机构的案卷材料对法院的裁判结论具有决定性的影响；⑤公、检、法三机关一旦发现案件事实不清、证据不足，就可以推动程序“逆向运行”；⑥法院在公安机关、检察机关的追诉活动完成之后，发挥着继续追诉的作用；⑦侦查、起诉和审判三阶段的划分具有较大的弹性，在外界因素的干预或推动下始终存在相互交叉甚至完全重合的可能。〔1〕

在刑事诉讼的横向结构上，在审前追诉阶段，审判权并不介入追诉程序，仅存在追诉方与被追诉方两方主体，形成了追诉方肆无忌惮地运用各种手段开展追诉的局面；在审判阶段，审判权虽获得了主持地位，但仍然笼罩在检察权的监督下，笼罩在公安机关维护社会稳定先锋官的地位下。在刑事诉讼的纵向结构上，实际上形成了以侦查程序为中心的模式，侦查机关的侦查活动在刑事诉讼中占据了极为重要的地位，检察机关的公诉活动、人民法院的审判活动不过是对侦查结果的确认和修正。在具体权能上，追诉机关具有拘传、取保候审、监视居住、拘留、逮捕、搜查、查封、扣押、冻结等一系列强制性侦查措施的自主决定权，这些权力并不受中立审判权的约束，侦查权在国家权力配置中的权重胜过司法权，侦查机关在现实政治体制中的地位也高于司法机关。而且，我国刑事诉讼的总体理念是强调打击犯罪、维护稳定，因此更为重视充分发挥侦查权力的作用，而怠于对侦查权力

---

〔1〕 参见陈瑞华：“摆脱‘流水作业’的诉讼模式”，载《民主与法制》2007年第11期。

进行过多的制约和束缚。这种格局造成了审判权低于侦查权和公诉权、审判权服务于侦查权和公诉权的现实局面。

在流水式作业的诉讼构造中，不但侦查监督和审查起诉难以起到发现、纠正侦查问题的作用，审判程序也难以起到发现、纠正侦查问题的作用。我国的政治传统是自上而下的集权型的，强调统治基础的稳固和公共秩序的稳定，因而强调行政权对社会的全面控制。在这种传统下，司法权处于行政权的隶属、服务地位，被用于服务行政秩序而不是维护社会公正，这种惯性对当前的刑事司法体制仍有深刻影响。在这种传统惯性的影响下，公、检、法三机关被设定为分工负责执行法律事务的三个机关，共同起到贯彻执行法律、维护社会秩序的作用；在刑事诉讼中，共同负有打击犯罪、维护稳定的职责。法院在这种制度设计中不像是中立的裁判者，而更像是追诉机关的一部分，或者像是追诉机关的帮手。“配合有余，制约不足”是对我国刑事诉讼权力结构的客观描述，这种权力结构的危害在于：于程序上，审判权不能预防、遏止、救济程序违法现象的发生；于实体上，审判权具有先天的偏见和预设立场，倾向于作出对被追诉人不利的裁判结果。

（二）从侦查中心到审判中心的重心转移

如前所述，以审判为中心的诉讼制度改革，必须实现诉讼重心由侦查到审判的转移，否则就难以解决导致刑事司法不公正的体制性、机制性问题，也就难以实现促进刑事司法公正的目的。这个转移是指什么呢？对此，人民法院四五改革纲要是这样表述的：“建立中国特色社会主义审判权力运行体系，必须尊重司法规律，确保庭审在保护诉权、认定证据、查明事实、公正裁判中发挥决定性作用，实现诉讼证据质证在法庭、案件事实查明在法庭、诉辩意见发表在法庭、裁判理由形成在法庭。到2016年底，推动建立以审判为中心的诉讼制度，促使侦查、审查起诉活动始终围绕审判程序进行。”对于这个表述，有几个问题值得商榷：其一，“案件事实查明在法庭”与审判权的应然定位不符，查明案件事实是追诉机关的职能，而审判机关的职能是对控辩双方的主张进行裁判，要求审判机关在法庭上查明案件事实，显然是有意无意地让裁判者分担控方的证明责任甚至承担控诉职能；其二，“裁判理由形成在法庭”与审判权的实然运行状况不符，裁判理由当然可以形成在法庭之上，但它也很可能形成在庭审之后、法庭之外，裁判理由应当是根据法庭审理情况而形成，但不应要求裁判理由形成在法庭之上，否则与要求每一案件法官必须当庭裁判无异；其三，“促使侦查、审查起诉活动始终围绕审判程序进行”与诉讼的纵向构造不符，侦查、审查起诉有自己独立的诉讼功能，要求侦查、审查起诉围绕审判程序进行与要求审判程序围绕侦查、审查起诉进行的本质都是强调其“配合”而忽视其“制约”关系。

从侦查中心到审判中心的重心转移，实际上不是说侦查不再重要了，而是说刑事诉讼不能再由侦查说了算了。相反，在以审判为中心的诉讼制度下，侦查更为重要了，因为如果说传统的侦查中心主义模式下审判能够容忍、纵容侦查所犯的错误的话，审判中心主义模式下就对其不再容忍和纵容，这实际上是对侦查提出了更高的要求。这个更高的要求包含两方面的内容：一是侦查能力的提高；二是侦查行为的规范。在以审判为中心的诉讼制度下，如果侦查能力、侦查行为仍然徘徊在既往水准上，显然将导致打击犯罪能力的下降，进而影响社会的安全稳定。因此，在以审判为中心的诉讼制度下，必须加大对侦查的技术投入、物资投入和培训教育，必须更加重视侦查能力的提高和侦查行为的规范。应当明确，以审判为中心的诉讼制度虽然是要实现由审判说了算，但其目的不是对抗侦查、否决侦查，而是促进刑事司法公正，因而要发现和纠正侦查中存在的错误，这是一种制度正义，是一种有利于促进侦查向更高水平发展的积极因素。

从侦查中心到审判中心的重心转移，实际上是要实现审判的实质化，是要纠正审判过场化、形式化和审判权虚化的问题，是要使刑事诉讼当中作为中立裁判的审判者真正能够发挥主持公正的作用。从侦查中心到审判中心，表面看是诉讼阶段中心的转移，实际上是诉讼权力重心的转移，是使刑事诉讼由侦查说了算到由审判说了算的转移。实际上，侦查、提起公诉、审判属于刑事诉讼的不同职能，分别由不同机关分工负责、专门行使，每一机关都应当履行好自己的职责。作为侦查机关，在法律允许的范围内竭尽所能侦破案件、收集证据、查缉犯罪嫌疑人并通过打击犯罪维持秩序、维护稳定是天经地义的，也是其必须完成的职责。但作为审判机关，其职责是以事实为依据、以法律为准绳作出公平正义的裁判，其本身不负有查明案件事实的义务，而只对双方所主张的事实及是否完成了证明责任进行裁判。如果审判机关以查明事实、打击犯罪为己任，就混淆了诉讼职能，发生了错误定位。刑事诉讼之所以要由审判说了算，正是因为其是中立的裁判，而不是利益纠葛的一方。

从侦查中心到审判中心的重心转移，要求审判能够发现并且发现后能够纠正侦查中存在的错误，并因而能够预防侦查错误。在侦查中心主义模式下，审判作为橡皮图章难以发现侦查错误，或者发现了也难以纠正侦查错误，因而将错就错、文过饰非就成为常态，刑事司法不公正也就难以避免。在以审判为中心的诉讼制度中，审判要发挥发现侦查错误、纠正侦查错误的功能，必须建立程序合法性审查机制。程序合法性审查机制是指审判程序中通过事后司法审查的方式对追诉行为进行合法性审查的程序机制。这个程序机制，就是对程序合法性的事后司法审查程序，又可称为程序性裁判程序。对程序合法性的司法审查具有两个方面的意义：其一，有利于实体正义的实现。对程序合法性的司法审查对于实现实体正义的意义体现在排除非法证据上，即对于通过违反法定程序的手段取得的证据，应予排除，以避免非法证据污染实体审判的过程和结果。其二，有利于程序正义的实现。一方面，排除非法证据当然体现了程序正义；另一方面，对程序合法性的司法审查，还通过对与实体结果无关的纯程序性事项（如非法搜查但未获得任何嫌疑人或证据）的审查和裁判而维护程序正义。因而，我们也可以说，对程序合法性的司法审查包括两种程序：一是非法证据审查（排除）程序；二是非法程序审查（排除）程序。

从某种意义上说，对程序合法性的司法审查，从根本上是为了实现和维护程序正义：其对实现实体正义的价值，是附属于实现程序正义价值的。“如果说权利保障和职权规制是程序的正当性基础，那么，程序规范具有不可违反的尊严，则是正当程序能有效遏制‘恣意的人治’的基础。”〔1〕程序具有尊严包括两个方面的要求：一是违反程序就要付出代价、承担后果，即存在程序性法律后果；二是程序性法律后果能够得到实现，即存在遏制程序性违法行为的有效机制——对程序合法性的司法审查。程序性法律后果对于维护程序尊严的意义在于：第一，程序性法律后果的存在，使刑事诉讼法成为具有完整意义的法律规范；第二，程序性法律后果的存在，使刑事诉讼法的各项规定具有独立的不可违反的性质；第三，程序性法律后果的设定，使刑事诉讼法所需要体现并应维护的各项价值目标能够得以实现。〔2〕对程序合法性的司法审查对于维护程序尊严的意义在于：第一，实现程序性法律后果，即维护程序法的法律属性、制裁程序违法行为、保障程序价值目标的实现；第二，以正当程序的方式实现程序性法律后果，即以正义的程序维护程序的正义，而不是依靠不可靠的自觉和人治。

三、运行方式转变

从历史来看，司法脱胎于行政，在产生和发展的初期带有浓

〔1〕王敏远：“现代刑事证据法的两个基本问题——兼评我国刑事证据法的新发展”，载《国家检察官学院学报》2010年第6期。

〔2〕王敏远：“论违反刑事诉讼程序的程序性后果”，载《中国法学》1994年第3期。

厚的行政化色彩，侦查中心主义就是司法行政化的体现。行政化的核心特征是其二元结构，即行政主体和行政对象，它以行政长官的命令而不是法律作为最高准则，它以效率而不是公正作为主要追求。但是，法治社会中，司法作为法律生命之所系、权利之防线、职权之保障，显然应将实现公正作为首要目标，并因而应当建立符合实现现代公正需要的运行方式。现代刑事司法公正对刑事诉讼运行方式的要求，可以通过对审判权运行的规律性特征的分析加以阐释，以下扼要论述独立、中立、被动、对抗、公开五个方面的内容：

（一）独立

独立性是审判权运行的地位特征，即审判权与程序外主体的关系特征。审判权要担负裁断纠纷、维护正义的使命，就必须能够有效地排斥外来干预，即保持其独立性。“法律不仅想成为用以评价的规范，而且欲作为产生效果的力量。法官就是法律由精神王国进入现实王国控制社会生活关系的大门。法律借助于法官而降临尘世。法律规范一旦离开创制它的立法者之手，即出现一个显著转变：它为一个目的而创制，但却不是为此目的，而是纯粹为着其自身存在的目的而适用，不仅如此，只要它真正服从于这个目的，就注定是无条件的。立法者将法律规范作为达到目的的工具——对法官而言法律规范则是目的本身，而且，在法官那里降临尘世的法律还不能受到异物的侵入：为使法官绝对服从法律，法律将法官从所有国家权力影响中解脱出来。‘只在仅仅服从法律的法院中，才能实现司法权的独立。’”〔1〕

独立审判的保障机制应当包括以下几个方面：一是法院系统独立；二是法院级别独立；三是法官个人独立；四是法官的职业特权；五是法官的职业伦理。所谓法院系统独立，是指法院系统

〔1〕［德］拉德布鲁赫：《法学导论》，米健、朱林译，中国大百科全书出版社1997年版，第100页。

独立于法院之外的机关、组织和个人，在司法事务上不受外部主体的控制和干预，主要是指独立于立法机关、行政机关、新闻媒体等；所谓法院级别独立，是指法院系统内部上下级之间相互独立，不存在上下级之间的领导、指挥关系；所谓法官个人独立，是指法官不受院长、庭长等法院内部行政管理序列领导就个案所作的指挥、干预，法官的薪俸、任职、奖惩等不受制于行政管理序列；所谓法官的职业特权，是指法官在法律范围内行使审判权的言行不受指控、追责；所谓法官的职业伦理，是指法官的工作、生活应与社会保持恰当的关系，不得代表特定群体或个体利益，不得有损法官独立、公正、理性、廉洁的形象。实现独立审判，从某种程度上说，是使审判保持高度的自治性，使之“不灵便”、“不听话”、不具有“可控性”，杜绝权、钱、情、势对审判的操控，使任何机关、组织和个人不能凭借自己的意志指挥法官、干预审判。

（二）中立

中立性是审判权运行的结构特征，即司法程序的内部结构特征。如果说公正是审判的灵魂，审判中立就是公正的生命线。审判中立的理念来源已久。在我国周代，诉讼就要求“两造具备，师听五辞”，即法官中立地听取双方当事人的陈述。在西方古代，自然正义就包含着“任何人不得担任自己案件的法官”和“必须听取双方当事人的陈述”两项基本要求。现今，不但各国刑事诉讼法均规定了法官的中立地位，国际人权公约上也明确要求人人有权由一个独立而无偏倚的法庭进行公正与公开的审判。实际上，只要存在需要第三者裁判的纠纷事项，裁判者相对于双方均须保持中立，否则，即无公正可言，裁判也就失去其意义。按照自然正义原则，审判中立包括消极与积极两个层面：消极层面是指，审判机关和审判人员不得与诉讼中的任何一方有利害关系，即“任何人不得担任自己案件的法官”；积极层面是指，审判机关和审判人员应当平等地对待和保护诉讼双方。

审判中立不仅是审判机关相对于控辩双方的独立性，而且表明审判权的无偏向行使，即审判者与诉讼中的任何一方没有共同的利益、立场、使命、目标。如果审判者与控方形成“统一战线”，审判权就易于变成肯定刑事指控的橡皮图章。“就整个刑事诉讼而言，中立是指有关事项的裁判者或处理者对与该事项具有利害或直接关系的诉讼主体应当保持不偏不倚的态度，不得偏袒任何一方或对另一方持有偏见和歧视。”〔1〕审判中立是实体公正的保障，是程序公正的体现。在实体上，审判中立是实现公正的基础，中立的审判者能够客观、理性地严格按照法律和良心作出裁判；如果案件的裁判者同案件的结果有利害关系，受趋利避害本能的驱使，往往难以作出客观公正的裁判。在程序上，审判中立是程序公正的内在要求，是程序理性的内容之一，中立的审判者不但能够平等地对待诉讼双方并充分保障双方的程序权利，而且其中立性本身是诉讼双方尊重司法、信赖司法的基础。如果裁判者偏袒一方，那么相对方的程序权利不可避免地会受到侵夺，而且，无论是程序不公的受害者还是受益者，都不会尊重和信赖司法。

（三）被动

被动性是审判权运行的启动特征。审判权并非自古以来都是被动的。在漫长的欧洲中世纪和我国封建时期的纠问式诉讼中，审判权的启动是主动的，或者，换一种更为接近当时现实的说法，审判权在当时是不存在的，行政权担负了执掌法律、解决纠纷、维持秩序的职责。但积极、主动的“审判权”的缺陷是显而易见的，它使人们对审判的中立性、公正性产生了怀疑，使审判成为绝对的命令而不是说理，它最大限度地惩治了罪犯，也最大限度地伤害了罪犯和无辜者。被追诉人面对具备绝对终局权力的

---

〔1〕陈光中、汪海燕：“论刑事诉讼的‘中立’理念——兼谈刑事诉讼制度的改革”，载《中国法学》2002年第2期。

身为法官的追诉人，束手无策，只能听天由命，坐以待毙。“控告人如果成为法官，就需要上帝作为律师”可能是对这种积极、主动的审判权的最刻薄的评价，但也是最准确的评价。现代刑事司法公正要求以审判为中心的诉讼制度下的审判权具有被动性，审判权应当真正处于一种中立、无偏倚、无预断、无偏见的地位，平等地对待和保护诉讼双方，使诉讼结果建立在充分听证、充分辩论的程序过程和客观、理性、明辨的自由心证基础上。如果审判权以社会关系的主动检查者自居，它就有越位之嫌疑，而且丧失了它据以卫护正义的独立地位和中立立场。

审判权的被动性体现在两个方面：一是审判权启动的被动性；二是审判范围的被动性。其中，后者是前者引申出来的涵义。审判权启动的被动性，即通常所说的不告不理，它不仅指一审启动的被动性，还指二审、再审以及程序性裁判的启动均需具有被动性；审判范围的被动性，是指审判范围与控诉和辩论范围相一致，不能超越控诉和辩论进行主动裁判。审判的被动性还衍生了一项重要的证据法则，即谁主张谁举证。在刑事诉讼中，谁主张谁举证一般体现为控方承担证明责任，不过，这仅指实体证明责任。而对于程序性事项，则应综合考量举证可能性与举证能力，以规范职权、保障人权为原则合理地分配举证责任。

（四）对抗

对抗是审判权运行的过程特征。司法是解决纠纷的专门活动，为保障裁判结果的公正性，司法的运行必须保持诉讼的基本形态，即有控告、有辩护，有主张、有答辩，而后才作出裁判。对抗不但表明当事人享有充分的程序参与权利，而且表明当事人有充分的说服裁判者的机会，即裁判者应当直接、认真听取其意见，而不是将审判作为一种虚化的形式和过场。审判过程是控辩双方向法官陈述主张、提交证据、相互论辩以说服法官的过程，必须保障双方平等的诉讼地位和对等的程序权利，使双方均有充分、有效的机会和途径向法官陈述意见。否则，如果审判者自作主张，或者偏听偏信，则司法即无公正与威信可言。

审判过程中的对抗是控辩双方在中立的裁判主持下的平等、充分、理性的对抗，是在法律规则范围内积极的对抗。如果被追诉人没有权利、没有机会或没有能力与控诉方对抗，则审判所实现的刑事司法公正的基础就不牢固。在以审判为中心的诉讼制度中，保障审判程序的对抗性应当重点关注以下几个方面：其一，坚持证据裁判原则。所谓坚持证据裁判原则，就是裁判应建立在客观证据而不是主观臆断的基础上，就是要贯彻直接言词原则，就是应当实质落实证人、鉴定人、侦查人员出庭制度，就是要严格实行非法证据排除规则。其二，尊重和保护人权。所谓尊重和保护人权，就是在审判程序中不但要尊重和保护被告人的人身、财产、隐私权利，而且要发挥对审前程序的司法监督作用，能够发现、纠正和预防审前程序中侵犯人权的问题。其三，赋予和保障诉讼权利。所谓赋予和保障诉讼权利，就是要以正当程序为基本要求，充分赋予和保障诉讼过程中当事人和其他诉讼参与人的知情权、陈述权、辩护权、申请权、举证权、质证权、辩论权、申诉权等程序权利。

（五）公开

公开是审判权运行的对外特征。审判公开就是审判对社会公众持开放的态度，使社会公众有机会、有途径、有方式能够见证司法、监督司法。审判公开的传统方式有两种：一是公民旁听；二是新闻媒体采访报道。审判公开在强调审判独立的背景下具有尤为重要的意义，因为，法官可能不对体现为个体的当事人负责，但他不得不对他所依存的社会负责，否则，他就否定了自我的社会价值而无以立足。“关注就是力量，围观改变一切”，审判运行过程公开，是防止司法专制和司法腐败的最为有效的途径，也是唯一与审判独立不直接冲突的途径。就我国当前而言，社会公众、新闻媒体监督审判权存在三个层面的问题需要破解：一是想监督；二是敢监督；三是能监督。当然，第一个问题可能是一个伪命题，因为解决了后两者，则第一个问题可能自动消解。破解“敢监督”难题的关键，不在司法体制之内，此处不作讨论。破解“能监督”难题的关键，在于可以尝试探索赋予司法机关一种公开的义务，即只要不是依法不应公开的案件和证据，司法机关应新闻媒体或公众的申请应予公开。

应当关注的是，在网络时代、新媒体时代，司法公开面临着更多的机遇和挑战。网络时代、新媒体时代为司法公开提供了前所未有的技术便利和广阔平台，也大大降低了司法公开的时间、人力成本。同时，网络时代、新媒体时代新闻传播的快捷性、及时性、广泛性以及大众评论的直接性甚至刻薄性都前所未有，这使司法机关面对汹涌的舆论浪潮多少有些如临深渊、如履薄冰，甚至不知所措。面对网络时代、新媒体时代的挑战，以积极的态度和务实的做法开拓司法公开的范围、方式、内容，如庭审直播、文书上网、案件流转情况公开等，是现代社会对司法公开的时代要求，其积极意义在于，它能起到以公开倒逼公正、以公开遏制专横的显著效果。在公众对具体个案的公正性存在质疑时，应当尝试通过新媒体公开相关案件材料的机制，否则就无法取信于民。

小　结

以审判为中心的诉讼制度改革的目的是促进刑事司法公正，包括司法公正的质的提高、量的扩大与司法公正的底线的抬高。刑事司法公正是一个主观判断概念，现代刑事司法公正应当符合现代法治文明社会对于公平、正义的一般价值观念。促进刑事司法公正的着眼点和着手点，在于司法机关在每一个案件中追求符合一般社会标准和公众观念的实体公正的过程能使当事人感受到符合现代法治文明的程序公正。现代刑事司法公正对以审判为中心的诉讼制度的要求，包括主体定位转化、诉讼重心转移、运行方式转变，这些变革是司法能够担任维护社会公平正义的最后一道防线的基础和前提。要通过以审判为中心的诉讼制度改革实现促进刑事司法公正的目的，关键在于诉讼主体关系的调整、审判内容与方式的改革、辩护与代理的补强等，这是一个复杂而艰难的系统工程，涉及认识的提高、法律的修改与实践的改变，而实践中的司法考核、司法投入以及司法体制外问题的解决也是决定改革成败的重要因素。

第二章

“以审判为中心”与刑事诉讼主体关系的重构

前章阐述了“以审判为中心”理念下司法公正的概念、特征和相关原理。从刑事诉讼的角度来看，在诉讼程序层面，侦查是基础，刑事案件质量所出现的问题，不论是实体公正还是程序公正的问题，几乎都源于侦查。侦查可能有质量问题，从某种意义上说是正常的；重要的是，应设置完备的程序以尽可能避免侦查发生质量问题，并保证质量问题出现时，能够得到及时、有效的解决。而这样的程序中，相关诉讼主体能够对侦查进行有效制约就成为核心要素。因此，能否按照刑事司法公正的要求重新构建公安、司法机关之间的关系以及其与当事人，尤其是与辩护方的关系，决定了以审判为中心的诉讼制度改革的成败。亦即，从诉讼主体及其关系这个层面而言，司法体制是司法公正的基础。〔1〕然而，在我国传统的公检法三机关分工负责、互相配合、互相制约关系的背景下，司法部门，尤其是在刑事审判中，往往难以发挥其应有的对侦查的制约作用。司法实践中发生的一些冤假错案，检察机关虽然已经发现侦查存在问题，却仍然要提起公诉；法院经审理也发现案件有问题，却仍然肯定了起诉书的指控，这其中核心的原因就在于法律所规定的三机关关系，在实践中演变

〔1〕 参见王敏远：“司法公正的基础”，载《法制资讯》2014年增刊，第81页。

为公安机关一家独大的局面，检察、审判机关难以对其形成有效制约。《刑事诉讼法》在 1979 年制定以后，经过了 1996 年和 2012 年的两次修改，对公安机关侦查行为的要求应该说是越来越高，规范也是越来越严，但实践中刑事侦查经常脱离法律的规范要求，而相应制约阙如或力度不足，以至于最终酿成冤假错案。〔1〕因此，需要重新调整三机关在刑事诉讼中的关系，通过优化司法职权配置，改革职权机关相互之间的关系，确立和突出法院的中立性地位以及审判中心模式，积极促进从“三家是一家”向“法院中立”的转变，从“各管一段”向“司法的有效控制”的转变，从“侦查中心”向“审判中心”的转变，从而进一步规范侦查，为刑事司法公正奠定良好的基础。

第一节　当前刑事诉讼主体关系存在的主要问题

刑事诉讼主体关系包括权力主体关系和权利主体关系，〔2〕前者是指刑事诉讼的主要参加者即公检法三方基于刑事诉讼所发生的关系，是本节研究的重点。研究刑事诉讼主体关系的目的是通过实现职权机关的职权合理配置和诉讼参与人的权利保障，解决主体之间的关系问题，以促进和保障司法公正。〔3〕从我国的刑事司法现状来看，刑事诉讼的主要参加者依据刑事诉讼法的立法规

〔1〕 参见王敏远：“完善司法公正的体制性基础——以刑事司法为视角的分析”，载《中国司法》2014 年第 11 期，第 18 页。

〔2〕 参见王敏远主编：《刑事诉讼法》（上册），知识产权出版社 2013 年版，第 45 页。

〔3〕 参见王敏远、祁建建：“关于‘和谐社会视野下的刑事司法权的配置和行使’问题的若干思考”，载卞建林、侯建军主编：《深化刑事司法改革的理论与实践——新中国成立 60 年刑事诉讼法制的回顾与展望》，中国人民公安大学出版社 2010 年版，第 197 页。

定会形成一种相对固定的相互关系，可以称之为规范上的诉讼关系，同时在实际运行过程中，又会形成一种事实上的、实际发生的诉讼关系。[1]以作为刑事诉讼关系重要组成部分的公检法关系为例，我国《宪法》第135条和《刑事诉讼法》第7条均明确规定了三机关的关系原则，即人民法院、人民检察院和公安机关进行刑事诉讼，应当分工负责、互相配合，互相制约，以保证准确有效地执行法律。公检法之间的分工配合制约关系因而既是刑事诉讼的基本原则，更是一条宪法性原则，这是规范层面上三者之间的诉讼主体关系。但是在刑事诉讼的实际运行过程中，公检法实际形成的关系以固定的流水作业模式运行为基础，导致三者的关系有分工、重配合、轻制约。有比喻说，公安是做饭的，检察是端饭的，法院是吃饭的，对法院来说，端来的饭无论是好是坏，都得吃下去，这实则体现出的是三者之间事实上的、实际发生的、真实的诉讼主体关系。透过个案，更能直观地看到诉讼主体间的真实关系。如发生在19年前最近被宣告无罪的“呼格吉勒图案”，从案发到嫌疑人被执行死刑仅用了61天，从真凶再现到冤者被宣告无罪历时却将近10年，况且是在媒体和舆论推动下的被动纠错，而不是司法机关发现错误后的主动纠错。这起几经波折又重新改判的案子，其中的重要时间点、几次转折，都“倒映”出当时的司法、执法状态，而复查和重审的过程，也展现出了当前“全面依法治国”的基础水平、“法治中国”的实际起点。[2]因此，分析目前诉讼主体关系存在的问题和缺陷，在规范层面进行结构探寻的同时，目光还要注重于现实存在的、真实的诉讼关系，而且要有超越现实层面的眼光和勇气，直击诉讼关

〔1〕参见张中：“刑事诉讼关系的社会学分析”，中国政法大学2005年博士学位论文，第1页。

〔2〕参见郭洪平、汪才：“纠正‘呼格吉勒图案’：维护法治的尊严”，载《检察日报》2015年3月3日，第2版。

系及诉讼构造方面存在的问题及深层次原因，从而探寻出诉讼主体关系问题的基本的解决方案。

一、 侦查失控

在较长时期内，法院、检察机关和公安机关通常被视为政法机关的共同组成部分，三机关在职能上有所分工，但工作目标是一致的，且三家都是人民民主专政的组成部分。刑事诉讼法颁布前的主导司法观念认为，在法院、检察机关和公安机关分工、配合与制约的工作关系之中，配合是首要的。从法律的规定来看，分工是基础，但实践中更强调配合的必要性，“好比一个工厂的三个车间，三道工序”，相比之下，制约是次要的，根本目的是执行法律的规定，准确从快打击反革命和犯罪分子。这一时期公检法三机关的关系具有以下几个方面的特点：其一，在法律规范层面，三机关的职权是互相分开的，并不存在谁高于谁、谁领导谁的问题。在分工、配合和制约关系中，配合是主要方面，分工与制约从属于互相配合的要求，并共同服务于打击阶级敌人、维护人民当家做主地位的崇高使命。由于缺乏有效的互相制约，强调公、检、法三家在对敌专政方面的统一性而忽视其相互监督、相互制约性，政法机关向着单纯的专政机关进一步发展。其二，尽管公安机关在法律位阶上低于法院和检察机关，但由于现实发展和政治形势的影响，它在三机关中实际上具有显著的优先地位，甚至在很长一段时期内具有领导法院和检察机关的权力，以致法、检的作用实际可有可无。在政治状况不正常时期，公安机关因其职能的重要性而成为政治斗争的重要工具，不但严重冲击了国家机关体系，而且严重影响了司法的权威性和规范性，破坏了司法审判的基本程序。其三，在国家政治领导体制中，三机关要共同接受政法主管部门的领导，既包括政治领导、组织领导，也包括具体业务上的直接领导。这一关系虽然没有宪法和法律上的规定，但却是实践中一条极为重要的原则和规则。其四，由于三机关之间的分工、配合和制约关系缺乏明确的法律规范，而且政治与司法之间关系不够清晰，政治形势对法律制度的影响过于强大，甚至屡屡突破宪法的规定，司法权力运行秩序混乱，互相制约失灵。〔1〕

1979年《刑事诉讼法》第5条以及1982年《宪法》第135条明确规定了公检法三机关分工负责、互相配合、互相制约的原则，这在结束“文革”、创建法治的特定历史条件下，是有充分理论和实践根据的。该原则描述出的是国家机关对犯罪分子协同作战的强大合力：刑事诉讼如一条工厂里的生产线，公、检、法三机关分别负责不同的工序，有着前后承继的关系，前一阶段为后面的工作打下基础，后一阶段的工作对前一阶段进行检验。前后工序相互制约，但不因牵制而消耗力量，因为只有三道工序协同配合，才能有效地生产出流水线的产品：正确处理案件，打击犯罪分子，维护社会安全。当时中国要医治创伤、谋求发展，创造一个良好的社会治安环境就成为当务之急。在刑事诉讼立法上突出效率优先，是符合当时的社会需要的。〔2〕与原来刑事诉讼中公检法三家是一家的观念相比，公检法三机关在刑事诉讼中分工负责、互相配合、互相制约的原则是一个进步。但该原则仍然没有完全摆脱公、检、法三家是一家的观念，即它们肩负着共同的任务，只是分工上有区别而已。〔3〕在此种观念主导下，三机关根本无法建立设想中的互相制约，最终导致的是以公安机关为主导的权力运作形式，造成公安机关一家独大的局面，不但三机关之

〔1〕参见韩大元、于文豪：“法院、检察院和公安机关的宪法关系”，载《法学研究》2011年第3期，第16～18页。

〔2〕参见徐阳：“公检法三机关分工、制约、配合原则评析”，载《河北法学》2002年第2期，第113页。

〔3〕参见王敏远：“人权公约与刑事诉讼法原则的修改”，载《法学研究》2007年第4期，第157页。

间的互相制约不复存在，有时公安机关实际拥有的权力甚至超过检察院和法院，秉公办案的自律亦难以对程序违法构成有效制约，导致分阶段推进的程序演变成侦查中心主义，条块分割般的明确分工不正常地结合成一体化结构。当证据出现疑问时，检察院或法院本应提出质疑，实践中却是三机关共同应对问题，淡化甚至掩盖问题。这种异化了的分工、配合与制约关系，不可避免地导致冤假错案的频频发生。

如最近被宣告无罪的呼格吉勒图案，再审判决书细列了呼格吉勒图无罪的理由：首先，原审被告人呼格吉勒图供述的犯罪手段与尸体检验报告不符。呼格吉勒图多次有罪供述，称采取卡脖子、捂嘴等犯罪手段与被害人杨某某“后纵膈大面积出血”等尸体检验报告内容不符。其次，血型鉴定结论不具有排他性。呼格吉勒图本人血型为 A 型，在呼格吉勒图指甲缝内附着物检出 O 型人血，与被害人血型相同。但血型鉴定为种类物鉴定，不具有排他性、唯一性，不能证实呼格吉勒图实施了犯罪行为。最后，呼格吉勒图的有罪供述不稳定，且与其他证据存在诸多不吻合之处。呼格吉勒图在侦查、审查起诉和审理阶段均曾供述，采取了卡脖子、捂嘴等暴力方式强行猥亵被害人，但又有翻供的情形，有罪供述并不稳定。而且供述中关于被害人的衣着、身高、发型、口音等内容与尸体检验报告、证人证言之间有诸多不吻合。即使存在如此多的疑点和矛盾，呼和浩特市公安局新城区分局仍侦查认定，前往公安机关报案的卷烟厂职工呼格吉勒图在女厕对死者进行流氓猥亵时，用手掐住死者的脖子导致其死亡，其后的批捕、起诉、审判程序形同虚设，在距案发仅 61 天后，呼格吉勒图被执行死刑。10 年后，真凶赵志红落网，其交代的第一起杀人案就是“四·九毛纺厂女厕女尸案”，并准确指认了早就被拆除重建的案发地点，而且交代的情节与现场非常一致，甚至说出了诸如“南北朝向，女厕在南”的厕所方位、内部结构、被害人的身高和年龄，以及当时扼颈杀死被害人的方式、尸体摆放位置等其他作案细节，其表述的准确程度远远超过已被执行死刑的呼格吉勒图。但直到2014年11月20日，呼格吉勒图案才进入再审程序，从发现案件办错到完全纠正又用时近十年。“一家观念”下，侦查结论成为当然的最终意见，决定了起诉和审判的方向，使纠错几乎成为不可能。

“一家观念”的另一突出表现是延续至今的某些地方的公检法联合办案。某些重大疑难案件从侦查开始就直接共同办案，成立联合办案小组，以至于公安机关侦查预审、检察院批捕起诉、法院审判的职能分工也可以被置之不顾，导致侦查行为完全失控。如佘祥林案，1997年10月8日，荆门市政法委组织召开由市、县两级公、检、法三部门主要负责人参加的案件协调会，因省高院提出的问题中有三个无法查清，决定对佘祥林案“降格处理，判处有期徒刑”。会议同时决定，先由京山县人民检察院向京山县人民法院提起公诉，如果佘祥林不服一审判决提起上诉，则由荆门市中院维持。1998年6月，京山县人民法院以故意杀人罪判处佘祥林有期徒刑15年。佘祥林上诉后，荆门市中院承办法官发现该案证据存在问题，要求退卷。但由于协调会已经确定结果，当年9月，荆门市中院裁定驳回上诉，维持原判。〔1〕即使在法治已有了很大进步的现在，公检法一家观念仍然顽固存在。如有报道称，为严厉打击危险驾驶罪，维护交通秩序，某市公检法三机关召开联席会议，就“醉驾”案件的办理达成共识，提出建立快速、高效的联动机制，采用“提前介入侦查、引导取证、限时办理”的快速办理模式，做到快侦、快审、快判，并对“醉驾”案的犯罪情节、办案期限、取证时间及证据范围等问题进行明确规定。对于采取刑事拘留措施的危险驾驶案件，必须在7日内办结：交警部门在3天内将案件侦结移送检察机关起诉，检察

---

〔1〕 参见王欣：“佘祥林案——冤案为何办成了‘铁案’?”，载人民网，http://www.people.com.cn/GB/news/25064/3300177.html，2005年4月7日。

机关在2天内审查起诉，法院在2天内作出一审判决；公检法三机关加大对“醉驾”案件的打击力度，一律作实刑判决。[1]三机关之间过分强调配合，使得刑事案件的办理走向乃至其结果在较大程度上具有一种“前端决定”的特征，不管公安机关移送起诉的基础是自行把握还是经过了“三机关会商”之类的沟通协调，一旦公安机关移送起诉，后面检察院的审查起诉以及法院的审判事实上就基本定调。“改”的少，“准”的多，即使后面环节发现前面有错，也会尽量大错化小，能“过”则“过”，甚至闭着眼睛“将错就错”。造成这种状况的无非是这样一种观念：无论是检察院否定公安机关的工作，还是法院没有认可检察院的判断，都在一定意义上否定了相关国家机关的能力、水平甚至工作态度，或多或少对被否定的机关的权威性、公信力有一定损害或者说负面影响。按照“一盘棋”体制，这种否定应尽量少，实践中就会趋近于无，这种体制性的“否定难”极难根除，始终会在诉讼的各个阶段上起作用。

这个“一家观念”还意味着：只有公检法之间才会有配合和制约的问题，至于它们之外的，都不是可以相提并论的诉讼主体，或者说只不过是刑事诉讼主体中的另类，与其相互之间并无这种可以平起平坐的关系。而且，在有明确的职责分工的前提下，在诉讼过程中已经有明确的案件移交、逮捕报批、移送起诉等这些配合和制约方面具体的法律规定的前提下，仍强调分工制约配合的原则，其言外之意显然是想进一步强调和说明三家相互配合和相互制约的其他特殊含义。这个特殊含义是否意味着不仅容忍、而且希望三机关之间的法外配合呢？至少在实践中这种情

〔1〕 参见文言：“快侦快审快判——公检法三机关快速联动治‘醉驾’”，载《乌海日报》2011年5月19日，第003版。

况并不罕见。〔1〕

二、 制约失灵

在我国《刑事诉讼法》第3条已经对公检法三机关的职责分工作出了规定以及第18条已经对三机关的管辖分工作出了规定的前提下，再强调分工无非是要明确刑事诉讼的整个过程就如同工厂的流水线一样，包括了一个完整过程的三道工序，其目的是说明刑事诉讼中的职权机关是“各管一段”的，公安机关管辖的这块其他部门管不着，检察机关管辖的那块别的部门管不着，法院管辖的这块其他部门也管不着，是在各管一段的基础上才有的配合和制约。因此，分工制约配合原则突出强调的不是分工，而是各管一段。三机关“各管一段”观念下，诉讼阶段色彩极为浓重。现代刑事诉讼法治观念要求，涉及公民的人身自由等基本权利的强制性侦查活动和措施，以及刑事诉讼的实质性推进，都应当受到司法的全面控制。在三机关“各管一段”做法的影响下，目前我国强制性侦查措施的法律规制严重不足，对于强制性侦查措施的法律监督仅仅局限于对逮捕的司法监督，而对搜查、窃听、扣押、冻结等大量强制性侦查措施尚未形成有效的监督机制，亦未建立强制性侦查措施的司法审查制度，公安机关自身就能独立就强制性侦查措施的适用作出决定，这无疑使得司法机关对于侦查活动的司法控制成为不可能完成的任务，更谈不上刑事诉讼中司法的全面控制。〔2〕由于制约力量遭到削减和排除，犯罪嫌疑人的防御能力受到诸多限制，加之出于打击犯罪的需要，侦查权一直在刑事诉讼领域占居主导地位。如果说我国的刑事审判

〔1〕 参见王敏远：“关于刑事诉讼法修改的若干意见”，载中国法学网，http://www.iolaw.org.cn/showArticle.aspx?id=1933.

〔2〕 参见王敏远：“略论刑事诉讼法若干原则的修改”，载李林、王家福主编：《依法治国十年回顾与展望》，中国法制出版社2007年版，第264页。

方式正在向真正意义上的控辩式方向努力，那么我国的侦查程序给人的感觉则似乎是纠问式程序。从一定意义上说，真正决定犯罪嫌疑人、被告人命运的不是审判，而是侦查。〔1〕

“各管一段”权力配置的初衷以不信任为主导，同时在现实中制约也确实会成为被制约者权力行使的阻力，因此制约并不是被制约者的本能愿望。而制约者要行使制约的权力，也多少会受到被制约者权力的抵制。然而，配合却是建立在一种互相信任的基础上的，就愿望而言，任何权力主体都希望得到其他权力主体的配合。所谓“与人方便”和“与己方便”本为一体，现实中司法人员配合的意识远强于制约的意识，这应该是重要原因。例如，预防刑讯逼供本来是需要权力的互相制约的，但庭审中被告人提出曾被刑讯逼供，法官却基本上不会重视，相反往往断然以无证据证明刑讯逼供为由否定被告人的辩护理由。在证据不足时，法院本可以作出无罪判决，但审判人员往往会试图说服检察机关撤诉或补充证据。如果检察机关撤诉，即意味着有新事实或新证据时可以再次起诉；如果检察机关不同意撤诉，法院在有些场合会考虑两家关系而勉强作出有罪判决。甚至一些疑点较多、在是否有罪问题上法检两家分歧很大的案件，也照样可以在权威部门的统一协调下，出于配合的考虑，最终作出有罪判决。

在“各管一段”的权力配置中，缺乏制衡的侦查权必然会不断膨胀失去控制，滋生滥用和专横，出现“大公安、小法院、可有可无的检察院”现象。公安侦查着眼于完成自管一段的任务，缺乏面向庭审的动力，为了展示自管一段成绩的突出，各地公安机关采用各种各样的手段，甚至是违法的手段来提高破案率。如2010 年 5 月 10 日《新华每日电讯》报道，2004 年起，河南省公安厅力排众议，作出了“命案必破”的硬性规定，并实行严格的

---

〔1〕 参见陈结淼：“论侦查行为的法治化与侦查权的制衡”，载王先林主编：《安徽大学法律评论》（第 1 卷），安徽大学出版社 2001 年版，第 214 页。

问责制，谁破不了案，就是不作为，就得扣分，就要受到惩罚。河南省尉氏县公安局弄虚作假，谎报战绩，居然将精神病人刘卫中抓走充抵杀人犯，好在刘卫中没有像赵作海那样遭受刑讯逼供，也没有蹲上十多年的冤狱，而是被监禁多天，充抵过杀人犯之后就被释放。尉氏县公安局局长郑伟和副局长宋伟民随后被免职，其余5名警察也受到相应处分。〔1〕某地公安部门在重点考评的116宗案件中，发现有80%以上存在程序性违法问题，在接访中的907宗事件中，发现存在执法问题的有240宗。〔2〕而且长期以来，公安机关尽其所能地掩盖刑事立案信息，〔3〕使得立案原本承担的最初意义上限制诉讼活动扩张的功能被严重扭曲。如福建龙海陈恩瑞信用卡诈骗案，该案系犯罪嫌疑人陈恩瑞的儿子冒用其身份证明办理信用卡后向银行借款长期拖欠不还，犯罪嫌疑人陈恩瑞对此并不知情，但公安机关仍对犯罪嫌疑人陈恩瑞予以立案侦查。后法院判决认定陈恩瑞未涉及该信用卡诈骗案，但公安机关经2年多时间仍未撤案。在检察机关发出《通知撤销案件书》后，公安机关仍以多种理由推脱，拒不撤案，直到检察机关发出《纠正违法通知书》才撤销该案。〔4〕又如武威市凉州区公安局经济犯罪侦查大队队长潘竟英，滥用职权追索债务，把28件本来属于经济纠纷的案件故意列为诈骗犯罪案件处理，对欠款人进行刑事拘留，甚至错报批捕，并借此收受贿赂，侵吞公款。审理查明：从1999年至2002年期间，潘竟英以追债为目的，将

---

〔1〕 参见魏明、周顺忠：“对我国‘命案必破’的检思”，载《山东警察学院学报》2013年第5期，第137页。

〔2〕 参见李奋飞：《程序合法性研究——以刑事诉讼法为范例》，法律出版社2011年版，第104页。

〔3〕 参见高一飞、高建：“论公安机关刑事立案公开之改革”，载《中国人民公安大学学报（社会科学版）》2012年第5期，第42页。

〔4〕 参见高达源、郑智伟：“福建龙海检察院监督一起公安机关错误立案案件”，载正义网，http://www.jcrb.com/procuratorate/jckx/201306/t20130604_1126295.html，2013年6月4日。

28名涉案当事人长期列为犯罪嫌疑人立案查处，侵害了公民合法权益，致使司法机关案件管辖处于混乱状态，严重妨害了司法机关的管理程序，极大地损害了国家机关的形象和公信力，在社会上造成了恶劣影响，致使国家和人民利益遭受重大损失，已构成滥用职权罪。潘竟英还利用职务之便，索取、收受他人财物价值3.62万元，为他人谋利，其行为构成受贿罪；采用隐瞒收入不入账等方式，多次侵吞公款4.77万元，构成贪污罪。潘竟英被民勤县人民法院一审判处有期徒刑10年6个月，并处没收财产11万元。同案犯、原凉州区经侦警察孙增新因徇私枉法罪被判处有期徒刑1年。[1]侦查不作为也是当前人民群众反映强烈的一个问题。如云南省富宁县赵某的丈夫与同村的卢某有不正当男女关系，为此，赵某与卢某两人经常发生争吵，有时甚至大打出手，双方矛盾日益加深。2012年2月14日，双方再一次在卢某家房屋背后发生争吵，进而扭打起来，随后，卢某用弯刀将赵某的右手臂砍伤后逃离。事发后，赵某立即向公安机关报案，经公安机关鉴定，赵某的伤情为重伤，然而公安机关却未予立案侦查。直到富宁县人民检察院在开展“片区维稳走访调查”工作时，了解到被害人赵某的情况，向公安机关发出了《要求说明不予立案理由通知书》，公安机关才予以立案侦查。[2]

有实证调研对处于内地的曾获省优秀公安局称号的某县级市公安局作了长达三年的考察，数据显示，该局每年破获的刑事案件中有相当比例没有被移送起诉。侦查机关的上述擅自处分行为事实上使得司法机关无法对部分刑事个案行使刑事管辖权和审判权。这些未被移送起诉的案件中，只有极少数作了撤案处理，还

〔1〕参见郭自强：“潘竟英二审改判10年”，载《甘肃日报》2003年8月5日，第5版。

〔2〕参见杨开练：“云南省富宁县检察院剥隘检察室监督公安机关立案一起故意伤害案件”，载新民网，http://news.xinmin.cn/shehui/2012/09/14/16341315.html，2012年9月14日。

有极个别是犯罪嫌疑人被采取了刑事强制措施但能够证明是无罪的案件。这些案件绝大部分是被公安机关“消化”掉的，“消化”的途径主要有以下几种：一是降格处理，以行政处罚代替刑事处罚；二是以罚代刑，而所谓的罚款并无法律明文规定，往往由侦查人员根据案件的实际情况“自由裁量”；三是将强制措施作为结案手段，将被拘留逮捕的犯罪嫌疑人取保候审或者监视居住后不了了之。调查还发现，侦查人员采取上述方式处分刑事案件的“安全系数”非常高。虽然每年有如此高比例的刑事案件被“消化”，但没有一名侦查人员因该行为而被刑事追诉。〔1〕

制约失灵导致侦查权膨胀后，逼供逼证易于成为妨碍公安机关开展正常侦查活动、损害公安机关声誉和形象的一大顽症。在一项调查研究中，研究者对50起刑事错案进行了分析，存在“被告人虚假供述的”高达47起，占94%；存在“侦查机关不当行为的”达48起，占96%。在这50起刑事错案中，4起案件已经法院或检察院正式认定存在刑讯逼供的情况，占8%；43起案件虽未经法院或检察院正式认定，但是可能存在刑讯逼供的情况，占86%。刑讯逼供与刑事错案之间存在密切的联系，把刑讯逼供获得的口供作为定案根据往往是造成错案的重要原因之一。〔2〕如“呼格案”，逼供的细节虽还未披露出来，但从1996年内蒙古当地媒体刊发的《“四·九”女尸案侦破记》中，也可以隐约看到呼格吉勒图是遭到刑讯后才作出有罪供述的。该报道称，“当冯志明副局长观察了现场后，他的脑海里已经像沙里淘金似的不知筛过了多少遍。而当他和报案人简单地交谈了几句之后，他的心扉像打开了一扇窗户，心情豁然开朗了。来现场时一路的思绪，

〔1〕 夏亚非：“刑事司法权力关系流变现象的宪政分析——以我国刑事追诉活动为视角”，湘潭大学2004年硕士学位论文，第9~10页。

〔2〕 参见何家弘、何然：“刑事错案中的证据问题——实证研究与经济分析”，载《政法论坛》2008年第2期，第10页。

已捋出了头绪。”报道接着写道，“冯副局长、刘旭队长、卡腾教导员等分局领导，会意地将目光扫向还在自鸣得意的那两个男报案人，心里说，你俩演的戏该收场了。”在审讯呼格吉勒图时，“由于呼的狡猾抵赖，进展极不顺利”。随后，呼和浩特市公安局领导亲自来到新城区公安分局，听取案件进展情况，并作出三点指示，使“审讯很快便发生了根本性的扭转”，随后，呼格吉勒图给出了有罪的“供词”。〔1〕警察在深层次心理上对刑讯逼供宽容度较高，正是这种心理上的宽容度，构成了刑讯逼供顽固存在的思想根源和心理土壤。〔2〕另一起被宣判无罪的投毒案当事人念斌在被释放后，向媒体讲述了自己被逼供的经过：“测谎以后，他们就把我的手拷在牢笼边上。刑警大队长说，按他所说的作案过程去承认，‘不然把你老婆也抓起来’。”最初念斌不愿认罪，办案人员就把他带到隔壁房间，吊到窗户上，用铁棍打，并用长长的竹签使劲往肋骨的缝隙里插，“我当时也哭，可是没有人可怜我”，念斌在被连夜突击审讯期间试图咬舌自杀。念斌向记者回忆说，对方一开始说认了只会判两三年，“我有一个不幸的家庭，我儿子那么小。8月7日那么痛苦，我都没有按他说的做，他就用亲情来逼我，当时我实在受不了了。我是一个男人，是一家之主，只能去承担，我和我老婆总要有一个人留在这里照顾儿子。我只能承认了。”〔3〕

三、控辩失衡

在刑事诉讼活动中，关于公检法三家之间的关系有种说法，

---

〔1〕参见郭洪平、汪才：“纠正‘呼格吉勒图案’：维护法治的尊严”，载《检察日报》2015年3月3日，第2版。

〔2〕参见林莉红主编：《程序正义的理想与现实——刑事诉讼相关程序实证研究报告》，北京大学出版社2011年版，第67页。

〔3〕参见卢星、刘义杰：“复盘念斌案：8年轮回，疑罪从无到底有多难”，载《中国青年报》2014年8月27日，第07版。

公安局是“杀猪的”、检察院是“刮毛的”、法院是“卖肉的”，是明显的“流水线”作业模式，先“杀猪”（破案），再“刮毛”（起诉），最后“卖肉”（判决）。其中，第一道工序最为重要，因为“猪”（案件）死不死，关键得看公安局那一刀。此话虽然粗俗，却也在一定程度上反映了我国公检法三家关系的特点。在这种诉讼模式下，公安局负责侦查，检察院负责起诉，法院负责审判。公检法三家既有分工又有合作，共同目标是把好案件的“质量关”，保证刑事司法系统生产出合格的“社会产品”。于是，作为第一道“工序”的侦查自然就是刑事诉讼的中心环节，或者说，就是认定案件事实的实质性环节，而审判在认定案件事实上的作用就容易被虚化，成为仅对“上游工序”的签章。还有人讲，公安局是“做饭的”，检察院是“卖饭的”，法院是“吃饭的”，这种说法也有“流水线”模式的含义，但是引入了生产、销售、消费三者之间的关系，颇耐人寻味。在“卖方市场”的情况下，“生产”（侦查）决定“销售”（起诉），“销售”决定“消费”（审判），因此是“以侦查为中心”。但是在“买方市场”的情况下，“消费”决定“销售”，“销售”决定“生产”，因此是“以审判为中心”。遗憾的是，目前我国的刑事诉讼还没有进入“买方市场”阶段，因此还属于“以侦查为中心”的流水线模式。〔1〕

与辩护主体相对而言，公检法本是“一家人”的观念和表现更为强烈和明显，公检法如同“同一条战壕中的战友”，“开门三家店，闭门一家亲”，结成特殊的“神圣同盟关系”，〔2〕相互配合以有效完成诉讼作业。在这股“三合一”的强大力量面前，辩

〔1〕 参见何家弘：“刑事庭审虚化的实证研究”，载《法学家》2011 年第 6 期，第 130 页。

〔2〕 参见杨兴培：“论刑事辩护的价值重构——以建立刑事法律关系新概念为目标追求”，载《法治研究》2015 年第 2 期，第 78 页。

护权显得无足轻重，控辩力量对比严重失衡，刑辩律师甚至被视为一种异己的力量、搅局的因素。控辩失衡除表现为辩方相对于控方力量“先天不足”外，还反映在不同的方面。例如，从具体的司法诉讼规则看，辩方抗衡控方及履行职责未能受到法律同等的支持和保护，有效保护辩护主体的法律条文甚少。一些被控方掌握的对被告人有利的证据可能被控方隐瞒，或不予取证或不提供。律师自行调查取证，则缺乏保护性条款作后盾。侦查机关的取证具有强制性，而辩护人调查却有风险，且能否从被害人或其近亲属或者被告人提供的证人口中取到对被告人有利的证据或线索，完全取决于这些人是否愿意配合。同时，有些证据的取得还需征得控方或法院的许可。许多来自控方证人的可以证明被告人无罪或罪轻的证据可能就此湮灭。而且，控方的办案时间从侦查到起诉的有半年左右，复杂案件可以再延长期限，而律师调查取证的时间往往非常有限。再如，控方证人书面证言的采纳率非常高。典型的控辩式庭审方式采取的是直接言词原则，对所有的证人都要求他们出庭作证，以保证质证权的平等。而我国刑事诉讼法规定，对未到庭的证人证言笔录可以当庭宣读，实践中不到庭的证人又往往为控方证人，以致控方提供的证言因辩方质证不力，法官不能不采纳。刑事辩护律师工作的重点之一是调查取证，而要找到现实存在的能够对抗公诉方的对被告人有利的证据，需要非常艰苦的法庭外的调查取证。刑事辩护律师们往往因取证效力低，加之所付出的精力与经济效益不成正比，所以与民事类案件相比，刑事辩护律师在法庭上所起的作用非常有限。〔1〕

此外，刑事辩护在实际运行过程中也不断出现新的困境，如律师的会见权异化为追诉机关的会见决定权，以不成文的方式严

〔1〕 参见邸志远：“控辩失衡对刑事诉讼的影响”，载《人民司法》2002年第3期，第25页。

格限定律师会见的时间、次数，限制问话内容，禁止记录或允许记录但不让犯罪嫌疑人在笔录上签名等。辩护律师申请调取证据时，检察院、法院往往以“没有必要”、“谁主张谁举证”为由加以拒绝。个别地方公安司法机关常常以“追究伪证罪”等方式变相威胁证人，使其不敢向辩护律师作证。[1]

2012 年《刑事诉讼法》的修改，对我国刑事辩护制度中的很多内容都作了完善，为辩护制度的进一步发展提供了良好的制度环境。以往律师在辩护中遇到的“三难”问题以及律师的辩护风险，从法律的对策方面都作出了相应的设置来解决和避免。但社会公众对刑事辩护的理解和认识可能仍然停留在以前的状态，并没有根本的改观，即对于刑事辩护的作用、价值，既缺乏认识，更缺乏认同。如北京的李某某轮奸案，一审和二审的辩护律师提出了无罪辩护，但遭到了“网络民意”的普遍否定，体现了我国民众对无罪辩护排山倒海般的强烈谴责。无罪辩护本来是被告方的一项基本权利，也是辩护中的一种基本的方式，与被告实际是否有罪是两个概念，但公众普遍认为，在这样的案件中辩护律师作无罪辩护是不能理解、难以接受的，甚至是可耻的。这说明刑事辩护之社会土壤依旧。[2]加之，《刑法》第 306 条对“律师伪证罪”的设置也在客观上造成律师执业环境恶化、控辩双方失衡加剧、职业报复迭出、律师声望受损等后果。引诱证人改变证言情况非常复杂，有时，问话本身就需要技巧，而将其泛刑罚化无疑是在律师头上悬了一把剑，极易带来执法的随意性。目前公开的统计数字表明：第一，新刑法颁布以来，已有 200 多名执业律师因为“律师伪证罪”而被追诉；第二，中华全国律师协会曾对

---

〔1〕 参见李晓丽：“新刑事诉讼法存在的控辩失衡探讨——以‘邱兴华案’为例”，载《山东理工大学学报（社会科学版）》2010 年第 1 期，第 60 页。

〔2〕 参见王敏远：“刑事辩护面临的新挑战及其应对”，载中国社会科学网，http://www.cssn.cn/fx/201401/t20140116_945148.shtml，2014 年 1 月 16 日。

23个律师伪证罪的案例进行统计分析，结果表明，错案率在50%以上；第三，全国范围内刑事案件律师参与率不足30%，且这一比例仍在下降。[1]律协为此专门成立了“保障律师执业合法权益委员会”，俗称“打捞队”，专门为那些蒙受不白之冤的律师维护合法。本是替他人维权的律师却需要成立专门组织来保护自己的权利，这本身就是个讽刺。而即使“打捞”成功，律师无端蒙受的屈辱、因被捕而造成的声誉受损，所造成的影响不是一个简单的“无罪释放”所能勾销的。在此种形势下，刑辩律师大多选择作“消极辩护”，即自己不取证，只针对控方证据存在的问题或对法律的理解问题进行辩护，而不是积极主动地拿出与控方相反的有利于被告的证据来对抗控方的证据，遂出现“不敢替‘刑事犯罪嫌疑人’辩护的中国律师”一说。[2]

迫于严重的力量不均衡，刑事辩护律师一般要与公检法机关保持相对和谐的关系，而不会直接挑战侦查、公诉和审判行为，以避免职业风险。一些律师尽管在法庭上滔滔不绝，但却不是为说服裁判者，而是“秀”给委托人乃至旁听人员看的。还有些喜欢“较真”的律师在法庭上不与公诉人对抗，反而同主持庭审的法官进行对抗，甚至要“死磕”法官。如中国政法大学何兵所言，中国的法庭可以概括为两种情况：第一种是布满硝烟的法庭，这就是所谓的辩审冲突，在这样的法庭上充满了硝烟，律师在法庭上吼也好，法官在法庭上吼也好，法院把律师架出来也好，律师给法官送红薯也好，都是一个布满着硝烟的法庭。但这样的法庭比较少，大部分律师选择的是沉默。所以，中国更多的

---

〔1〕 参见报道：“律师伪证罪是否应该取消”，载《检察日报》2005年6月20日，第3版。

〔2〕 参见陈兴良：“为辩护权辩护——刑事法治视野中的辩护权”，载《法学》2004年第1期，第17页。

法庭是第二种，即鸦雀无声的法庭。〔1〕也有观点将辩护形态出现的这些异化总结为“配合性表演”和“对抗性表演”两种模式。在“配合性表演”中，辩护律师既不对公诉方指控的罪名提出异议，也不对案件是否达到“事实清楚、证据确实充分”发表意见，更不会在法庭上指出公安司法机关及其工作人员在案件处理过程中存在违反刑事诉讼法或者侵犯被告人合法权利的行为，而只是“轻描淡写”地提醒法庭注意那些有利于被告人的法定或者酌定情节。之所以说其“轻描淡写”，是因为其在进行量刑辩护时，不仅没有提出新的量刑证据，而且也没有提出有说服力的量刑意见，更不要说对公诉方的量刑建议进行有力的反驳和质疑了。这样的辩护往往不会对裁判结局产生任何有意义的影响。如在刘志军案中，被指派参与该案辩护的钱列阳律师也曾受到不少同行的批评。有的律师明确指责其没有就侦查审判阶段的程序性漏洞进行狙击，同时存在配合公检法“演戏”的嫌疑。还有律师认为，该案是个有着400余本卷宗的惊天大案，庭审只进行了半天，显然没有真正的辩护。“对抗性表演”采取的则是一些并非以履行辩护职责为目的，甚至容易引起公安司法机关及办案人员反感和抵触的死磕活动。既不从被告人被指控的犯罪是否具备刑法所要求的构成要件、犯罪事实是否有充分的证据证明等方面作出无罪辩护，也不从诸如被告人是否存在立功、自首、坦白、退赃等法定或酌定情节方面进行量刑辩护，而是对诉讼程序中的某些问题吹毛求疵、斤斤计较，或者于庭外借助博客、微博、微信等自媒体方式向办案机关施加某种压力，采取的主要方式有高调申请回避、送红薯、绝食、静坐、打横幅、写公开信、向有关部门投诉、扬言起诉、退庭等。如前述的李某某等涉嫌轮奸案，开

〔1〕 参见记者徐秋颖：“‘辩审冲突’与司法理性”，载民主法制网，http://www.mzyfz.com/cms/benwangzhuanfang/xinwenzhongxin/zuixinbaodao/html/1040/2014-06-12/content-1046700.html，2014年6月12日。

庭审理之前，李某某的两位律师就发布声明，指出北京警方案发后向社会披露未成年人李某某的真实姓名，涉嫌侵权。又如在王刚涉黑案中，因为法院拒绝让律师查看延长审限的法律文书，几位律师打印了“拒绝审限造假”、“超期羁押放人”两个标语，顶着大雪，每隔15分钟左右在法院门口举标语拍照，并将照片发到微博上，以示抗议。〔1〕

中国大陆的公安机关权力之大，在全世界都是罕见的。公安机关承担着90%以上刑事案件的侦查，是大多数刑事案件的第一道关，但体制决定了其侦查权几乎不受限制，甚至可以说在有些情况下是肆无忌惮地行使侦查权，尽管这几年有一些改革变化，但变化还是有限。中国大陆多年的刑事司法体制下，公检法已经形成固定的流水作业式的实践模式，这个总体格局不改变，解决刑事司法的公正性问题仍然任重道远。冤假错案就个案而言，看起来都有一定偶然性，但其本质上是结构性问题，是中国刑事司法病症的表现。根子问题不解决，冤案发生就是难以避免的。

第二节　刑事诉讼主体关系重构的原则

刑事司法公正要求司法的过程、方式等程序性设置公平、正义，主张司法裁判者的公正性，诉讼双方权力与权利的合理配置，以及对权力的有效制约与权利的充分保障等。〔2〕如前节所述，“各管一段”的观念与做法使得司法机关对于侦查活动的司法控制成为不可能完成的任务，进而严重阻碍了刑事诉讼中司法

---

〔1〕 参见李奋飞：“论‘表演性辩护’——中国律师法庭辩护功能的异化及其矫正”，载《政法论坛》2015年第2期，第79～80页。

〔2〕 参见王敏远、祁建建：“关于‘和谐社会视野下的刑事司法权的配置和行使’问题的若干思考”，载卞建林、侯建军主编：《深化刑事司法改革的理论与实践——新中国成立60年刑事诉讼法制的回顾与展望》，中国人民公安大学出版社2010年版，第197页。

的全面控制，不利于职权机关职权的合理配置与诉讼参与人权利的充分保障，导致刑事司法的过程、方式等程序性设置不够公平，难以最终实现正义。“三家是一家”的观念妨碍人民法院在刑事司法中的中立性和独立性地位。如果说公安机关与检察机关基于追诉犯罪的需要，共同属于控诉性质的机关，它们之间互相配合、形成一家还有其一定的合理性的话，那么要求法院也加入进来，形成公检法之间互相配合、三家是一家的局面，则与刑事司法公正所主张的司法裁判者公正性的价值目标相背离，同时为现代刑事诉讼法治要求法院中立性地位与审判中心模式的精神所不容。“各管一段”、“三家是一家”和“以侦查为中心”的观念削弱了刑事诉讼中的权力制约关系，同时加剧了控辩双方的不平等性。同理，这种情形使得刑事诉讼法所要着力实现的司法的程序正义或者说过程的正义遭遇严重困难。审判中心主义则是近现代国家刑事诉讼中普遍认同的一项基本原则，它是司法最终解决原则在刑事诉讼中的具体表现。20 世纪以来，在司法公正和人权保障等现代理念的影响下，“以审判为中心”的观点逐渐为现代国家所接受，并渗透到刑事诉讼的整个过程之中。例如，法国在 19 世纪形成了侦查权、起诉权、审判权相对分立的体制。虽然刑事案件的调查取证主要由警察完成，但是法官在法庭上对证据的审查认定越来越具有实质意义。大陆法系基于审判中心主义的理念，为了贯彻公正原则，强调法官对侦查程序的早期参与，以实现法官对侦查程序的有效调控。侦查机关虽然拥有广泛的侦查手段，但除现行犯或紧急情形外，采取如羁押、搜查、扣押、邮检、监听等侵犯个人自由或隐私权的强制侦查措施，原则上必须经过法官的批准，要接受法官的司法审查。口供中心主义的侦查在大陆法系至少在法律上同样受到摒弃，凡是以强制、胁迫或者其他不正当方式获得的口供，在审判阶段均无证据效力。此外，基于审判中心主义的理念，大陆法系也承认犯罪嫌疑人有沉默权或者不受强迫自证其罪的权利，而且犯罪嫌疑人在侦查程序中有权获得律师的帮助，这是为审判阶段的辩护活动做好准备，以保证其获得公正审判。在现代司法制度下，被告人是否有罪的裁决只能由法官作出，不能由警察或检察官作出，这是刑事诉讼中无罪推定原则的基本要求。从“侦查中心”到“审判中心”体现了人类社会刑事诉讼制度的发展趋势，这既是实行刑事程序法定原则而导致程序法治化的必然结果，也是民主社会公正彻底地解决政府与个人利益冲突的客观需要。〔1〕

一、 刑事诉讼主体关系的一般规律

刑事诉讼发展规律强调两方面内容：一方面，强调对职权机关的限制、规范；另一方面，强调对人权的保障功能。〔2〕现代刑事诉讼制度是刑事诉讼独立化、文明化、科学化、规范化的产物。〔3〕刑事诉讼是由相关主体围绕着发现、揭露、证实、惩罚犯罪而进行的活动，而刑事诉讼法则是规范各相关主体在刑事诉讼中的行为的法律规范。这种规范对不同的主体应有不同的侧重点。对职权机关而言，重要的是对其行为的规制，以促使其依法履行职责；对诉讼参与人而言，则应注重对其权利的保护，使其免遭非法侵害。根据上述理解，刑事诉讼的发展规律与现代法治原则强调对职权机关的限制、规范，以及对诉讼参与人的权利保障。而“各管一段”、“三家是一家”的观念与做法，导致刑事诉讼过程中阶段色彩极为浓重，职权机关几乎独统一段，不受制约，或者说强调在各管一段的基础上才有配合和制约；同时，由

〔1〕 参见何家弘：“从侦查中心转向审判中心——中国刑事诉讼制度的改良”，载《中国高校社会科学》2015 年第 2 期，第 131 ~132 页。

〔2〕 参见王敏远：“刑事诉讼法学研究的转型——以刑事再审问题为例的分析”，载《法学研究》2011 年第 5 期，第 23 页。

〔3〕 参见王敏远：“司法改革与刑事司法程序改革”，载信春鹰编：《公法》（第 3 卷），法律出版社 2001 年版，第 78 页。

于身负共同的任务与目标，职权机关之间在各管一段的基础上形成了法律规范内甚至法律规范外的相互配合和制约，而于三机关之外的，都不是可以相提并论的刑事诉讼法律关系主体，相互之间也就谈不上所谓的配合或者制约了，排斥刑事被追诉者在刑事诉讼中的平等地位。受到上述观念与做法的深刻影响，当前刑事诉讼当中，没有形成足够合理的司法职权配置，尚未达至对职权机关的有效制约以充分保障诉讼参与人的权利；刑事被追诉者在刑事诉讼中未能完全确立足以与控诉一方平起平坐的主体地位，更不用说其辩护人能够获得可以与控诉一方相抗衡的能力了，控辩平等似乎仅仅存在于应然的诉讼模式当中，而与实然的司法实践无关。无疑，这一切都与刑事诉讼客观发展规律以及现代法治原则相违背、相冲突。〔1〕此种环境下，刑事司法实践必然会自觉或不自觉地形成“侦查中心主义”，侦查的结果基本上可以无障碍地通过起诉阶段直接进入到审判程序，获得审判机关的认可，并最终形成裁判结果。“中国的刑事诉讼程序就像一台出了故障的电脑一样，在运作过程中经常出现‘死机’的现象，而且必须靠‘重新启动’甚至‘修改软件’等非正常手段，才能解决这一程序运作中的问题。”〔2〕杭州张氏叔侄冤案可谓是“以侦查为中心”的诉讼模式下普通刑事案件处理程序的简单缩影，冤案就是在看似合法的程序运行中发生了。在证据收集和认定过程中，杭州市法医学会出具的DNA检测报告本应是否定“二张”犯案的最有力证据，可是承担案件侦查职能的公安机关却视而不见，将该份重要证据弃而不用，径直认定“二张”为犯罪嫌疑人并提请杭州市人民检察院提起公诉，冤案在侦查阶段就开始形成了。但

〔1〕参见王敏远：“略论刑事诉讼法若干原则的修改”，载李林、王家福主编：《依法治国十年回顾与展望》，中国法制出版社2007年版，第264~266页。

〔2〕参见陈瑞华：“从‘流水作业’走向‘以裁判为中心’——对中国刑事司法改革的一种思考”，载《法学》2000年第3期，第28页。

此时，案件并不是没有回旋的余地，根据我国刑事诉讼法的规定，人民检察院对于公安机关提请公诉的案件，具有审查起诉内容的职责，即应当审查犯罪事实、情节是否清楚，证据是否确实充分等。但杭州市人民检察院在面对杭州市法医学会提供的DNA证据时，采取的是与公安机关完全相同的态度，对该证据不予采用，并以张辉、张高平犯强奸罪为由，向杭州市中级人民法院提起公诉。就这样，阻却冤案形成的程序设置又被强力地突破了。尽管如此，案件也还没有到无法挽回的地步，因为我国刑事诉讼法规定，未经人民法院依法判决，对任何人都不得确定有罪。然而，在审判过程中，合议庭对于具有直接否定“二张”有罪作用的DNA证据依然不予采用，以“该份证据与本案无关”为由把“合理的怀疑”给“不合理地排除”了。一审的判决结果是在法院偏信控方，置案件中的重要无罪证据于不顾的情况下形成的。蒙受冤屈的“二张”提起上诉，司法程序运行到二审程序，表明冤案仍有程序阻却设置。我国刑事诉讼法规定，人民法院审判案件，实行两审终审制。在二审程序中，DNA证据终于被合议庭认可，但是面对之前司法运行的强大压力，二审法院根本无法坚持“疑罪从无”原则，不得不采取“疑罪从轻”，对“二张”进行了改判，至此，冤案彻底形成。〔1〕

“以审判为中心”是针对刑事司法实践中存在的过分看重案卷移送的侦查中心主义倾向而提出来的，是对宪法、刑事诉讼法规定的人民法院、人民检察院、公安机关“分工负责、互相配合、互相制约”原则的完善和发展。〔2〕“以审判为中心”不是颠覆“分工负责、互相配合、互相制约”，亦即“中心论”与“阶

---

〔1〕 参见吴高庆、满涛：“宪政视域下我国公检法关系的再思考——从杭州‘二张’冤案谈起”，载《中共浙江省委党校学报》2013年第3期，第62页。

〔2〕 参见陈光中：“推进‘以审判为中心’改革的几个问题”，载《人民法院报》2015年1月21日，第005版。

段论”是辩证的统一，二者并不矛盾，是一个综合指标，是公、检、法和辩护律师正能量的合成，是控、辩、审三种职能都围绕审判中事实认定、法律适用的标准和要求而展开，法官直接听取控辩双方意见，依证据裁判原则作出裁判。[1]因而，有观点在此基础上提出了公检法三机关关系的合宪性调整思路，即确立“以审判为中心”观念，实现从“公检法”到“法检公”的转变，对于重构刑事诉讼主体关系具有一定的指导意义。该观点认为，“分工负责、互相配合、互相制约”原则是一个完整的逻辑和规范体系，分工负责体现的是宪法地位，互相配合体现的是工作模式，互相制约体现的是核心价值。“分工负责、互相配合、互相制约”不是一种内部循环结构，也不是三机关权力地位的平起平坐，而是突出三机关各自职权的独特性，体现出两种服从关系：在价值理念上，效率服从于公平，配合服从于制约；在工作程序上，侦查服从于起诉，起诉服从于审判。以公安机关为主导的刑事司法结构根深蒂固，甚至在三机关关系的表述上，最常用的都是公安机关排在第一位的“公检法”称谓。这一表述虽然形象地描述了三机关办案的先后次序，但混淆了宪政体制上的主次轻重。实际上，宪法规定的排列次序是法院、检察院、公安机关，这种规定方式具有合乎逻辑的宪政内涵，应当强调遵守宪法文本的意义。法院是国家审判机关，在保障人权方面具有不可替代的地位。构建符合宪政理念的“法检公”关系，强化法院的宪法地位，强化司法对侦查行为的审查，具有现实的必要性和紧迫性。改善刑事司法结构、优化司法职权配置，应着力改变公安机关过于强大的“超职权主义”，建立以法院为核心、保障人权的“法检公”司法体制，回归宪法文本，实现从“公检法”到“法检

〔1〕参见樊崇义：“解读‘以审判为中心’的诉讼制度改革”，载《中国司法》2015年第2期，第22页。

公”的转变。[1]

应当看到，我国刑事诉讼法规定的三机关相互关系指导原则是对宪法确定的刑事诉讼的基本原则的具体落实，我国《宪法》第135条规定，“人民法院、人民检察院和公安机关办理刑事案件，应当分工负责，互相配合，互相制约，以保证准确有效地执行法律。”着眼于宪法的“母法”地位，以及刑事诉讼法作为贯彻落实宪法的部门法的作用，在我国现行《宪法》第135条并未作相应修改之前，公检法三机关分工负责、互相配合、互相制约原则仍然为公检法三机关相互关系指导原则，同时也是三机关司法职权配置的基本方案。[2]而刑事诉讼法根据宪法的规定，不但在第7条规定了此原则，而且根据我国多年来司法实践经验的科学总结，在其他条文中就分工负责、配合以及制约等方面作了许多具体的规定，即刑事诉讼法的相关条文规定已经足以体现公检法三机关分工负责、互相配合、互相制约这一宪法原则的具体内容。故而，为了避免该原则所可能造成的不良影响，完全没有必要在刑事诉讼法中再次重复宪法的规定。[3]而且，导致“三家是一家”观念的“互相配合”规定，并非公检法三机关履行相应法定职责所必需，实属多余，因为公检法三机关在分工的范围内依法履行了各自的职责的时候，所谓的协作就成了自然形成的客观事实，[4]此时无须强调“互相配合”，仍然可以保障刑事诉讼的顺利进行，并且当职权机关之间分工科学、规范，相互之间的

---

〔1〕 参见韩大元、于文豪：“法院、检察院和公安机关的宪法关系”，载《法学研究》2011年第3期，第17、25页。

〔2〕 参见王敏远主编：《中国刑事诉讼法教程》，中国政法大学出版社2009年版，第11~12页。

〔3〕 参见王敏远：“略论刑事诉讼法若干原则的修改”，载李林、王家福主编：《依法治国十年回顾与展望》，中国法制出版社2007年版，第267页。

〔4〕 参见李建明：《刑事司法改革研究》，中国检察出版社2003年版，第62页。

制约合理、有效，它们之间也就共同完成了实现刑事司法公正意义上的“互相配合”。而且，无论这一原则本身是否在刑事诉讼法中予以明文规定，该原则突出强调的“三机关各管一段”与“三家是一家”的观念与做法，必须予以改革与调整。这是职权机关相互之间关系重构的当务之急和首要任务。

二、刑事诉讼主体的职权配置原则

“以审判为中心”不仅是对司法机关相互关系的一种科学定位，更是对司法职权的重新优化配置。刑事诉讼要求以最快的速度、最小的耗费，最大限度地实现刑事司法的公正。因此，刑事司法职权配置首先应从刑事司法的基本原则、特点出发来保障公正和效率，而不应仅仅以公安、司法机关中的某一个部门的需要为前提来予以关注。刑事司法中的正义包含着两层含义：一是刑事司法结果的正义，即刑事司法的结果既未放过一个罪犯，对犯罪分子依法予以惩罚，也意味着无辜者未被刑事追究；二是刑事司法过程的正义，即刑事司法在发现、揭露、证实和惩罚犯罪的过程中，依据公正的刑事司法程序进行。程序公正对刑事司法的效率而言，是一个极为重要的问题，程序公正是刑事司法效率的基础和保障。缺乏这一基础，效率本身就无从谈起；没有公正程序这个保障，效率的实现是不可能的。因此，我国刑事司法中的效率问题，首先亟待解决的是如何设置完备而公正的程序，以便司法实践在保障权利、限制司法恣意的基础上解决效率问题，没有公正程序作保障的效率，不是我国刑事司法所要追求的效率。[1]刑事司法职权配置的内容既包括平面意义上的设置，即刑事诉讼构造理论上的侦查、起诉、审判之间的纵向关系；也包括在刑事诉

〔1〕参见王敏远：“刑事司法中的效率及其实现”，载《人民法院报》2001年3月6日，第003版。

讼程序过程中的任一横断面上的设置，如侦诉、侦审、诉审之间的关系。在“以审判为中心”的视域下，司法职权优化配置及司法机关相互关系应当凸显出审判的中心环节和法院的重要地位，法院应将审判职能置于一切职能的中心和首要地位，全面树立起司法权威，尊重司法审判，实现司法最终裁决权。〔1〕

透过念斌案可以清晰地看到我国刑事司法职权配置的缺陷。2006 年 7 月 27 日夜，福建省平潭县澳前镇澳前村多人中毒，两名儿童经抢救无效死亡。平潭警方认定是邻居念斌投药所致。该案历时 8 年，10 次开庭审判，4 次判处被告人死刑立即执行。2014 年 8 月 22 日，福建省高级人民法院终审宣判念斌无罪。2014 年 9 月，平潭县公安局基于“新证据”，再次将念斌列为犯罪嫌疑人。该案侦查粗糙，现场勘验检查、物证提取和鉴定均被辩护律师发现了不少疑点，但经过侦查程序形成的案卷笔录仍对法庭审判形成绝对影响，成为整个刑事诉讼的中心，法庭审判在一定程度上变成对侦查结论的确认过程，而失去了独立自主地审查证据、认定案件事实的能力。在整个诉讼流程中，公检法三机关之间的“流水作业”畅通无阻，形成了一种协同式的事实认定模式。〔2〕刑事辩护规范体系缺乏良好的运行环境，你辩你的，我判我的。当案件面临罪疑的状态时，法院的处理不是直接宣告无罪，而往往滑向“从有”、“从轻”、“从挂”或者作出“留有余地的判决”。福建省高级人民法院就多次对该案作出“事实不清、证据不足”的结论，但没有判决念斌无罪，而是反复发回福州市中级人民法院重审，导致该案从立案到作出终审判决历时 8 年之久。

〔1〕 参见王韶华：“‘以审判为中心诉讼制度’的三重意蕴”，载《人民法院报》2014 年 12 月 12 日，第 002 版。

〔2〕 参见熊秋红：“以念斌案为标本推动审判中心式的诉讼制度改革”，载《中国法律评论》2015 年第 1 期，第 31 页。

（一）侦查权的配置与行使

就公安机关侦查权的配置与行使而言，法律赋予了公安机关过于广泛而巨大的职权，一个符合逻辑的结论就是应当进一步限制公安机关的职权。公安机关的职权行使应处于司法系统的有效制约之下，其相对人的权利应处于有效的保护之中。缺乏这一基本前提，社会治安不仅不会得到维护，反而会因此而生变；犯罪不仅难以打击，反而会制造出新的犯罪。〔1〕如聂树斌案复查披露出的信息显示，聂树斌被拘留后，有4天的讯问笔录不翼而飞。犯罪嫌疑人被拘留后，公安办案人员不可能不讯问，当时的刑事诉讼法规定，拘留后24小时内必须讯问被拘留人。而且事关命案，公安人员急于破案，在正常情况下，必然会连续突击讯问。据办案人员说，聂树斌为口吃，需多次讯问，才能完成案件全过程的讯问任务。因此前面4天讯问笔录的“失踪”极不正常，也可能是由于聂树斌开始不招认，或者“胡说八道”，办案人员就将其隐藏了或者毁掉了。该案申诉律师曾找到与聂树斌关押在一起的纪某，纪某转述了聂树斌亲口对其说的被残酷刑讯的具体情节：“他们不让睡觉、不给饭吃、不给水喝，还用电话线电我、用皮管子抽我，打到精神恍惚、精神崩溃的时候，就把写好的讯问笔录拿来直接让我签字”。讯问笔录缺失和纪某的这份证言说明该案侦查过程中存在着严重的不规范甚至违法情形，而原办案方仅以一句“没有发现刑讯逼供”就将此问题不了了之。〔2〕可见，侦查权是在一种完全不受制约的环境中运行着，因此，有必要在侦查权的配置和行使过程中完善“人身保护令”制度和律师参与制度。“人身保护令”制度的完善，可以使公安机关不再享

---

〔1〕 参见王敏远：“公安机关的职权界限何在”，载《工人日报》2000年8月5日，第003版。

〔2〕 参见陈光中：“追问‘聂案’五大疑点，建议以法治思维重审”，载人民法治网，http://www.rmfz.org.cn/fzxw/2015-05-13/8461.html，2015年5月13日。

有决定剥夺公民人身自由权利的权力，而律师的及时、有效参与，则可以有效地维护当事人的合法权益。这两项制度的确立，虽然对于公安机关行使职权肯定会有所不便，然而现代法治社会的基本观念，并不是使执法机关如何方便以至于为所欲为地行使其职权，而是使其在有效的监督之下，采用文明、人道、科学、合理的手段行使其职权。又如为预防和避免刑事诉讼中的职权机关在实践中以“可能有碍侦查可不通知家属”的规定为由滥用职权，对实践中应当通知家属而不通知的情形，应设置系统的法律后果：首先应对职权机关中的相关违法人员设置针对性较强的法律责任，才会有助于防止其违法使用或滥用不通知的权利；其次，该情形如果严重损害被羁押者的人权，应将其视为严重影响司法公正的情形，设置相应的程序法律后果。刑事诉讼法是关于诉讼行为的规范的法律，以往常被视为“软法”，未被置于应有的尊崇地位。在强调人权保障、程序规范和司法公正的今天，其不可违反的尊严应当得到保障。〔1〕

（二）检察权的配置与行使

检察权的配置可以分为内部配置和外部配置，重点是检察权的外部配置。因为从刑事诉讼这个角度而言，检察权的外部配置不仅仅是检察权自身的问题，而是必然和其他相关职权发生相应的联系。检察权的变化，不论是扩张还是调整，都会和其他职权发生相应的关联性。检察权不是一项孤立的权力，它和其他机关的职权相关联，同时也会对当事人的权利产生影响。一方面它是整个国家机器的一部分；另一方面它是为了整个社会要解决相关的问题而设的一项职权。检察权的调整、发展和完善应与国际刑事司法的最低标准相协调。检察机关在刑事诉讼领域加强监督权或者说在考虑制度设计的时候，重点应该放在侦查阶段对侦查机

〔1〕参见王敏远：“羁押后通知家属是人权保障原则基本要求”，载《检察日报》2012年3月22日，第03版。

关的监督上。检察机关作为防卫社会正义很重要的一道防线，应当为最后一道防线“减负”。〔1〕如近期被纠正的于英生杀妻案，检察机关就从中发挥了积极的作用，也为检察职权配置的进一步调整指出了方向。1998 年 4 月，蚌埠市中级人民法院以故意杀人罪一审判处于英生死刑，缓期二年执行。因事实不清、证据不足，安徽省高级人民法院其间曾两次发回重审。2002 年 7 月，于英生被终审判处无期徒刑。于英生及其父亲不服，在向安徽省高级人民法院提出申诉被驳回后，又向安徽省人民检察院提出了申诉。2008 年 5 月，安徽省人民检察院决定立案复查。该院检察委员会经两次讨论，认为原审裁判认定于英生构成故意杀人罪事实不清、证据不足，决定先与省高级法院进行沟通，由其自行决定是否再审。2011 年 2 月，安徽省人民检察院与省高级法院专门就该案进行沟通后，省高级法院立案审查认为，于英生案虽然存在一些疑点，但没有出现足以推翻原审判决的证据，真凶没有出现，决定不予再审。然而检察机关的监督并未就此止步。2012 年 9 月 3 日，安徽省人民检察院就该案依法提请最高人民检察院提出抗诉。2013 年 5 月 20 日，最高人民检察院经审查，向最高人民法院发出再审检察建议书。最高人民法院审查后认定，该案证据不足，遂指令安徽省高级人民法院自行启动再审程序。2013 年 8 月 13 日，安徽省高级人民法院经再审，认为原审认定于英生故意杀害其妻韩某的事实不清、证据不足，宣告于英生无罪。至此，在安徽省人民检察院前后两任检察长的接力监督下，在最高人民检察院和安徽省人民检察院上下两级检察院的合力监督下，于英生杀妻错案终于得到监督纠正。借助检察机关在复查期间调取的关键物证，公安机关全力侦查，终于使这起 17 年前的命案告破，真凶武钦元被抓获归案。2015 年 1 月 5 日，武钦元在一审

〔1〕 参见王敏远：“和谐社会背景下检察权的配置与行使”，载《国家检察官学院学报》2008 年第 1 期，第 10 ~ 11 页。

法庭上对杀害韩某的事实供认不讳。5 月 15 日，安徽省芜湖市中级人民法院对被告人武钦元强奸致人死亡一案作出公开宣判，一审以强奸罪判处武钦元死刑，剥夺政治权利终身。[1]

又如河北王玉雷案，检察机关在审查逮捕阶段积极排除非法证据，顶住压力，坚守防范冤假错案的底线。2014 年 2 月，河北省顺平县北朝阳村村民王伟被人用钝器打击致死，在证据明显不充分的情况下，当地公安机关将报案人王玉雷刑事拘留。但顺平县检察机关在审查逮捕阶段发现了重重疑点：王玉雷在公安机关一共做了 9 次笔录，传唤的时间超过规定的 24 小时；王玉雷前五次笔录都是无罪供述，直到第六次才“招供”。更奇怪的是，一共 4 次有罪供述，王玉雷就说了 3 种不同的作案工具。这些“作案工具”根本找不到。保定市、顺平县两级检察院就王玉雷案进行专题研究，认为应当排除非法证据，逮捕王玉雷事实不清、证据不足。后来真凶王斌浮出水面，王玉雷被无罪释放。但对于顺平县人民检察院来说，当时要作出不予逮捕的决定并非易事。顺平县人民检察院检察长曹金耀回忆说，“虽然当时没有证据证明人是王玉雷杀的，但将来一旦现场物证的鉴定结果指向王玉雷作案，而如今检察院不逮捕王玉雷的话，这就是一个错误，没法跟社会交代。”地方检察院的这种顾虑，最高人民检察院侦查监督厅的黄河厅长早就了解，“如果一时间抓不到真凶，检察院的确要面临着打击犯罪不力，影响稳定的指责”。这种压力可能来自社会各方面，“包括被害人家属上访申诉的压力，指责公安机关放纵犯罪的压力，以及社会舆论和当地政府维稳压力等等”。“王玉雷和呼格吉勒图都是一起命案的报案人，都遭受了刑讯逼供，”黄河厅长在接受专访时表示，“如果王玉雷真被批捕了，可能会成为‘呼格吉勒图案’的翻版，这将成为一个让司法蒙羞、人民

〔1〕 参见吴贻伙：“检察机关强力监督，17 年前错案得到纠正——安徽‘于英生杀妻错案’真凶一审被判死刑”，载《检察日报》2015 年 5 月 16 日，第 01 版。

痛心、社会受伤的悲剧”。〔1〕

（三）审判权的配置与行使

就审判权的配置与行使来看，要求在刑事诉讼的各个阶段关系中都凸显审判的中心地位，将刑事审判作为整个诉讼的核心。侦查阶段和起诉阶段均是刑事审判的预备阶段，只有审判才具有定分止争的权威性、终局性作用。因为在整个刑事诉讼过程中，只有在审判阶段才能决定被追诉人是否有刑事责任以及责任的大小，虽然在侦查、起诉等环节中也会涉及对犯罪嫌疑人的处理，但这都是程序意义上的处理，不具有实体问题上的既判力。但当人们把眼光投向司法的现实时，发现现实中存在着醒目且刺眼的反差，现实中大量存在且大有制度化趋向的权力机关对司法的监督，不仅使司法独立只能停留在纸面上，而且进一步加剧了司法的不确定性。鉴于人身自由权之重要性，审前羁押被要求严格控制在司法权之下，负责治安管理和刑事侦查的警察，无权决定对犯罪嫌疑人予以较长期限的羁押。而我国的侦查机关却有权决定对犯罪嫌疑人实施数十天的拘留，而法院却无权审查该刑事拘留是否合法、合理、合适。〔2〕

习近平总书记指出：“司法活动具有特殊的性质和规律，司法权是对案件事实和法律的判断权和裁决权。”在刑事诉讼中坚持以审判为中心，根本上讲是由司法审判的最终裁判性质所决定的，强调刑事诉讼各环节都要围绕审判中事实认定、法律适用的标准和要求进行指控和辩护，取证、举证、质证最后都要落到审判环节的认证上来，都要以刑事诉讼法规定的证据规则、证明标准为指引。坚持以审判为中心，并不取决于人为的好恶，也不涉

---

〔1〕 参见报道：“最高检谈河北‘王玉雷案’：险些成为翻版呼格案”，载环球网，http://china.huanqiu.com/article/2015－03/5881252.html，2015年3月11日。

〔2〕 参见王敏远：“刑事司法改革面临的三个‘冲突’”，载《工人日报》2001年8月31日，第003版。

及各专门机关地位高低、作用大小等问题，它是程序法治应有的一个标准，更是法治社会应有的一种状态。坚持以审判为中心，有利于加强司法领域的人权保障，有利于提高刑事诉讼的整体水平，有利于各司法机关既相互配合又相互制约、共同维护刑事司法公正。〔1〕因此，“以审判为中心”背景下的审判权的配置与行使应当突出审判权对于侦查权、公诉权的控制，不仅要求在形式上突出审判活动的诉讼地位，重塑法院的社会形象，更重要的是审判活动必须实质化，通过司法审查权，对侦查中侵犯公民权利的行为进行制约；通过对检察官的起诉权进行审查，防止其滥用国家公诉权；通过对控方所提供的证据进行严格的合法性审查，排除非法证据，保证证据收集程序的合法性，切实保障当事人的权利，保证刑事诉讼程序的正当性。〔2〕具体而言，一是切断与侦查的联结；二是摒弃卷宗依赖主义，贯彻直接言词原则；三是让民众真正参与司法，使民众制约司法的功能得到重视和发挥；四是完善证据规则，确立自白任意性和传闻法则，建立和完善非法证据排除制度，以有效遏制侦查中的非法取证行为。〔3〕

但从近期披露出的案件来看，审判机关存在不尊重和珍惜自身最终裁判地位的现象，司法权威和公信力也相应地呈现出下降趋势。如河南省平舆县人民法院院长刘德山遭遇刑讯逼供案，刘德山从基层法院书记员开始，一直在法院工作并升到院长职务，办理过上百起死刑案件，审理过的案子曾被收入《刑事审判参考》，还在《人民法院报》发表过文章。他当年办理的一起减刑案件的犯人出狱5年后，被指控为黑社会性质组织头目，在上级

〔1〕参见陈学勇：“树立和坚持以审判为中心的理念”，载《人民法院报》2014年12月4日，第002版。

〔2〕参见卜开明：“刑事司法职权配置的概念解析”，载《燕山大学学报（哲学社会科学版）》2010年第2期，第102页。

〔3〕参见张建伟：“审判中心主义的实质与表象”，载《人民法院报》2014年6月20日，第5版。

“高度重视”并指示清查“保护伞”后，这起减刑案也被列入复查对象。刘德山作为当时的案件承办人，因存在滥用职权嫌疑被带走调查19个月，其中失去人身自由达16个月之久。该案经过鹤壁市中院、河南省高院，层层请示至最高人民法院，最后一审判决无罪，检察院提起抗诉后，鹤壁市中级人民法院终审裁定刘德山无罪。但一审和二审法院却在判决书中留了个“尾巴”——认为刘德山虽不构成犯罪，但“有所疏忽”且存在“滥用职权”行为。最终裁决结果出现“莫须有”，表现出对案件事实认定模棱两可的态度，引起了当事人和社会公众的强烈质疑。刘德山表示，最后的判决仍然留了尾巴，这是一份“有瑕疵的无罪终审判决”，从公平正义的角度来看，这个结果是不可思议的。对这个不符合法律规定的尾巴，一定要讨一个说法。几十年来，他在司法工作中一直在追求司法的公正，但是所看到的一些现实，让他的信仰打了严重的折扣。尤其是有的司法机关，根本不是在依法办案。这次切身体验已告诉他，很多法律规定被架空，而当事人、被告人实在是太弱势了。从媒体进一步的报道更可以看出这种缺乏终局裁决效果的判决所引起的混乱。“来自鹤壁市人民检察院人士的说法是，检方并不认为刘德山无罪，并认为最高人民法院对刘德山一案进行批复有违法之嫌，目前该院已报河南省人民检察院，请求对二审结果进行抗诉。”〔1〕司法是维护社会正义的一种高成本的方式，司法不可以为所欲为，司法权威需要刻意维护。〔2〕“以审判为中心”要求审判权居于中立无偏的地位，独立对案件是非曲直作出明确的裁判，保证做到事实认定符合客观真相、办案结果符合实体公正、办案过程符合程序公正，让人民

〔1〕 参见谢雪：“法官被调查时遭刑讯逼供，称受‘震撼教育’”，载腾讯新闻，http://news.qq.com/a/20120511/000539.htm?pgv_ref=aio，2012年5月10日。

〔2〕 参见王敏远：“司法权威需要刻意维护”，载《中国社会科学报》2004年12月2日，第T00版。

群众在每一个司法案件中都感受到公平正义。

三、 辩护权在刑事诉讼主体关系重构过程中的作用

辩护具有预防、纠正违反诉讼程序规则的行为和现象的积极作用。〔1〕根据最高人民法院和最高人民检察院的工作报告，2010年全国检察机关提起公诉1 148 409人，法院一审判处罪犯1 006 420人，两者相差141 989人；2011年全国检察机关提起公诉1 201 032人，法院一审判处罪犯1 051 000人，两者相差150 032人。即使排除公诉机关当年起诉的案件有少数会拖延到次年审判的情况，这个差额数字也是相当惊人的。它既说明失衡的诉讼结构带来的追诉危险，也说明律师辩护在其中发挥的作用与辩护权地位的实然状况具有内在关系，假如律师辩护工作到位、有效，这150 032名犯罪嫌疑人不至于都被提起公诉。〔2〕如果说刑事诉讼的基本任务是准确地发现、揭露、证实、惩罚犯罪，那么，辩护律师的职业与刑事诉讼中的职权机关的目标是不矛盾的，因为其职责是维护被刑事追诉之人的合法权益。如果说现代刑事诉讼要求以文明、规范、科学的方式进行，那么辩护律师的职业正是对促进刑事诉讼文明、规范、科学而言重要而不可或缺的。但辩护律师的具体工作主要是从维护被刑事追诉之人的合法权益的角度来思考和努力，与刑事诉讼中的职权机关的追诉目标并不相同。当辩护律师从事实、证据、法律适用等多方面对刑事追诉进行质疑，就会显示出其与刑事诉讼中的职权机关的对抗性。刑事辩护的对抗性特点意味着，应当理解刑事辩护与刑事诉讼中的职权机关履行职责的共性及差异，并在此基础上加强对刑

〔1〕 参见王敏远："刑事辩护中的程序辩护"，载《法制日报》2001年12月23日，第003版。

〔2〕 参见曾粤兴："法治视野下的律师辩护权——兼评高法刑诉法解释（征求意见稿）第250条"，载《时代法学》2013年第1期，第49页。

事辩护的维护。[1]推进以审判为中心的诉讼制度改革，强调审判在整个刑事诉讼程序中的核心地位，正是对法院排他性定罪量刑权的重申。法庭审判环节越得到强化，辩护权的行使就能越充分，其他诉讼参与人的各项权利也可以得到保障，控辩双方的对抗性加强，有利于防止冤假错案的产生。高度尊重律师辩护权的地位并切实保障律师辩护权的充分有效的行使，其实就是在保障刑事诉讼过程与结果的公正。

长期的司法实践中，对刑事案件的处理往往呈现出侦—诉—审的线性结构，公诉和审判因此只是侦查的逻辑推演和时间延伸。在以侦查为中心的诉讼制度中，辩护效果被大打折扣，控辩关系完全不可能对等，法院过度配合甚至屈从于控方，使审判流于形式，难以起到对案件证据去伪存真的作用，最终导致了冤假错案的产生。在不合理的刑事诉讼主体关系中，控辩关系、辩审关系被扭曲，辩护方式就会出现异化，出现所谓的“死磕”现象。引起了人们的高度关注。

“律师不像律师，首先是因为法官不像法官。”（陈兴良语）“死磕”是一种不正常的诉讼状态，是现代司法制度异化和法治文明的悲哀。[2]司法是纠纷当事人寻找一个双方都能接受的第三方，即法院和法官，根据是非曲直依法加以裁判，中立是裁判者的最基本要求。在刑事诉讼中，法官应对控辩双方的主张、证据和意见给予同等的关注，以保证控辩双方享有对等的诉讼权利。审判机关只是审理者，应坚持价值中立的立场，只依照国家的法律审理和裁断审理并作出裁断。因此，高度尊重律师辩护权的地位并切实保障律师辩护权的充分有效的行使，其实是在促进刑事诉

---

〔1〕 参见王敏远：“略论加强对刑事辩护的维护——以落实修改后的刑事诉讼法的角度进行的分析”，载《江西警察学院学报》2012 年第 5 期，第 11 页。

〔2〕 参见冀祥德：“律师缘何‘死磕’”，载《中国司法》2013 年第 9 期，第 80 页。

讼主体关系的合理调整，是在保障刑事诉讼过程与结果的公正。

相对于侦查权、检察权与审判权而言，辩护权是一种权利而非权力。辩护权还可通过与侦、诉、审之间关系的调整，来实现对刑事诉讼主体关系重构的影响。在控辩平衡的意义上，需要在发现真实和保障辩护权之间寻找一种平衡，使侦查权与辩护权相互促进，共同实现刑事法治的要求。但是，既要避免辩护权优先，否则，可能严重影响侦查的顺利进行，也要反对侦查权优先，迟迟不允许犯罪嫌疑人与律师见面交流，不仅会侵犯犯罪嫌疑人的辩护权，而且还容易导致侦查的专制和武断，造成错案。设计侦查程序和进行侦查行为要权衡发现案件真实、惩罚犯罪和保障人权之间的价值冲突，要考量二者之间的适度平衡。〔1〕就辩护权与检察权的关系而言，可以通过建立新型控辩关系，致力于从内在权力（利）要求和外在权力（利）规范的多重角度强化控辩平等原则，使内在的平等武装与平等保护、外在的平等对抗与平等合作得到进一步的充实与优化，并在控辩平等这一基础关系之外形成一种衍生性的救济关系。〔2〕同时，辩护权能否实现，在很大程度上取决于被告人能否通过行使诉权来有效地制约裁判权，说服裁判者接受本方的诉讼主张。为确保被告人辩护权的实现，需要确立一种最低限度的程序保障。作为一种行使诉权的方式，被告人的诉讼请求不一定都能为法院所接受，但至少被告人及其辩护人一旦提出某一诉讼请求，法院就应在程序上给予必要的回应，对该项请求是否成立进行讨论，给出一项附理由的裁决，并给予被告人获得救济的机会。〔3〕

---

〔1〕 参见周永胜："论刑事侦查阶段侦查权与辩护权的动态平衡"，载《法学杂志》2012 年第 5 期，第 161 页。

〔2〕 参见甄贞："论中国特色的控辩关系——以新刑事诉讼法关于刑事辩护制度的规定为视角"，载《河南社会科学》2012 年第 7 期，第 20 ~ 21 页。

〔3〕 参见陈瑞华："辩护权制约裁判权的三种模式"，载《政法论坛》2014 年第 5 期，第 109 ~ 121 页。

第三节 刑事诉讼主体关系重构的路径

“各管一段”与“三家是一家”的错误观念和做法在实践中被大量运用与顽固坚守，制约了刑事司法公正的有效实现，违背了刑事诉讼的发展规律，与现代法治原则相冲突。所以，应当改革职权机关相互之间的关系原则，围绕司法公正目标，重新调整公检法三机关的相互关系，清除现行刑事诉讼制度中的弊端，使得刑事司法职权得到优化配置，有效限制、规范职权机关的权力，充分保障诉讼参与人的权利。“以审判为中心”的诉讼制度改革绝非仅仅关涉法院一家，而是一项涉及方方面面的改革。尤其是职权机关相互之间关系的重构，关涉到公检法三机关相互关系指导原则的改革与调整、法院中立性地位与审判中心模式的确立和突出、侦诉一体与适度分离、法院对侦查的司法控制与审查、诉审关系等重要命题。

刑事诉讼以往的经验表明，只有刑事审判真正发挥其发现和纠正刑事侦查和起诉中的错误的功能，才能有效预防和避免冤假错案。推进“以审判为中心”的诉讼制度改革，是刑事司法改革的关键，对促进刑事司法公正，让人民群众在每一个司法案件中都感受到公平正义，具有十分重要的意义。推进“以审判为中心”的诉讼制度改革需要解决以下主要问题：首先，改革应当针对以往实践中“以侦查为中心”的各种惯例。侦查中存在的问题不易被发现，或即使发现也不易改正，实质上是由于不是以审判为中心。其次，改革应当有助于从源头上治理刑事诉讼中的不公正问题。在控辩审三方及其他诉讼参与人共同参与的刑事审判中，侦查手段、方式存在的问题被揭示，并通过审判予以解决，可以倒逼侦查的进步，有助于使审前的不公正得到有效遏制。最后，改革需要强化法庭审判的作用。通过依照法定程序进行的法庭审判，充分发挥刑事审判保障和维护刑事司法公正的功能。为此，不仅应当真正做到刑事审判的“审”和“判”的统一，而且应当使刑事审判建立在保障和尊重刑事辩护的基础之上，这就需要在数量和质量上解决刑事辩护的问题。归根结底，“以审判为中心”不仅意味着刑事诉讼的重心是刑事审判，而且意味着审判要成为刑事诉讼各阶段的中心，也意味着诉讼主体之间关系的重构，还意味着对审判者职责的新要求。〔1〕

一、 刑事诉讼主体关系重构的总体思路

在“以侦查为中心”的观念下，审判的终局裁决地位不明显，时常要为错误的侦查起诉行为埋单。1998 年 4 月 22 日上午，昆明市路南县公安局副局长王俊波与昆明市公安局女民警王晓湘被人近距离开枪打死在警用昌河牌微型面包车内，杀人的凶器便是王俊波随身佩带的“七七”式手枪，但枪支去向不明。1998 年 4 月 22 日下午 2 时许，死者王晓湘的丈夫杜培武作为杀人嫌疑犯被抓进昆明市公安局接受讯问。在专案组，杜培武经历了 10 天 10 夜的审讯，审讯的主要手段是疲劳战：不准睡觉，并动用各种刑讯措施进行逼供。刑讯下，杜培武被迫承认自己是杀人犯，但却不知道杀人枪支的去向，后编造说把枪支拆散扔到滇池里了。1999 年 10 月 20 日，云南高院终审改判杜死刑，缓期二年执行。2000 年 6 月 17 日，昆明市公安机关破获以铁路警察杨天勇为首的特大杀人团伙案。致“二王”死命的那把“七七”式手枪，赫然躺在杨天勇的保险柜里。2000 年 7 月 11 日，云南高院作出再

〔1〕 参见王敏远：“‘以审判为中心’的诉讼制度改革”，中国社会科学院法学研究所、国际法研究所 2015 年度创新论坛第一讲，载中国法学网，http://www.iolaw.org.cn/showNews.aspx? id =44295.

审判决，宣告杜培武无罪。[1]在杜培武案中，作案工具“七七”式手枪始终没有找到，关键物证缺失，口供明显出自刑讯，法院却不能依据证据裁判原则作出公正判决，只能选择存疑降格处理的方式。而“以审判为中心”首先意味着应当肯定刑事审判在刑事诉讼中的重要性、权威性和终局性。刑事审判是诉讼的最终阶段，可以对起诉和侦查说“不”。审判享有权威性是因为法院的判决是在控辩审三方及相关诉讼参与人共同参与的情况下作出的，是以庭审中认定的事实、证据为依据作出，而不是由于别的原因。刑事审判的独特内容和方式使得刑事审判的重要性、权威性和终局性具有坚实的基础。其次，“以审判为中心”也意味着需要强调刑事司法公正的独特要求。依照法定程序实现“不枉不纵”是刑事司法公正的最高目标，但这个目标的实现，有赖于侦查、起诉和审判这三个阶段均依法完成其法定任务。因此，一旦侦查、起诉未能依法完成其法定任务，刑事审判所应实现的就是发现错误、依法纠正错误，避免冤假错案的最终形成。

从目前发现的一些冤案来看，通常是真凶出现或者被害人“复活”后的被动发现，即便在原案的上诉和再审过程中，对证据的审查、核实都未能排除疑点以阻止冤案的产生，也很少有通过制度内的再审渠道和其他刑事案件审查机制发现的。有观点剖析了冤案发生的根源，认为：一是理念上的有罪推定和疑罪从轻。不管是杜培武案，还是赵作海案，抑或是张氏叔侄案，都遵循一个简单的逻辑，即公安机关在获得一些案件线索以后，迅速锁定犯罪嫌疑人并对其实施刑讯逼供，以口供为中心展开侦查，印证犯罪嫌疑人的供述，尔后即移送司法机关追究刑事责任；检察机关遂认可公安机关的侦查工作和起诉意见而提起公诉；而审判机关在证据明显不完整的情况下，降低定罪标准，对被告人作

---

〔1〕 参见彭显才、施家三:“杜培武错案的前前后后”，载腾讯新闻，http://view. news. qq. com/a/20100511/000012. htm，2000 年 11 月 3 日。

出不应有的处罚。二是制度上的协作办案和实践中的控辩失衡。由于我国的刑事诉讼模式奉行侦查中心主义的立场，同时在少数案件办理中对协作办案这种有违司法机关互相制约原则的方式未能有效地进行约束，检察机关和审判机关遂成为替侦查机关背书的部门。而作为犯罪嫌疑人、被告人权利保护者的辩护人在刑事诉讼过程中的地位和权利又未能得到有效保障，使之在刑事司法过程中不能充分行使辩护权以对司法权形成制衡，从而为冤错案件的滋生提供了生存土壤。三是政治上的维稳思维和法律工具观。随着“稳定压倒一切”的社会发展观念的日益强调和深入，确保社会稳定成为所有国家机关必须承担的政治任务，刑事案件以其重要的社会影响力而将司法机关推入政治化运作的环境之中，从而使司法偏离了公正的立场而掺杂过多的案外因素，既掩盖了本可以查明的案件事实，也遮蔽了法律规范应有的内涵和要求。〔1〕

关于公检法三机关相互关系原则的调整，在中国刑事诉讼法学研究会 2014 年年会上的讨论主要有三种观点：第一种观点认为，应健全公检法三机关分工负责、互相配合、互相制约机制。首先要实现审判中立、控审分离；其次要建立符合中国国情的司法审查、令状许可制度，强制侦查措施应纳入司法审查范围；最后要理顺侦查、起诉、审判的关系，构建以审判为中心的刑事诉讼体制，审判应以一审为中心，一审应以庭审为中心，庭审应以质证为中心。第二种观点认为，推进司法体制改革必须修改公检法三机关“互相配合”的规定，该规定与审判中立在一定程度上会发生冲突。刑事诉讼中要确立诉讼的基本理念，使其回归以法院为主导，以审判为中心。第三种观点认为，“三机关互相配合是司法改革的制度障碍”的说法不一定成立。不应配合的不予配

〔1〕 参见赵秉志：“近年我国典型冤错案件述评——当代中国冤错案件防治机制研讨之一”，载《法制日报》2013 年 7 月 10 日，第 9 版。

合，应当配合的仍需配合。当前存在的主要问题应是公检法三机关未坚持依法行使职权。也有观点认为，对刑事诉讼构造可以从静态和动态两个方面观察。从静态的角度观察，当今世界各国的刑事诉讼制度都是由控、辩、审三方组成的。控、辩、审三方的关系都要遵循控审分离、法官中立、控辩平等等基本原则。侦查是控诉职能的组成部分，应当服从并且服务于控诉职能的需要。从动态的角度观察，在侦查、起诉、审判三个诉讼阶段中，侦查仅仅是起诉的准备，起诉不过是提出诉讼请求，审判才是最终处理刑事案件的关键环节，审判中心主义不言而喻。〔1〕

就目前的刑事司法状况而言，公检法三家相互监督偏弱偏软的问题是存在的，有的地方甚至比较严重，人民群众意见较大。实践中的冤假错案发生的情形，往往是检察机关虽然发现了侦查存在问题，却仍然提起公诉；法院经审理也发现有问题，却仍然肯定了起诉书的指控。其原因很复杂，而核心就在于法律所规定的三机关关系，在实践中演变为公安机关一家独大。《刑事诉讼法》自1979年制定以后，经过1996年和2012年的两次修改，可以说，对公安机关侦查的要求越来越高、越来越严，但实践中刑事侦查脱离法律的规范要求的情况时有发生，且被发现后缺乏相应制约，以至于酿成冤假错案。〔2〕《决定》因此提出要求，“优化司法职权配置。健全公安机关、检察机关、审判机关、司法行政机关各司其职，侦查权、检察权、审判权、执行权相互配合、相互制约的体制机制。”“推进以审判为中心的诉讼制度改革，确保侦查、审查起诉的案件事实证据经得起法律的检验。全面贯彻证据裁判规则，严格依法收集、固定、保存、审查、运用证据，

〔1〕参见赵沨：“聚议依法治国方略，致力刑事司法改革——2014年中国刑事诉讼法学研究会年会精要”，载《人民法院报》2014年10月29日，第006版。

〔2〕参见王敏远：“司法公正的基础——以刑事司法为视角的分析”，载凤凰网，http://news.ifeng.com/a/20140906/41891162_0.shtml，2014年9月6日。

完善证人、鉴定人出庭制度，保证庭审在查明事实、认定证据、保护诉权、公正裁判中发挥决定性作用。”新要求的基本意思在于重新梳理公检法三家在刑事诉讼中的相互关系，明确法院的最终权威地位，三家在工作中采用的判断标准要以法院的标准为根本，公安工作中要自觉向法院标准靠拢，检察院也要以此为标准对公安工作行使监督权，《决定》新要求的表述与原有的“分工负责，互相配合，互相制约”并不矛盾。因此，调整刑事诉讼主体关系的总体思路可以概括为：首先，必须对现行刑事诉讼法当中的职权机关相互关系指导原则予以改革、纠正，重构职权机关相互之间的关系，力求使职权机关之间的分工更加科学、合理，相互之间的制约更加规范、有效，使得刑事诉讼中的实质性推进都受到司法的全面控制，确立和突出法院中立性地位与审判中心模式；其次，对《刑事诉讼法》第7条中有碍司法公正的“互相配合”规定作出新的解释，以消除其对刑事司法理论与实践的不良影响；最后，职权机关相互之间关系的重构涉及以下几对关系或者几个方面的问题：如侦诉关系、侦审关系以及诉审关系的职权配置等，而上述几对关系的科学构建或者几个方面问题的有效解决，皆有赖于法院中立性地位与审判中心模式的确立和突出。

在“以审判为中心”观念下，刑事诉讼主体关系调整的首要要求是：公安、检察机关要转变观念，尊重审判权威、靠拢审判标准，自觉以法院认可的标准指导办案，力争使自己办理的每一个案件能够通得过刑事诉讼中下一个环节的检验，最终来讲是通得过法院裁判的检验，也就是“经得起法律的检验”。在审判实践中，经常因为前面环节的工作没有做好，给法院裁判带来很大压力。公安、检察机关进一步转变观念、接受审判标准是刑事诉讼取得改观的必由之路、重心所在。当然，法院应坚守司法公正的底线，对不符合法定要求的指控说“不”。因此，在刑事诉讼中，靠法院系统单打独斗是不行的，公、检、法三机关必须在依法履职的基础上加强配合，形成工作合力，发挥制度优势，提高刑事司法的整体水平。〔1〕另一方面，公安、检察机关不能因为审判标准最终掌握在法院手中而对经办的案件持消极态度，而应积极应对，应根据法律的要求积极履行侦查和起诉的职能。对于可能因此而出现的侦查和公诉的消极情况，需要引起高度重视。

二、 侦诉关系的重构

我国现有侦诉关系的基本格局是：公安机关负责绝大部分刑事案件的侦查，检察机关除对法律规定的少数案件行使侦查权外，主要负责审查起诉和提起公诉，同时还负责对刑事诉讼实行法律监督。公安机关的侦查活动和检察机关的审查起诉活动在程序上被明显分开，各自独立。由此可以看出，我国刑事诉讼程序中的侦诉关系模式建立在分工负责、互相配合、互相制约的基础上，配合和制约成为我国侦诉关系的基本格局。该关系模式具有以下三个特点：第一，侦诉分立。即公安机关和检察机关在法律地位上“平分秋色”，两者无论是在行使侦查权，还是在刑事诉讼过程中，都是各自履行自已的职责，没有任何主从之分，遵循相互配合与制约的原则。第二，侦诉配合。注重形成打击犯罪的合力，但绝不同于其他大陆法系国家的检警合一，只是在刑事司法过程中要求加强联系和配合，增强工作力度，并不涉及组织机构的一体和权力行使的主从。第三，侦诉制约。强调公安机关和检察机关的双向制约，不仅检察机关有权制约公安机关，公安机关也可以反过来制约检察机关。检察机关对公安机关的立案和侦查活动进行法律监督，主要体现在立案、审查批捕和审查起诉方面，通过审查办案对侦查机关进行制约。公安机关也可以反向制约检察机关，如公安机关提请检察机关逮捕犯罪嫌疑人，人民检察院决定不批准逮捕，或者公安机关移送审查起诉的案件，人民

〔1〕 参见沈德咏：“论疑罪从无”，载《中国法学》2013 年第 5 期，第 20 页。

检察院决定不起诉的，公安机关有异议的，可以要求复议，如果意见不被接受，可以向上一级人民检察院提起复核等。[1]

我国刑事诉讼中的侦诉模式，从制度设计上看，既吸收了检警分立和检警结合模式上的优点，又具有自己鲜明的特色，对于充分发挥侦查机关的主动性及检警互相配合打击犯罪方面有重要的保障作用。[2]但这毕竟只是应然状态，实际情况往往复杂得多。比较突出的问题是，“分段包干式”的流水作业现象客观存在，审判对侦查、起诉的制约手段有限，只能借由最终处理结果来完成制约任务，现有侦诉关系在实践中暴露出一系列缺陷：①检察机关的工作方式主要是书面审查，导致了检察机关在审查过程中不容易发现侦查取证中存在的问题。同时，由于检警相互独立，检察机关对公安机关并无领导指挥的权力，导致检警在追诉犯罪方面无法形成最佳合力。②侦诉相互制约有时变成消极牵制。从不批捕和不起诉的情况来看，检察机关对犯罪嫌疑人作出不批准逮捕和不起诉决定的数量和公安机关对此决定要求复议、提请复核的数量都呈上升趋势。③检察机关对公安机关的监督难以落到实处，立案监督和侦查监督的效果均不理想。[3]而且在“线性构造”的公检法三道工序中，公安的“老大”地位难以动摇，而检察的力度、审判的独立难以保证。我国检警分立的检警关系设置，使得检察机关与公安机关是一种平等协作的关系。公安机关的侦查权力缺乏有效制约，导致公安机关成为侦查阶段的主导机关，刑事诉讼以侦查为中心。由于检察机关无法参与公安机关的侦查活动，对于公安机关移送审查起诉的案件，检察机关

---

〔1〕 参见盛美军等：“检警关系现状与改革发展”，载《人民检察》2010年第7期，第78~79页。

〔2〕 参见许永俊、程晓璐：“海淀区《检警关系指导规则（试行）》解读”，载《国家检察官学院学报》2008年第1期，第106页。

〔3〕 参见北京市海淀区人民检察院“检警关系课题组”：“检警关系现状与问题的调查分析”，载《人民检察》2006年第22期，第14页。

只能通过阅卷的方式进行事后的书面审查，导致其难以真正发现公安机关在侦查过程中存在的违法行为。法院对案件的审判同样通过阅卷的方式进行，使得公安机关制作的案卷材料成为判决的依据。我国的侦诉关系实际上是警主检辅，以侦查为中心，公诉职能在一定程度上从属于、依附于侦查职能。〔1〕由于侦查的主要功能本是为控诉服务，在侦查阶段进行的讯问犯罪嫌疑人、调查取证等一系列活动都是为了在法院审判阶段支持控诉，所以侦查通常被认为是控诉职能的辅助部分。在刑事诉讼中如果定位检察机关和公安机关的关系，则执行控诉职能的检察机关应该居于主导地位，如此检察机关便有权监督、制约行使侦查权的公安机关，否则必然导致诉讼关系发生冲突，检警关系出现错位。然而，“分工负责、互相配合、互相制约”的原则恰恰强调的是检警之间的平等和独立，在根本上混淆了侦查与控诉职能之间的关系，违背了控诉与侦查之间的主从关系，是一种错位的关系模式。〔2〕

现代检警关系主要是检察领导或者指导警察的刑事司法体制或模式，这种模式符合刑事司法或刑事诉讼的规律，符合社会职业分工的规律，体现了法治的要求。〔3〕为突破“分工负责”的接力型关系原则，在侦诉关系的重构路径选择上，我国理论界相继提出“检警一体化”、“侦检一体化”、“检侦一体化”等命题。〔4〕检警一体化主张改变警察部门与检察机关两者之间的实体关系，使

〔1〕 参见宋维彬：“论我国检警关系之改革——兼评新刑事诉讼法对检警关系之修改”，载陈兴良主编：《刑事法评论》（第34卷），北京大学出版社2014年版，第87页。

〔2〕 参见刘利珍：“分析刑事诉讼中检警关系的现状与重构”，载《前沿》2014年第12期，第81页。

〔3〕 参见何家弘：“构建和谐社会中的检警关系”，载《人民检察》2007年第23期，第17页。

〔4〕 参见刘计划：“检警一体化模式再解读”，载《法学研究》2013年第6期，第148页。

刑事警察成为检察机关的隶属部门，侦查权完全归属于检察官，刑事案件办理过程中检察官居于绝对的主导地位，积极主动指挥侦查，警察作为检察官的辅助官员，处于完全受支配的地位，被动地接受检察官的指挥。强调检警一体化并非取消公安机关或将其合并到检察机关之中，而是在保留检察机关和公安机关整体设置的前提下，对它们在刑事追诉活动中的关系进行新的调整和规范。〔1〕应当说，检警一体化将检察机关和警察部门间的配合发挥到了极致，无疑有助于提高追诉效率，但现今我国理论与实务界真正赞同检警一体化的学者并不占多数。〔2〕

另一条改造路径是构建检察引导侦查的侦诉协作模式。在此模式下，检察官指导警察的犯罪侦查活动，并不是说检察官可以居高临下地向警察发号施令，而是要形成更加和谐的检警合作关系。在这种合作关系中，双方可以更好地发挥各自的专长，形成优势互补。一般来说，警方侦查人员的专长在于调查取证和查缉犯罪嫌疑人，而检察官的专长则在于审查运用证据和适用法律规则。如果检察官可以在犯罪侦查的过程中而不是在犯罪侦查工作结束之后就具体案件中证据的采纳标准和采信标准向侦查人员提供指导性意见，特别是就证据的合法性和证明的充分性提供指导性意见，则可以提高案件侦查工作的质量，防止侦查工作步入违法的误区或者把案件做成“夹生饭”。2000 年最高人民检察院正式提出了以“检察引导侦查”作为加强侦查监督的新举措。随后，各地检察机关以此为指导，进行了有益的探索。这些实践探索尽管各有特色、各有创新，但所遵循的原则和基本的内容具有共同性，表现在以下方面：①以检察机关的侦查监督权作为合法

〔1〕 参见陈瑞华：《刑事诉讼的前沿问题》，中国人民大学出版社 2005 年版，第 517 页。

〔2〕 参见付凤、杨宗辉：“检察引导侦查与公诉引导侦查合理性辨析”，载《中国人民公安大学学报（社会科学版）》2013 年第 3 期，第 47 ~48 页。

性依据。如河南省周口市人民检察院进行的检察指导侦查试点，就明确提出其合法依据是检察机关的侦查监督权。②检察指导侦查的方式主要体现为检警工作关系的协调，手段表现为“建议、意见、讨论、沟通”等形式，并无法律上的约束力。如周口市人民检察院在“检察指导侦查”中遵循的原则是“参与但不干预，讨论但不定论，帮忙但不添乱”。③检察指导侦查的内容主要包括指导证据收集、提供法律建议、纠正违法侦查。④检察指导侦查规则、协议的制定及实施，以公安机关的同意并愿意配合为前提。〔1〕

不论是侦诉一体化模式，还是侦诉协作模式，基于公检法三机关关系原则“互相配合”的导向作用，检察机关对于公安机关的违法侦查活动常常不自觉地“心慈手软”起来。检察机关与公安机关之间的监督与被监督关系在实践中更多地被“互相配合、互相制约”关系所取代，二者之间的这种关系由此得以形成。该种关系忽略了制约的“递进性”，直接抑制了检察机关的法律监督职能，使原本虚弱的检察监督权在实践中难以发挥应有的制约作用。这样一来，我国刑事司法程序就成了“流水线型”的作业程序，检察机关的提起公诉和法院的刑事审判变成了确认侦查破案结果的一种仪式。〔2〕评价检警关系是否合理的标准应该是其是否具备有利于侦查程序运作目的实现的功能。〔3〕在现代刑事诉讼程序中，审判是中心环节，证据是否确实充分，犯罪事实是否存在，被告人是否有罪，只能在法庭审判中进行认定。虽然侦查人员在结束侦查工作的时候也要对案件事实作出认定，也要就被告

〔1〕 参见韩红兴：“刑事司法中检警关系和谐运行论”，载《中国人民公安大学学报（社会科学版）》2011 年第 1 期，第 29 页。

〔2〕 参见陈岚：“我国检警关系的反思与重构”，载《中国法学》2009 年第 6 期，第 111 页。

〔3〕 参见卞建林：“论我国侦查程序中检警关系的优化——以制度的功能分析为中心”，载《国家检察官学院学报》2005 年第 2 期，第 59 页。

人是否有罪的问题作出判断，但是这种认定和判断并不具有法律效力，最终还要看检察官能否在法庭上说服法官相信该被告人有罪。由此可见，就审判而言，侦查实际上是起诉的准备工作，是为起诉服务的一个环节，而且侦查工作的质量最终要表现为起诉工作的质量。在这种诉讼模式下，负责起诉工作的检察官自然要关心侦查工作的质量并在必要时加以指导。如果侦查工作的质量很差，检察官就很难完成起诉的任务。当然，检察官对于侦查质量不合格的案件可以拒绝起诉，但是如果对那些本应起诉的案件作出不起诉的决定，就会影响到整个刑事司法系统的功效。

由于侦查取证的基础性、封闭性、独立性和审查起诉的继后性、非同步性、案卷性，检察机关在审查起诉时，缺少发现、识别和纠正侦查违法行为的途径和方法，对消极侦查行为的监督依据不足，介入侦查引导取证的依据和手段不足。即便公诉人员发现侦查取证中存在不规范、不合法的问题，在决定是否排除时也常面临监督侦查与惩治犯罪的两难选择，有时不得不迁就一些不规范的侦查行为，甚至为侦查机关的不规范行为及结果背书。实践中这些问题的存在，如果处理不好，检察机关可能会被冠以冤假错案推手的恶名，或者招致打击不力的质疑。[1]因此，从发展的角度看，即便是将来我国对刑事审判前程序的诉讼构造进行了较大改革，警察的侦查活动可以受到来自法官和律师的较为有效的制约，基于完善追诉权主体内部结构和追诉职能的需要，也应当进一步强化侦诉关系中的制约机制。[2]为避免公安机关权力过于强大，改变侦查中心主义，需要加强对公安机关侦查权的控制，而检察机关作为法定的法律监督机关，加强其对公安机关侦

〔1〕参见苗生明："适应诉讼制度改革构建刑事指控体系"，载《检察日报》2015年3月4日，第3版。

〔2〕参见宋英辉："刑事程序中的检警关系完善构想"，载《人民检察》2006年第22期，第7页。

查权的控制是具有现实可行性的。构建以公诉为主导的刑事指控体系，加强对侦查的指导、引导和有效监督，也是检察机关适应以审判为中心的诉讼制度改革的客观要求。

三、侦审关系的重构

侦审关系是一个具有自身特殊规律和内在机制的研究领域，是决定刑事诉讼运行样态的中轴要素，是现代刑事诉讼审判中心主义实现的关键性一环。侦审关系具有动态性和转换性，在侦查阶段强调司法对侦查的约束，在起诉阶段强调审判与侦查的有条件绝缘，在法庭审判阶段强调审判独立，审判绝不依附于侦查。侦审关系在侦查、起诉和审判三阶段的不同样态，可以依次概括为“独立而不失控、阻隔而不阻断、受制而不依附”。这三种样态表达了侦审关系的基本内涵：第一，司法制约侦查；第二，法官预断排除。其中，侦审关系的核心要义是司法制约侦查。〔1〕司法必须对侦查予以一定程度的调控，否则，失控的侦查会导致起诉和审判难以进行，甚至会导致整个刑事诉讼的瓦解、崩溃。以上是刑事诉讼中侦查与起诉、审判之间关系的一般法理，可以说这些是现代法治国家的刑事诉讼制度都应遵循的，否则会给整个刑事诉讼程序带来极大的危害，造成刑事诉讼的结构失衡、功能错位。所谓结构失衡，是指整个刑事诉讼结构的重心偏向于侦查阶段，使得整个刑事诉讼以侦查为中心，起诉与审判反而为侦查服务，从而造成刑事诉讼的行政治罪化倾向。

我国的侦审关系在原则和规则层面存在着二律背反的状态。从原则层面看，根据公检法互相配合、互相制约的原则，可以逻辑地导出侦审之间是互相配合、制约的关系；但是从规则层面

〔1〕参见门金玲：“侦审关系论纲”，载《河北法学》2010年第12期，第140页。

看，除了法院在决定逮捕时由公安机关执行之外，侦审之间其实是一种既不配合也不制约的关系。实践中，侦审关系表现为后者。这种“无涉”状态造成了两大问题：第一，侦查工作失去司法权的控制，难以防范侦查权力的滥用；第二，法庭审判缺乏侦查人员的参与，无法满足庭审直接原则、言词原则和法庭质证的需要。这两大问题势必影响司法公正以及刑事诉讼法保障人权的目的与实现社会正义的功能的实现。无论是英美法系还是大陆法系，侦审之间既不是双向的互相配合制约关系，也不是无关系，而是二元化的配合制约关系，即在侦查阶段，是司法权对侦查权进行单向度制约的关系；在审判阶段，是侦查配合审判的关系。而德国的检察官、法国的预审法官和检察官，都是侦查权的法定主体，同样遵循直接、言词原则。当庭质证的机制既反映了侦查对审判的配合关系，也在客观上发挥对侦查的制约作用。这种特定的侦审关系，相当精妙与合理：其一，刑事司法不仅在审判阶段处于诉讼状态，在审前阶段也可以处于三方组合的诉讼形态。这就避免了仅由侦查机关与嫌疑人双方组合造成的主客体二元结构，防止将嫌疑人当作诉讼客体，有利于维护嫌疑人的辩护权，实现控辩平等。其二，真正兑现分权制衡的理念。将刑事司法权力在同一界面中切割，分为侦查权和司法权，使其共处于一个平面，相互形成必要的张力，否则，如果不同权力不在一个平面上，表面看似乎已经分权，但实际上各权（尤其是侦查权）在各自阶段依然是完整的权力，难以受到有效制约。为此，我国有必要建立由法院对侦查行为进行控制的司法审查机制，同时，确立传闻证据排除规则，确立庭审直接、言词原则，建构二元化的侦审关系，有效地对刑事侦查权力进行制衡，达到实现司法公正和保障人权的根本目的。[1]

---

〔1〕 参见江涌、殷一琪：“我国侦、控、审关系的五大误区及校正”，载《行政与法》2007 年第 3 期，第 113 ~ 114 页。

侦查对刑事诉讼来说具有基础性的意义。刑事诉讼的实体公正和程序公正所出现的问题主要产生于侦查阶段，因此，对刑事侦查措施进行司法审查，以预防、控制其产生不公正的问题，具有十分重要的意义。刑事侦查措施的司法审查是指：司法机关对侦查机关所采取的涉及人身、财产及公民相关权益的有强制性的措施予以审查并确定是否予以批准、认可的制度。司法权之于刑事侦查的审查并非目的本身，而只是实现目的的桥梁。有了这样的认识高度，完全可能使所建构的司法审查模式充分体现新时代的诉讼价值，满足在更高层次上保证惩罚犯罪与保障人权目标实现的需要。在讨论改革刑事侦查强制措施的审查模式时，重要的问题并不是原有的审查模式中有无裁判职能，而是由谁承担裁判职能。而“由谁承担裁判职能”的问题，绝不仅仅是个效果如何的问题，而且还是个正当性如何的问题。例如，人们提出“拘留、搜查、查封、扣押、监听等强制性（技术）侦查措施采用、实行的是公安机关内部审查，不能保证侦查活动的合法性、公正性”，因此，建议应由检察权和审判权对侦查活动进行审查时，对后续情况也需要保持高度的清醒：由审判权对侦查活动进行审查，改变侦查机关内部审查模式，改变审查主体与执行主体混为一体的情况，即使有益于“保证侦查活动的合法性、公正性”，也不表明“侦查活动的合法性与公正性”能够自动实现。另外，基于程序视角的分析，如果审判权在审查强制性措施之申请时，虽然基于程序公正要求，声明要保障被追诉方的程序性权利，但却不提供具体行使权利的机会，这样的审查程序同样无公正可言，那么审查程序主体的身份改为法官，对于刑事司法公正的实现又有何意义？〔1〕

---

〔1〕 参见王敏远：“论我国刑事诉讼中的司法审查——以侦查中的强制性措施的司法审查为例的分析”，载《贵州民族大学学报（哲学社会科学版）》2015 年第 1 期，第 160 页。

中国的刑事羁押也一直缺乏司法控制，一方面，这是指刑事羁押事前未经司法审查；另一方面，也是更加重要的，在刑事羁押之后，司法机关不能对刑事羁押的合法性进行审查。中国的刑事羁押事前未经司法审查，主要是指刑事拘留这种可达数天甚至数十天的较长时间羁押，仅由负责侦查的机关决定，事前无需经过司法机关的审查、批准。至于逮捕，事前虽说应经过法院决定或检察机关批准，但这种法院决定或检察机关批准是否属于司法控制，尚是个疑问。在法治发达国家，实行逮捕与羁押分离制度，逮捕只是捕获犯罪嫌疑人、刑事被告人到案的强制措施，至于捕后是否予以羁押，则由司法部门审查决定。我国则是逮捕与羁押合一，使得对刑事羁押的事后审查的重要性变得更加突出。显然，在这种体制中，逮捕之后对其进行相应的司法控制，更加有利于实现通过司法控制所欲达到的两个目标，即审查刑事羁押的合法性、减少刑事羁押措施的广泛采用。就此而言，对刑事羁押事前所进行的司法审查作用有限。因为，对刑事羁押的合法性和必要性的认识，逮捕之后的审查是事前审查所不可替代的，毕竟，事前审查所依据的材料因单方面来自于侦查机关而具有极大的片面性，使审查的公正性不可避免地受到影响。因此，在刑事羁押缺乏司法控制这一现状下，就中国而言，更应引起注意的是逮捕之后的司法审查。〔1〕

法官预断排除是侦审关系另一层面上的重要内容。现代刑事诉讼的裁判终局性和法官中立原则要求裁判者必须亲历审判，并在审判过程中得出裁判结论，而不能受既定侦查行为和侦查结论的影响，这样才能确保不偏不倚地作出裁判结论。法官预断排除就是要把关于案件的所有预断排除在法庭之外，保证法官以空白心境开始并进行审判，直至得出审判结论。根据刑事诉讼的运行

---

〔1〕 参见王敏远："中国刑事羁押的司法控制"，载《环球法律评论》2003 年冬季号，第 403 ~404 页。

规律，法官预断一般发生在三个阶段：一是侦查阶段。在侦查阶段法官由于司法制约侦查的需要而介入侦查，在对某些侦查行为进行批准、审查以及救济的过程中，或多或少地对案情产生先见。如何做到既能实现侦查阶段的司法审查，又能排除这一阶段给审判带来的预断，是刑事诉讼的关键。二是起诉阶段。源自审查起诉的需要，法官会对案件的证据、侦查过程和侦查结论进行初步评价，如果案件通过审查起诉进入审判，则在审查起诉过程中形成的对案件的初步认识会被法官不自觉地带到审判中来，并且影响审判结论。如何防止侦查结论直接进入法庭，是起诉阶段制度选择的重中之重。三是审判阶段。在案件进入审判阶段后，裁判结论作出之前，同样存在法官预断问题。如果法庭没有贯彻严格的直接、言词原则，允许侦查笔录“长驱直入”法庭，则法官裁判结论的作出很难摆脱侦查结论的影响。〔1〕在我国的法庭审判中，证据常不以实物形式出示，证言多不以口头方式作出，法庭审判充斥着大量的笔录，法官裁判结论得出的依据主要是公诉人提交的那些笔录卷宗。这样的法庭审判流于形式，裁判结论实际上就是对侦查结论的认定。故而，在重新调整侦审关系的视野下，对卷宗笔录的证据能力和证明力的判断关乎法官是通过法庭审判得出的裁判结论，还是仅仅是对侦查结论的认定。通过规定卷宗笔录不具有当然证据能力和证明力的法庭直接审查原则，通过警察出庭作证制度，确保法官对案件事实的认识建立在亲历和口头言词的基础上，确保“以审判为中心”的诉讼模式下裁判结论来自审判过程这一要求的实现。

四、 诉审关系的重构

诉审关系是承担控诉职能的控诉者和承担审判职能的审判者

〔1〕参见门金玲：“侦审关系论纲”，载《河北法学》2010年第12期，第146页。

之间的关系，这种关系既决定了诉讼的基本形态，也影响着辩护职能的存在与作用。起诉者和被起诉者之间的对立关系是天然的和不可改变的，因此，诉审关系的格局是指控诉者和审判者在诉讼中的相对地位和相互关系。该格局基本态势的决定性因素，也即该格局是否“理想”的决定性因素主要有两个：一是作为审判者的第三方与其他两方的相对关系；二是控辩双方的力量对比关系。理想的诉讼格局应呈现为等腰三角形，裁判者居于顶角，控辩双方则分别居于两个底角，诉审关系体现为等腰三角形的一边，它应与作为另一边的辩审关系等长。〔1〕《刑事诉讼法》修改后，强化了审判中的三角结构，增强了司法的统辖性，但是线形结构没有根本改变。〔2〕或者说，庭审阶段虽然有明显的“三角结构”的倾向，但属于从简单结构发展出来的畸形结构，集中表现为漠视被追诉者的程序利益、审前程序中处于中立地位的裁判者缺位、整个刑事诉讼过程中追诉权缺乏有效制约、被追诉者宪法性基本权利缺失而既有权利也得不到很好的落实等。〔3〕

加之历史传统和现实运行的原因，我国刑事诉审关系还呈现出复杂化的趋势：一方面，原来的超职权主义诉审模式并没有变动；另一方面，又增加了一些对抗制庭审的技术性规则。在司法实践中，这二者经常冲突，使得一些困扰多年的问题不仅不能得到彻底解决，反而增加了解决的难度。我国刑事诉审关系的特点具体包括：①诉审职能机关在机构设置上的分离。我国的检察院与法院是完全分开的，互不隶属。在诉讼职能上，检察机关负责

---

〔1〕参见卞建林：“诉审关系理想格局与程序规制”，载《检察日报》2013年6月18日，第3版。

〔2〕参见王敏远、彭海青：“《刑事诉讼法》修改中的若干疑难问题——‘《刑事诉讼法》修改疑难问题’研讨会综述”，载《中国司法》2007年第1期，第32页。

〔3〕参见孙记：“我国的刑事诉讼结构——一个亟待澄清的概念”，载《浙江社会科学》2008年第10期，第54页。

提起公诉，法院专司审判。但法院并不是消极被动的，法院在一定情况下可以主动开启审判程序，如可以主动提起再审。②实行以公诉为主、自诉为辅的起诉制度。由侦查机关立案、侦查终结的案件，必须交检察机关审查起诉，提起公诉是刑事诉讼中的一个独立阶段。除公诉以外，我国刑事诉讼中也有自诉形式。对于告诉才处理的案件和其他轻微的不需要侦查的刑事案件，被害人或者其法定代理人可以向人民法院起诉。自诉人在诉讼中享有广泛诉讼权利，可以同被告人和解，也可以在判决宣告前随时撤回起诉。③侦查手段广泛、多样，侦查权力强大，所受限制极小。在侦查阶段，司法审查机制缺乏，对涉及剥夺犯罪嫌疑人人身自由的拘留、逮捕等强制措施，也没有审判机关的监督。④检察机关是国家的法律监督机关，在庭审中享有审判监督权。根据宪法和法律的规定，检察院是国家的法律监督机关，不仅享有立案监督权、侦查监督权、执行监督权，而且还享有审判监督权，可以对法院的审判活动是否合法进行监督。⑤诉审双方的审前联系频繁。法官“提前介入”侦查、起诉的现象大量存在，尤其在一些重大、疑难的刑事案件中更是如此，法官产生预断在所难免。⑥法院依职权主动调查案件事实，享有广泛的庭外调查权。人民法院对刑事案件能否进入法庭审理阶段享有程序上的审查决定权。就法庭审理阶段而言，法院的职权也是广泛多样的，具有主导作用。〔1〕

上述诉审关系的倾向长期缺乏程序性抑制，尤其是对公诉机关和审判机关共同凌驾于被告人之上的诉审关系异化倾向非但缺乏抑制，反而还从立法和程序上予以了强化。〔2〕我国诉审两机关以打击犯罪为首要任务，相互间的合作要甚于权力制约，诉审间

---

〔1〕 参见黄文：“刑事诉审关系研究”，西南政法大学2004年博士学位论文，第94～96页。

〔2〕 参见卞建林、孙锐：“诉审关系论辩——兼论对诉审关系异化的程序性抑制”，载《环球法律评论》2006年第5期，第527页。

的合作行为常有。例如，以诉审协调规避法定程序，法院受“政策性司法”影响，等等。诉审机关表现出一体化的构造，在全能主义的观念形态之下，诉审分工更多具有形式表征的意义。诉审机关之间更多以一种彼此信任的心态强调互相配合，因而在各诉讼阶段表现出信息上的前后相继性和互补性。〔1〕诉审双方还利用在博弈中各自拥有的惩罚权力，形成一些注重配合的非正式制度，并通过相互实施来保证这些制度的稳定运行。注重配合的非正式制度存在且相对稳定，对线性结构有一种固化和强化的作用，线性结构可能被过分强化而更加难以改变，从而影响到诉讼结构的均衡。〔2〕其实，诉审机关在犯罪控制功能上存在一致，并不意味着诉审间要进行无原则的合作，规避程序理性的合作将会架空无罪推定、权力分立制衡、起诉法定等原则。〔3〕

对于诉审关系的重构路径，有观点认为，《决定》对包含审判权、检察权在内的司法权以及司法改革作出了一些全新表述，明确提出“确保依法独立公正行使审判权和检察权的制度”，首次将检察权和审判权在司法独立和司法公正的层面并列提及。从检察权、审判权运作的实证角度，应该更加重视司法运行中检察权的重要性。检察权与审判权的关系可作如下解析：一是宪法层面的检察权与审判权关系：国家权力分工关系；二是法律层面的检察权与审判权关系：权力分工关系、权力制约关系、权力交叉融合关系。〔4〕修改后的《刑事诉讼法》对公检法机关和辩护律

---

〔1〕 参见吴小军、董超：“刑事诉审合意现象之透视——以撤回公诉和无罪判决为样本”，载《人民司法》2011 年第 15 期，第 68 页。

〔2〕 参见苏祖川：“多次博弈背景下的中国特色刑事诉审关系——基于制度经济学的考察”，载《西南政法大学学报》2013 年第 6 期，第 36 ~ 37 页。

〔3〕 参见刘磊：“我国诉审关系的反思性检讨——从法社会学视野审视审检关系”，载谢进杰主编：《中山大学法律评论》（第 8 卷 · 第 2 辑），法律出版社 2010 年版，第 153 ~ 154 页。

〔4〕 参见石茂生：“检察权与审判权关系再检视——基于检察权审判权运行的实证研究”，载《法学杂志》2015 年第 2 期，第 101 ~ 102 页。

师在刑事诉讼中的权利和义务作了诸多调整。检察机关作为法律监督机关，与公安机关、法院具有单向法律监督和双向配合制约两种不同性质的法律关系。检察机关既要坚持履行法律监督职责，也要摆正侦诉审关系，把握好监督边界，依法接受制约。在加大侦查监督力度，适时介入侦查、依法引导取证的同时，又要防止过度介入，避免不当干涉侦查；既要尊重和支持法官在审判活动中的主导地位和权威，又要恪守审判监督职责；随着辩护律师权利的扩大，庭审控辩对抗程度必将进一步提高，检察机关更要尊重和保障辩护律师依法履职，形成控辩双方既相对又相容的良性、有序控辩关系。〔1〕

也有观点认为，诉审关系既是宏观问题，也包括技术性问题。宏观上，控审分离是司法史上的重要变革，改革应使刑事诉讼回归到诉讼轨道，体现出对诉讼规律的尊重。控审分离主要表现在办案体制上，法院应当中立，不能过分强调配合。我国诉审关系的改革应当彻底一些，实行起诉书一本主义，但要注意建立证据开示制度，保障辩护权行使。技术层面，现行《刑事诉讼法》存在的问题包括：一是起诉书效力问题基本上是空白；二是司法解释允许法院变更指控罪名，但是忽略了对辩方的权利保护。在诉审关系问题上，只有审判受控诉范围的限制，法院才能中立。具体可在修改《刑事诉讼法》时增加规定三方面的内容：其一，界定起诉与审判的关系，即起诉对审判的效力问题；其二，规定变更控诉的根据；其三，规定变更、追加控诉后，法官对控诉权的制约、对辩护权的保障。〔2〕“以审判为中心”可能使法院产生三个方面的变化：一是庭审实质化逐步加强，全面贯彻

---

〔1〕 参见孙谦：“关于修改后刑事诉讼法执行情况的若干思考”，载《检察日报》2015 年 4 月 9 日，第 3 版。

〔2〕 参见王敏远、彭海青：“《刑事诉讼法》修改中的若干疑难问题——‘《刑事诉讼法》修改疑难问题’研讨会综述”，载《中国司法》2007 年第 1 期，第 32 页。

证据裁判规则，增强庭审功能，逐步走向裁判由庭审起决定性作用；二是审判民主化加强，庭审对抗性加强，案件由指控到裁判的变数加大；三是定罪标准提高，无罪判决可能会增加。对起诉工作而言，面临的形势将非常严峻，尤其是作为基础的侦查工作不能完全适应指控犯罪的新要求，“一头粗一头细”的矛盾日益突出：一头是法院对证据的要求越来越高、对定案的标准把握得越来越严，而另一头是公安机关对刑事案件侦查取证的基础性工作没有根本性提高，导致处于承上启下位置的检察机关面临着一系列问题和困难。但是机遇与挑战并存具有历史的规律性，机遇也正是蕴含在挑战之中。“以审判为中心”要求进一步发挥庭审的核心作用，而庭审的主体是控辩审三方，缺一不可。虽然法官是庭审的主持者，但控方是主要的证据收集者和举证者，而公诉人是控方在法庭上的代表，在法庭上要唱主角，因此检察机关的地位也随着庭审地位的变化而“水涨船高”，公诉的地位和重要性必将日益凸显。〔1〕

“以审判为中心”的诉讼制度改革是诉讼模式的变化与革新。从控诉方的角度审视，“以审判为中心”将会引起诉审关系在以下方向的调整和明确：

第一，起诉环节的职能和工作模式将会发生变化，起诉裁量权要适度扩大。“以审判为中心”有利于充分实现程序正义，但其对诉讼资源和时间上的投入有很高的要求，这必然会在一定程度上影响效率。“迟到的正义是非正义”，公正和效率是现代诉讼的最大价值追求，为了更充分地实现程序正义，对刑事案件在审前进行科学分流、完善多元化的案件处理机制，是“以审判为中心”的应有之义。这就要求扩大检察机关的起诉裁量权，强化其审前调节职能，也进而引起检察机关在相关工作理念、方式等方

〔1〕参见苗生明：“适应诉讼制度改革构建刑事指控体系”，载《检察日报》2015年3月4日，第3版。

面的深刻变化。[1]

第二，积极构建以公诉为主导的刑事指控体系，提高公诉案件质量。“以审判为中心”确立后，“线性”诉讼模式下被淡化的指控质量控制问题将在很大程度上决定诉讼结果。因而，首先，要切实调整证据思维与理念，通过规范性文件、业务评价机制来推动检察人员牢固树立严谨科学的证据意识、客观的办案思维、严格依法办案的执法理念。坚决破除“重言词证据，轻实物证据”等与法律要求不相符的观念。自觉调整在审前便对案件证据形成定式化的认识，以及只重视在案证据、不重视全案证据等不当执法观念，真正形成审前收集、固定、保存、审查、运用证据均以指控质量为中心的工作格局。其次，站在夯实指控质量基础、尽可能减少诉讼风险的高度反思现行的侦捕诉三个环节之间的关系，通过构建更加高效、有力的侦查引导和侦查监督工作机制提升指控犯罪合力，通过侦监、公诉部门人员的引导和监督，推动侦查人员真正体悟证据缺陷、证据冲突、非法证据对诉讼结果的重大影响，使其更有针对性、更加规范地收集、补充、完善证据，注重证据体系的完整性，自觉抵制非法取证行为。再次，站在尽可能把诉讼风险过滤在审前程序的高度，重构审查起诉工作思路。完善并严格执行审查起诉环节的非法证据排除机制，坚持以排除合理怀疑的证明思维准确把握诉与不诉的尺度，通过充分保障诉讼参与人的合法权益，尽可能将程序瑕疵、证据不足导致的诉讼风险过滤在审前程序。最后，从庭审辩护实质化的高度，审视当前检察人员证明犯罪技能不足的情况及后果，实行证明犯罪责任逐层逆向倒逼机制。实化、细化立案、批捕、侦查终结、审查起诉环节的证明基本要求，坚持“证据、事实、法律适用不符合规范标准的案件不得向后一个环节推进”的办案理念。重构审查起诉工作职责与重心，突出证明犯罪准备工作在审

---

〔1〕 参见王守安：“以审判为中心的诉讼制度改革带来深刻影响”，载《检察日报》2014年11月10日，第3版。

查起诉环节的分量，推动传统的重书面审查、重犯罪指控的工作模式向重亲历性审查、重犯罪证明的工作模式转变，以有效的工作机制倒逼公诉人员提升指控质量的能力，通过层层把关倒逼指控质量。[1]

第三，建立健康、良性互动的检律关系。如广州市海珠区人民检察院不断完善检律沟通模式，在坚持严格规范文明司法的同时，注重探索实施高效、便捷的新举措，切实保障律师执业权利，加强控辩双方的平等对话交流，变检察机关唱“独角戏”为检律齐奏“交响乐”。首先，建立面向公众的案件查询机制，及时将公诉案件的受理、退查、延期、上调、管辖请示、移送法院等流程信息在该院门户网站上更新。根据查询到的案件信息，律师可通过电话或现场预约阅卷，也可以随时通过电子邮件、微博或微信预约。工作人员在收到预约阅卷申请后，根据工作情况合理安排阅卷时间，并以电话或电子邮件的形式告知预约律师，确保律师阅卷“永不落空”。其次，督促自侦、案管部门完善档案存储、律师来访备案、律师资格实质审核、部门间律师接待工作衔接等四项配套管理机制，定期对自侦案件的律师辩护情况进行实时、动态督察，扎紧制度篱笆防止“越界”。最后，组织召开检律座谈会，主动邀请辖区内的律师事务所负责人参观检务公开大厅、案件管理中心、纪检同步监督室等，并请他们对检察工作“挑刺找茬”，“零距离”交流促双向互动。[2]

从审判方的角度来看，推进以审判为中心的诉讼制度改革，凸显了审判的中心地位，诉审关系也应该进行相应的整合：

第一，确立科学合理的诉讼架构。在以侦查为中心的诉讼模式下，法院易于屈从于检察机关和侦查机关，甚至使法庭审理流

---

〔1〕 参见农中校：“指控质量应为审前程序的中心”，载《检察日报》2015 年 3 月 30 日，第 3 版。

〔2〕 参见报道：“从‘独角戏’到‘交响乐’，广州海珠：开启检律沟通新模式”，载《检察日报》2015 年 4 月 6 日，第 1 版。

于形式，难以发挥对案件事实的审核作用、对指控的证据的真伪鉴别的作用，辩护权难以充分行使，控辩关系完全不可能对等。以审判为中心的诉讼制度，强调审判在整个刑事诉讼程序中的核心地位，法庭审判环节得到强化，辩护权得以充分行使，控辩双方的对抗性加强，有利于防止冤假错案的产生。以审判为中心并不是对法院权威的简单肯定，而是强调公检法机关的办案应当遵循刑事程序法的要求，使侦查结果经得起法律检验；强调公诉机关有效发挥对侦查的引导和监督功能，以便于应对法庭审理检验。

最近庭审格局上出现的变化也反映出了司法机关对上述观念的确立。如媒体报道，被告人不穿黄马甲，不戴手铐，还可以就案件情况与辩护律师在法庭上进行交流沟通，这样令人耳目一新的庭审格局，首次出现在镇海法院一起普通故意伤害案的庭审中。与以往为被告人单独设席的“四方格”格局不同，此次庭审席位布局是审判台位于法庭正后方，公诉人席设在审判台前方右侧，被告人席、辩护人席并排设立，正好与公诉人席对立，形成一个“三角形”。庭审平稳有序地进行，公诉人举证，辩护人质证，双方各自发表意见，辩护人为被告人张某作了罪轻辩护，庭审结束后，法庭当庭以故意伤害罪判处张某有期徒刑 7 个月，缓刑 1 年。案件承办法官吴亚甫向记者介绍说，庭审中允许被告人与其律师同排并坐，更贴近刑事诉讼法“未经法院判决，不得确定任何人有罪”的司法理念，让被告人能及时与律师沟通，充分保障被告人的诉讼权利，同时强化了法官疑罪从无的审判观念。“我们希望通过庭审格局的改革试点从而推动刑事审判控辩平衡。”〔1〕

第二，突出庭审中心地位。这些年随着媒体的曝光，“行政干预司法”、“政法委协调办案”、“纪委指导办案”的例子不胜

〔1〕 参见陈东升：“镇海法院首试‘三角形’庭审格局推动控辩平衡，被告人不穿马甲不戴手铐与律师同席而坐”，载法制网，http://www.legaldaily.com.cn/Court/content/2015-05/07/content_6072832.htm?node=53949，2015 年 5 月 7 日。

枚举，这是对直接言词原则的破坏和对“以庭审为中心”原则的违反，许多冤假错案的产生也正是因为这些庭外因素的干扰。《决定》指出，未来我们改革诉讼制度就是要“全面贯彻证据裁判规则，严格依法收集、固定、保存、审查、运用证据，完善证人、鉴定人出庭制度”，注重证据的真实性、合法性和证据链条的完整性，确保庭审质量。“以审判为中心”就是要求事实证据调查在法庭，各方举证在法庭，定罪量刑辩论在法庭，法官裁判心证形成在法庭，最大限度防止庭前因素和庭外因素对法官的干扰，让庭审成为定罪量刑的主要和决定性阶段，让审判者的一切心证来自公开进行的法庭审理活动。真正使诉讼各方在庭上举证、在庭上说理，力戒庭审形式化、“虚化”，避免诉讼程序“空转”。〔1〕反思刑事审判，庭审虚化一直是一个大问题，庭审走过场的现象很普遍，甚至可以说是表演化。由于证人、鉴定人出庭作证制度远远没有落实，刑事法官长期以来形成了依赖侦查卷宗和笔录的办案习惯，开庭时通过宣读证人证言、被害人陈述、被告人供述等言词证据的方式进行法庭调查，并将其作为判决的基础。这样的庭审只是对侦查卷宗的审查和对侦查结论的简单确认，导致该查明的事实难以查明，非法证据难以被排除，案件疑点难以被发现，庭审认定证据、查明事实、定罪量刑的实质功能没有充分发挥，一些证据存有疑问的案件顺利通过审判，很容易造成冤假错案。法院要确保庭审在保护诉权、认定证据、查明事实、公正裁判中发挥决定性作用，真正做到所有证据都要在庭审中提出，所有言词证据都要由本人到庭陈述作出，所有与定罪量刑有关的事实都要放在庭审过程中调查。

第三，全面贯彻证据裁判规则。对证据的认识必须限于法庭，以证据调查为认知方式，依托证据链构建案件事实。在诉讼

---

〔1〕 参见程慎生：“推进以审判为中心的诉讼制度改革”，载《人民日报》2015年1月6日，第07版。

中，控辩平等不仅是地位平等、手段平等，而且是机会平等。参与者应有机会发表自己的意见、观点和主张，提出据以支持其主张的证据和论据，并拥有进行这些活动所必需的便利和保障措施，从而对裁判结果的形成有效发挥作用。现在很多刑事案件开庭时，都是宣读一下证言笔录，让各方发表一下意见，就认定有效，予以采信。但是这份笔录是不是证人的真实意思，制作笔录时证人有没有受到威胁、诱导，证人的证言前后是不是一致，不一致的是不是得到了合理解释，为何采信原来的证言而不采信后来的证言，或者为何采信后来的证言而不采信之前的证言等一系列需要回答的问题，如果证人出庭只是流于形式，都无从解决。所以，必须做好证人出庭工作，让证人当庭作证，并接受控辩双方的询问，从而进一步核实证言的真假。还要探索强制证人出庭作证的有关措施，解决证人出庭的费用补助以及人身保护问题，让证人出庭没有后顾之忧。非法证据是冤假错案的罪魁祸首，特别是刑讯逼供下取得的非法证据不排除，冤假错案就不可能得到根除。在排除程序上要实行“无因启动”，只要被告人或辩护人提出请求，就应当无因启动非法证据排除程序；[1]程序启动后，由侦查和公诉机关承担证明责任，并提供完整、连续的全程录音录像，还要显示讯问场所、时间及整个讯问过程，被告人被羁押时的入所健康检查情况记录等，必要时还应当由公诉机关通知侦查人员出庭作证，证明没有刑讯逼供、诱供等非法取证现象。经审查，只要存在非法取证可能的，就坚决予以排除。

---

〔1〕 参见张立勇：“庭审虚化易造成冤错案”，载《法制日报》2015年5月12日，第7版。

第三章

“以审判为中心”与刑事审判的完善

重构我国刑事诉讼主体关系是构建“以审判为中心”诉讼制度的基础，而重新认识并完善我国的刑事审判则是构建“以审判为中心”诉讼制度的重点和关键所在。以往的诉讼制度下，公检法三机关一体追诉犯罪，导致法庭审理内容方面奉行“卷宗中心主义”、“口供中心主义”，法庭审理方式则多为庭审形式化、走过场。“卷宗中心主义”、“口供中心主义”使得侦查和起诉中的问题难以被发现、难以被纠正；庭审虚化则使侦查和起诉的错误得以“顺利通过”审判。由此，侦查中的错误不仅一直延伸到了法庭审判阶段，甚至侦查的失误最终演化成为错误的判决。

本章通过对以往“以侦查为中心”诉讼制度下典型冤错案件的剖析，基于“以审判为中心”的基本要求，分三节分别对“以审判为中心”在重新认识审判职能、法庭审理的内容以及法庭审判的方式等方面的主要问题展开分析。基本观点是：在审判职能方面，首先应当落实实体公正与程序公正之诸项底线要求，在此基础上通过审判职能向审前程序的延展以及在刑事诉讼全过程中的辐射等方式，逐渐抬高我国刑事司法公正之底线标准，促进司法公正的实现；在法庭审理的内容方面，“以审判为中心”的诉讼制度下，法庭审理应当直面诉讼证据，而非侦查卷宗，在此基础上，进一步拓展法庭审理内容，通过非法证据排除审查等机制将侦查活动本身纳入法庭审理的范围；在法庭审判的方式方面，按照“以审判为中心”诉讼制度的要求，应当保障法庭审理和裁判职能的统一，庭审中应当保障控辩双方对于证据进行充分的展示、充分的质证，裁判文书应当围绕有争议的事实和案件疑点进行充分的说理。

第一节　对审判职能的重新认识

以往“以侦查为中心”的诉讼模式下，侦查机关在刑事诉讼中被赋予强大而广泛的职权，侦查、起诉、审判、执行被视为追诉犯罪的“接力赛”，审判者和控诉方被视为追诉犯罪的“同盟军”，刑事审判奉行“侦查卷宗中心主义”、“口供中心主义”，审判机关亦需“分担”追诉职能。因而，在案件事实不清、证据不足的情况下，审判机关往往弃守疑罪从无、控审分离等实体与程序公正之基本要求，对侦查、起诉方面存在的严重问题一味屈从、迁就，犯罪嫌疑人、被告人常沦为诉讼的客体，遭遇自由乃至生命被任意剥夺的悲剧。基于“以侦查为中心”转向“以审判为中心”的要求，根据公正审判的标准，我们需要重新认识审判的职能与使命，完善法庭审判程序，并以此在立法与司法层面保障司法公正，强化审判权威，克服审判之任意。

本节结合以往“以侦查为中心”诉讼制度下出现的典型冤错案件，根据“以审判为中心”的基本要求，对重新认识审判职能方面亟待解决的四个重点问题展开分析。基本观点是：现代刑事司法所要求的公正，不仅包括传统的实体公正，而且包括现代的程序公正。转向“以审判为中心”，首先必须落实实体公正与程序公正对于审判职能之诸项底线要求。在此基础上，通过审判职能向审前程序的延展（使审前程序中职权机关的活动，尤其是侦查活动得到有效的司法审查，以期从源头避免“侦查失控”）以及审判职能在刑事诉讼全过程中的辐射（参照国际公约关于人身保护令制度的规定，建立并完善审判机关对被羁押者的司法救济制度）逐渐抬高刑事司法公正的底线，构建文明、规范的刑事诉讼制度、程序，提升我国刑事诉讼规制职权、保障权利的能力和水平，以进一步促进司法公正。

一、 坚守最低限度的实体公正

从实体公正角度分析，审判的职能之所以需要重新认识，是因为“以侦查为中心”的诉讼制度之下，审判迁就侦查、起诉，在案件事实不清、证据不足的情况下，法院却常常作出疑罪从有、疑罪从轻、疑罪从挂的判决。司法实践中冤错案件的审理反映出，审判机关若失去公正的立场，那么，被告人将遭遇自由乃至生命被任意剥夺的悲惨命运。下文以呼格吉勒图案、佘祥林案、刘志连案等典型的冤错案件为例证，分析揭示以往的诉讼制度之下，审判一味迁就侦查、起诉所造成的实体公正底线被屡屡突破的严重问题。同时，对于司法实践中相关的模糊观念予以澄清。

1996 年的呼格吉勒图冤案，不仅立案有问题，批捕有问题，[1]而且侦查、起诉阶段案件基本事实并未查清：其一，犯罪手段供述与尸体检验报告不符。其二，呼格吉勒图的血型为 A 型，其被定罪的“铁证”之一就是从其指甲缝内附着物检出 O 型

---

〔1〕 1996 年 4 月 9 日，呼和浩特市一女子被掐死在公厕内，呼格吉勒图等人发现后立刻报案。据 1996 年 4 月 20 日《呼和浩特晚报》上刊发的一篇题为《“四·九”女尸案侦破记》的文章报道：按常规，一个公厕内有具女尸，被进厕所的人发现，也许并不为奇。问题是谁发现的？谁先报的案？而眼前这两个男的怎么会知道女厕内有女尸？冯副局长、刘旭队长等分局领导，会意地将目光一齐扫向还在自鸣得意的两个男报案人，心里说，你俩演的戏该收场了。”由此，呼格吉勒图被抓。此后，在当地媒体以公安机关为单一消息来源的报道中均称，呼格吉勒图对其作案“供认不讳”。

人血，与被害人血型相同。但血型鉴定为种类物鉴定，该鉴定结论不具有排他性、唯一性，并不能证实呼格吉勒图实施了犯罪行为。在侦查阶段，警方虽然提取了受害者体内凶手所留精斑，但并未将呼格吉勒图的精斑与受害者体内的精斑进行对比。其三，呼格吉勒图的有罪供述不稳定，其有罪供述与其他证据存在诸多不吻合之处。但是，一审法院和二审法院对于这起案件基本事实都没有证据予以印证、被告人有罪供述笔录存在重大疑点的案件，却均从快、从重、从严作出、维持了有罪判决，最终铸成呼格吉勒图被冤杀这一无法挽回、无法弥补、无法原谅的冤案、错案。〔1〕

1994 年的佘祥林冤案，〔2〕警方在并未进行 DNA 检测的情况下就认定附近池塘发现的女尸为佘祥林妻子张在玉。在从 1994 年 4 月 11 日至 4 月 22 日这 11 天的审讯中，佘祥林供出了 4 种作案方式。警方认为第 1 种是假口供，第 2、3 种作案方式随后也被警方否定，佘祥林供述的第 4 种情况，被警方认定“符合案件客观事实”。1994 年 10 月 13 日，原荆州地区中级人民法院一审判处佘祥林死刑。湖北省高院于 1995 年 1 月 6 日对佘祥林案以“事实不清，证据不足”发回荆州地区中级人民法院重审。1995 年 5

---

〔1〕 1996 年 5 月 23 日，呼和浩特市中级人民法院认定呼格吉勒图犯流氓罪、故意杀人罪，判处死刑。1996 年 6 月 5 日，内蒙古自治区高院二审“维持原判”，核准死刑。2014 年 11 月 20 日，内蒙古自治区高院宣布，“呼格吉勒图案”进入再审程序。2014 年 12 月 15 日，内蒙古自治区高院对呼格吉勒图犯故意杀人罪、流氓罪一案作出再审判决，并向呼格吉勒图父母送达再审判决书，宣布呼格吉勒图无罪。再审判决书公布了呼格吉勒图被判无罪的理由：原判认定原审被告人呼格吉勒图犯故意杀人罪、流氓罪的事实不清、证据不足。对辩护人的辩护意见、检察机关的检察意见予以采纳，对申诉人的请求予以支持，经审判委员会讨论决定，依法判决原审被告人呼格吉勒图无罪。参见陈进红：“18 年冤案一朝得雪，内蒙古呼格吉勒图案再审无罪”，载《钱江晚报》2014 年 12 月 16 日。

〔2〕 1994 年 1 月 20 日晚，佘祥林妻子张在玉失踪。1994 年 4 月 11 日，湖北省京山县雁门口镇派出所接到报案称，在吕冲村附近一堰塘里发现一具女尸浮在水面上。参见刘炳路：“佘祥林案有罪推定全记录”，载《新京报》2005 年 4 月 14 日。

月8日，荆沙市中级人民法院以“主要事实不清、证据不足”退回原荆州地区人民检察院补充侦查。1995年5月15日，原荆州地区人民检察院将此案退回京山县人民检察院补充侦查。其后，京山县人民检察院要求京山县公安局补充侦查。1996年10月14日，由京山县公安局作出的“补充侦查报告”对为期一周的审讯定为“没有结果”。1997年10月8日下午，关于佘祥林案的协调会在京山县人民检察院召开。组织者为荆门市政法委，荆门市中院、荆门市检察院以及京山县政法委、京山县法院和京山县检察院的负责人均到席参加。此次协调会决定对佘祥林案降格处理，由京山县人民检察院向京山县人民法院提起公诉。1998年6月15日，佘祥林被判处有期徒刑15年，附加剥夺政治权利5年。佘祥林提起上诉，1998年9月22日，荆门市中级人民法院驳回佘祥林上诉，维持原判。〔1〕综上，佘祥林冤案经历了发回重审、补充侦查等数次程序回转，司法机关已经明确认识到该案存在“事实不清、证据不足”方面的明显问题。但是，即便是在这种情况下，一审法院、二审法院也均未遵循疑罪从无原则作出无罪判决，而是基于“疑罪从有”、“疑罪从轻”，数次作出有罪裁判。直至佘祥林前妻张在玉于2005年3月28日回到京山县家乡，2005年4月13日，京山县人民法院才纠正了7年前的错误判决。至此，佘祥林已被囚禁3995天。

刘志连案中，认定刘志连有罪的唯一证据是刘志连的有罪供述。〔2〕而刘志连认罪后又多次翻供，并写了多份无罪自述和被刑讯逼供的情况说明。案件被河北涉县人民检察院退侦后，证据方

〔1〕刘炳路：“佘祥林案有罪推定全记录”，载《新京报》2005年4月14日。

〔2〕2006年，刘志连所在村村支部书记的儿子陈锦鹏因服食毒鼠强死亡。2006年4月25日，河北涉县公安局对包括刘志连在内的16名怀疑对象进行了犯罪心理测试。刘志连做完测试后，刑警队工作人员告诉其丈夫贾忠海：你媳妇心理测试显示反应异常，有重大嫌疑。王鸿谅：“刘志连案：基层自治的权力恩怨与疑罪从无的司法僵局”，载《三联生活周刊》2011年8月16日。

面没有任何进展，没有足够定案的“直接证据”，一审法院开庭后拖了三年未作裁判。直到2009年6月，邯郸市人民检察院向邯郸市中级人民法院发了一份《纠正违法通知书》，大意是刘志连案“2007年3月31日已超过法定诉讼期限”。这份通知书发出之后两个月，2009年8月17日，邯郸市中级人民法院以故意杀人罪判处刘志连死刑，缓期二年执行。〔1〕

以上冤错案件在侦查机关侦查终结时，均未达到案件事实清楚、证据确实充分之法定要求。但是，在“以侦查为中心”的诉讼模式下，审判机关在案件侦查终结依然事实不清、证据不足的情况下，突破实体公正之底线要求，作出有罪判决，以致酿成了呼格吉勒图被冤杀这样无法弥补、不可原谅的大错。从“以侦查为中心”到“以审判为中心”，对于审判在维护实体公正方面的职责应当有新的认识和新的要求，应当认识到：在现代刑事诉讼中，对于一个案件，如果侦查阶段没有完成自己的使命（即侦查终结达到案件事实清楚、证据确实充分，依照法律的规定，应当追究刑事责任，然后移送起诉），审判阶段不可能完成侦查未完成的这个任务。法庭不是查清案件最好的地方，审判也不是破案的最佳时机。不同于侦查中的调查，法庭调查是在控辩审三方共同参与之下，通过法庭审理对于控方所提出的指供事实、证据以及其他相关情节等予以核实。如果经过法庭调查，发现案件事实不清、证据不足，法院的职责应是遵循疑罪从无原则，作出无罪判决。由此，审判所追求的实体公正只是基于审判职责的有限度的公正：如果案件事实清楚、证据确实充分，依照法律的规定应当追究刑事责任，法院当然应作出符合法律规定的有罪判决。否则，法院应遵循疑罪从无原则，坚守最低限度的公正，绝不能冤枉无辜。

实践中，实务部门有观点认为，“在思想上要进一步强化防

〔1〕 王鸿谅：“刘志连案：基层自治的权力恩怨与疑罪从无的司法僵局”，载《三联生活周刊》2011年8月16日。

范冤假错案的意识，要像防范洪水猛兽一样来防范冤假错案，宁可错放，也不可错判。错放一个真正的罪犯，天塌不下来；错判一个无辜的公民，特别是错杀了一个人，天就塌下来了。”〔1〕有论者评价：“此时所讲的错放与错判，只是一个现实危害性的权衡比较。当程序出现疏漏、证据出现瑕疵的时候，错放就有可能防止错案的发生，而错判则可能直接导致错案的出现。所以，才有了‘宁可错放，不可错判’的价值判断。这种价值判断，正好呼应了无罪推定的现代司法理念。”〔2〕笔者认为，在刑事诉讼中，审判是最后一道防线，也是坚守公平正义最坚固的防线，这道防线不可动摇、不能放弃。如果案件事实清楚、证据充分，依照法律规定应当追究刑事责任，法庭把被告人放掉是错放。但是，当控方在审前程序中出现严重疏漏、其提交法庭的证据出现严重疑问的时候，法庭对被告人作出无罪判决，正是其公正履行审判职能的体现。如果说有错，那也是控诉机关没有履行好自己的职责所导致的错误。而这种错放的说法体现出对审判职责定位还存有传统的“疑案从轻”的痕迹。现代刑事诉讼基于实体公正之底线要求，审判职能之基本定位应是遵循疑罪从无原则。疑罪从无，何错之有？

在佘祥林案、刘志连案中，为了协调检法关系以及追诉犯罪等目的，法院还凭借发回重审、撤回公诉等制度拒绝作出裁判，以此寻求检法两家的协调一致。实践中，有的案件存疑撤诉后检察机关又重新起诉，导致案件起诉后陷入没完没了的循环审判之中。由此，剥夺了被告人获得无罪判决的权利。有的二审法院认为如果不开庭有疑问，轻易改判又可能面临误判风险时，往往利

---

〔1〕 沈德咏：“我们应当如何防范冤假错案”，载《人民法院报》2013年5月6日。

〔2〕 刘桂明：“冤假错案究竟是什么?”，载 http://blog.ifeng.com/article/35195598.html，2015年3月24日。

用审级优势，将案件发回重审。[1]案件被发回重审后，被告人的处境非但没有得到改善，反而更加恶化——一些案件被反复发回重审，造成案件久审不决，严重侵犯了被告人的基本权利和自由。2012年《刑事诉讼法》修改后，我国撤回公诉制度、发回重审制度的基本规定并没有发生人们呼吁并期待的重大变化。因此，落实“司法是公平正义的最后一道防线”，坚守最低限度的实体公正，遵循疑罪从无原则，还应当在立法和司法层面严格限制发回重审和撤回公诉等制度的适用。

二、坚守程序公正之底线要求

现代刑事诉讼中，审判者应当秉持公正的立场，并采用符合司法程序公正的方法得到公正的裁判结果。而以往的诉讼模式下，审判者和控诉方被视为“同盟军”，审判者承担了其不能也不应承担的追诉职责。由此，在一些案件的审理中，审判者由于失去公正的立场，因而作出了错误的裁判。联合国《公民权利和政治权利国际公约》第14条第3项确立了刑事被告人在审判中所应享有的一系列“最低限度程序保障”。现代刑事诉讼在正当程序理念下也形成了一系列关于程序公正之底线共识。这些底线共识不仅反映了现代刑事诉讼发展的客观规律，而且体现了刑事法治的基本精神，刑事诉讼的制度及程序对其必须坚守，刑事审判职能的完善也应当对其予以一体遵循。下文就其要者进行简要分析。

（一）公正审判的要求

刑事诉讼中，控诉与审判职能应当由两个不同的诉讼主体分别行使，而不能由同一诉讼主体同时承担，此乃现代公正审判之基本要求。若没有控诉，法院不能主动审判案件。审判机关不能

---

〔1〕葛琳：“刑事诉讼程序回转现象之反思——以检察院‘退处’和二审法院‘发回重审’为研究范例”，载《西部法学评论》2010年第6期。

承担追诉职能，在控方未能完成其侦查破案的责任时，要审判者代为履行查清案件事实、收集确实充分的证据、证明被告有罪的义务，显然与审判之职责不符。我国宪法明确规定，人民检察院是国家的法律监督机关。就案件审查起诉之后的实体审判而言，检察机关可以对法院的审判进行诉讼监督。根据刑事诉讼法及有关司法解释的规定，在审判阶段，检察机关还拥有撤回起诉、补充侦查等权力。由此，审判阶段法院难以对公诉权进行有效的审查。我国刑事审判程序中违反公正审判基本要求，由审判者承担控诉职能的情形主要包括：其一，起诉指控的罪名与法院认定的罪名不一致的，法院按审理认定的罪名作出有罪裁决。我国《刑事诉讼法》对法院变更起诉罪名未作规定，人民法院变更起诉罪名的职权源于最高人民法院的司法解释。最高人民法院《关于适用〈中华人民共和国刑事诉讼法〉的解释》第 241 条第 1 款第 2 项规定："起诉指控的事实清楚，证据确实、充分，指控的罪名与审理认定的罪名不一致的，应当按照审理认定的罪名作出有罪判决"。法院变更起诉罪名并作出对被告人不利裁判之做法属于无辩而判、不诉而审，具有"突袭裁判"的性质，剥夺了被告人获得有效辩护的权利。在检察院提起公诉后，被告人及其辩护人的防御准备活动是围绕起诉书指控的罪名来进行的，在法庭审理中的辩护则更是以推翻或削弱起诉书指控的罪名为目标而进行的，法院对起诉书指控的罪名弃置不顾，直接通过判决确定被告人构成新的罪名，意味着被告人及其辩护人所作的防御准备和辩护活动全都成为无的放矢。比如，在 1999 年的"綦江虹桥案"中，检察机关指控的罪名为"玩忽职守罪"，法院在审判中变更罪名为"工程重大安全事故罪"。重新认识审判职能，法院应当恪守程序公正之底线，不得主动承担控方之追诉角色，不得通过变更罪名作出损害被告人辩护权、侵犯被告人基本权利的裁判。例如，最高人民法院《关于适用〈中华人民共和国刑事诉讼法〉的解释》第 243 条规定："审判期间，人民法院发现新的事实，可能影响定罪的，可以建议人民检察院补充或者变更起诉；人民检察院不同意或者在7日内未回复意见的，人民法院应当就起诉指控的犯罪事实，依照本解释第241条的规定作出判决、裁定。”这样的规定，体现了法院未能完全摆脱其“替代指控”的思维和做法。其二，《刑事诉讼法》规定的上诉不加刑原则在“重实体轻程序”观念的影响下常有被违反的情形，即在仅有被告人上诉，或者自诉人、控方提出有利于被告人的上诉或抗诉的情况下，二审法院改判加刑或将案件发回重审、重审加刑，甚至还通过启动再审程序规避上诉不加刑原则，对于被告人加重处罚。在以上情形中，法院承担了追诉者角色，违反了公正审判的基本要求，应予禁止。

（二）独立审判的要求

联合国《公民权利和政治权利国际公约》第14条对于公正审判权在司法组织方面的要求是提供独立和不偏袒的法庭之保障。独立审判的要求主要包括：其一，司法机构与司法职能独立于司法系统之外的任何权力。其二，同级法院之间、上下级法院之间在各自的管辖范围内相互独立。因而，法院对案件的审理与裁判要独立作出，免受上级法院或其他法院的干预影响。其三，法官独立对案件进行审理和裁判，不受其他任何组织、机构、个人的影响和干扰。在我国司法实践中，1958年第四届全国司法工作会议之后，党委审批案件的做法开始常态化。1960年中央发出《关于中央政法机关精简机构和改变管理体制的批复》，决定将公安部、最高人民法院、最高人民检察院三机关合并成一个机关，由公安部党组统率，开创了公安机关统领法院和检察院的体制，对后来三机关的关系产生重大影响。[1]公检法三机关一体追诉犯罪的司法体制之下，一些刑事案件的审判程序中，地方政府、党

〔1〕陈光中、魏晓娜：“论我国司法体制的现代化改革”，载《中国法学》2015年第1期。

委、政法委干预协调案件，决定案件裁判结果，架空审判程序，破坏司法独立，损害司法权威，由此导致冤错案件的发生。而审判委员会议决案件的制度以及院长、庭长等批复、过问案件的规定，在实质上也损害了独立审判，破坏了审判的合理性。上下级法院之间的疑难案件请示汇报制度成为司法实践惯例，并逐渐演变为一种“审与判分离”的裁判方式，成为一种司法的常态，架空了上诉权，规避了审级监督。我国刑事审判实践中“审者不判、判者不审”、“请示指导、先定后审”等做法违背了独立审判之基本要求，应予禁止。

独立审判在案件诉讼和审决的意义上要求法官个人独立，审判程序的设置应当基于保障庭审法官之客观判断、公正裁决，由此，责任应由庭审法官承担。十八届四中全会后，中央陆续出台《领导干部干预司法活动、插手具体案件处理的记录、通报和责任追究规定》、《司法机关内部人员过问案件的记录和责任追究规定》以及《关于完善人民法院司法责任制的若干意见》等旨在保障审判独立、维护司法公正的系列举措。以此为契机，我们应当按照现代刑事诉讼关于独立审判的基本要求，改革完善我国的审判组织与审判程序。

（三）保障辩护权的要求

重新认识审判职能，应当要求审判者在审判程序中充分保证被告人及其律师的辩护权。公正的审判，应当是有辩护律师广泛且有效参与的审判。尊重保障辩护权，有助于审判职能的充分发挥。因而，辩护质量的提高不仅是辩护律师的责任，也是刑事诉讼中职权机关的责任，尤其是法院的责任。在立法和司法层面，不仅应当严格禁止审判者承担追诉职能，而且还应当以审判职能的行使，保障辩护律师的会见权、阅卷权、调查取证权等基本权利得到落实；应该完善法庭的举证、质证、认证规则，通过保障律师有效辩护和确保法官居中裁判来达至控辩双方的平等对抗，使法庭审判真正成为刑事诉讼的中心环节。

“以审判为中心”，重新认识审判职能，应当对以往“以侦查为中心”的诉讼模式所产生的“控辩失衡”及由此导致的其他相关问题进行分析，并予以解决。侦查程序主要由侦查机关主导，即使法律规定辩护律师可以在侦查阶段介入诉讼，为当事人提供法律帮助，若无司法机关的有力支持，其在侦查阶段也难以发挥有效抗衡职权机关的作用。而在我国传统的刑事诉讼模式中，司法机关对处于侦查阶段的辩护方所能提供的权利保障方面的支持十分有限。审判程序中的“侦查卷宗中心主义”，又使辩护方的辩护权在审判阶段也很难得到有效的支持。比如，实践中，辩护人的阅卷权在一些案件中无法得到法院保障的情况时有发生。辩护人提出关键证人出庭作证等要求，主持庭审的法官满足这些要求的情况也十分罕见。刑事辩护在实践中不仅以往存在“三难”问题，而且，现实中存在法官“重公诉、轻辩护”，更愿意相信追诉机关的意见，因而，律师辩护意见在法庭审理中往往不被法官采纳也是刑事辩护的一个难题。尤其是对于排除非法证据的辩护意见，即使律师提供了一定的证据和线索申请法庭对非法证据予以排除，法庭也往往仅凭侦查机关或办案人员的“情况说明”就轻易否定控方非法取证之辩护意见，以至于出现刑事辩护不被重视的不正常现象，甚至我国刑事诉讼实践中时有发生“死磕派”律师与法院及庭审法官的冲突这一现代刑事诉讼中极为反常的现象。究其原因，主要是“以侦查为中心”的诉讼制度下，即使是在法庭审判阶段，辩护人也无法有效履行辩护职能所致。有司法机关负责人指出：“律师不与公诉人对抗，反而同主持庭审的法官进行对抗，甚至演变成了对手，律师要死磕法官，社会上有人说现在的律师与法官关系‘像雾像雨又像风’，深层原因在哪里？应当深入分析法院轻视刑事辩护、不尊重律师依法履职的问题，工作关系上有无存在重视法检配合而忽视发挥律师作用的问题，法官是否恪守了司法中立的原则和公正的立场……要充分认识到，律师是法律职业共同体的重要一员，是人民法院的同盟军，是实现公正审判、有效防范冤假错案的无可替代的重要力量。从防范冤假错案角度而言，推而广之，从确保所有刑事案件审判的公正性、合理性、裁判可接受性而言，辩护律师都是法庭最可信赖和应当依靠的力量。”〔1〕

三、 审判职能之延展： 确立审前司法审查制度

侦查程序在刑事诉讼中居于基础地位，法律赋予侦查机关广泛且强大的权力以便其完成刑事侦查任务。然而，侦查如果失控，其所产生的问题也极为严重。我国以往的诉讼模式下，主要依靠侦查机关内部的自我监督以及检察机关对于侦查活动的往往是事后的法律监督等制约机制预防“侦查失控”。〔2〕司法实践中冤错案件的诉讼过程充分说明，冤错案件一旦形成，平冤纠错极为艰难：审级监督、检察监督都很难对被追诉之人予以救济。因而，审判职能应当延展至审前程序，对侦查活动予以普遍而有效的制约，以期从源头预防“侦查失控”，从而保障实体公正与程序公正的实现。下文以胥敬祥案为例证，对于确立审前程序司法审查制度的必要性展开分析。

1991 年春节过后，河南省周口市鹿邑县杨湖口乡接连发生了十几起抢劫案。1992 年 4 月 13 日，胥敬祥被鹿邑县人民检察院批准逮捕，警方宣布连环抢劫案“告破”。胥敬祥被捕后，案件移交鹿邑县公安局预审股审理。承办此案的警督李传贵审阅胥敬

〔1〕 沈德咏：“我们应当如何防范冤假错案”，载《人民法院报》2013 年 5 月 6 日。

〔2〕 我国刑事诉讼法未将侦查活动和提起公诉活动纳入到第一审程序之项下，而是基于分工负责原则的要求，规定公检法三机关各管一段。立法层面，将审前强制措施中逮捕的批准权、决定权赋予了检察机关，将询问犯罪嫌疑人、勘验、检查、搜查、查封、扣押、鉴定、技术侦查等规定在侦查中，视为侦查措施。因而，审前程序的强制措施及侦查措施等均不受法院的司法控制。

祥案卷后，发现不少疑点。他随即向上级领导反映，认为胥敬祥犯罪事实不能得到证实，案件暂时无法移送起诉。但是，案件还是移送到了鹿邑县人民检察院。之后4年间，胥敬祥一案经鹿邑县人民检察院、周口市人民检察院先后7次退回公安机关补充侦查后，最终由鹿邑县人民检察院对胥敬祥提起了公诉。1997年3月7日，鹿邑县人民法院一审以抢劫罪和盗窃罪判处胥敬祥有期徒刑16年。期间，1993年7月，警督李传贵被举报故意抽调胥敬祥的材料、藏匿犯罪证据。同年11月，李传贵被以涉嫌徇私舞弊罪提起公诉。鹿邑县人民法院在审理后认为，检察院对李传贵的指控没有事实根据，宣判无罪，鹿邑县人民检察院随即提起抗诉。1995年8月28日，周口市中级人民法院终审裁定维持原判。1997年11月10日，李传贵一案依照审判监督程序被移交到河南省人民检察院，河南省人民检察院审查了李传贵案件的全部卷宗后，又把涉及胥敬祥案件的卷宗一起调来，最后认定李传贵不构成犯罪，而且认定胥敬祥没有上诉的抢劫案也存在重大问题。2001年3月，河南省人民检察院检委会经过3次讨论后，指令周口市人民检察院对胥敬祥案向周口市中级人民法院提出抗诉。5月27日，周口市人民检察院提出抗诉，认为有关证据自相矛盾，胥敬祥案一审判决实属错判。11月7日，周口市中级人民法院指令鹿邑县人民法院另行组成合议庭，重新审理此案。2002年4月，鹿邑县人民法院经过审理后裁定维持原判决，胥敬祥提出上诉。周口市中级人民法院经过审理，二审裁定维持原判。2003年5月12日，河南省人民检察院认为此案属错判，提出无罪抗诉，将案件抗诉到河南省高级人民法院。一年以后，2004年6月，河南省高级人民法院对胥敬祥一案公开开庭审理。检察官指出，法院认定胥敬祥伙同他人持械入室抢劫8次，至今所谓的4名同伙一个也没有查清；认定的作案凶器——利刃、枪支、铁棍等，一件也未能找到；从胥敬祥家中搜查到的35件物品中，没有一件能够确认为赃物；被告人口供和被害人陈述的事实经过，没有一项能相互吻合印证。所谓的8起入室抢劫案，属于无据可证的犯罪。该案在河南省高级人民法院审理了20个月。2004年12月，河南省高级人民法院下达裁定书，撤销一、二审法院对胥敬祥的有罪判决，以“胥敬祥犯抢劫罪、盗窃罪事实不清”为由，发回鹿邑县人民法院重新审理。2005年3月13日，河南省人民检察院作出决定，指令鹿邑县人民检察院撤回对胥敬祥的起诉，作不起诉处理，从检察环节终止了无限期的诉讼。2005年3月15日，鹿邑县人民检察院向胥敬祥宣读了不起诉决定书，胥敬祥当日被释放。〔1〕

胥敬祥案反映出，在对侦查活动的制约方面，以往的诉讼模式存在侦查机关内部制约机制天然不足以及外部制约缺失的严重问题。侦查一旦失控，不仅刑事诉讼的程序公正会遭受损害，而且实体公正也会遭受损害。此案历时近14年，经历了数次发回重审、多次退回补充侦查等程序上的反复。该案诉讼程序的反复倒流表明，此案案件质量（尤其是侦查质量）方面的严重问题当时已然被司法机关所认识，但是，由于侦查活动制约机制的缺失，导致案件的结果完全取决于侦查，而之后的起诉和审判，只不过是为侦查活动“背书”，盖上确认的图章。因而，即便司法机关已经认识到案件质量有严重问题，最终仍然酿成了错案。

司法实践表明，由强大且强势的侦查机关主导的审前程序，如果不能受到司法的有效制约，就会偏离现代刑事司法公正的基本要求。一些案件还反映出，公检法机关与案件结局产生利益关系，以致实践中只要是侦查机关意欲处罚或者需要处罚的那些犯罪嫌疑人就会被起诉和定罪。案件未经法院判决，公安机关已对侦破案件的有功人员作出嘉奖。案件未经法院判决，公检法机关

〔1〕 杨维汉：“迟到的正义——河南胥敬祥13年冤案纠错记”，载新华网，http://news.xinhuanet.com/legal/2005-07/28/content_3280493.htm，访问日期：2015年4月12日。

即对所追缴的赃款赃物进行实质性的处理，或者通过按比例返还的方式，将部分赃款作为办公经费，或者直接将赃款赃物据为己有、挪作己用。〔1〕公检法机关办案可以从赃款中提留经费的机制推动司法机关去“制造案件”，一些案子之所以无法平反就是因为已经把钱扣了。这种将办案经费与执法挂钩的财政制度是公检法机关为获取部门私利而滥用公权力、侵害当事人权利的重要诱因。〔2〕而“以审判为中心”对于侦查提出了较高要求，即不仅要求侦查机关破案，而且要求其收集到确实、充分的证据证明其确实破了案，甚至还要求其以刑事诉讼法所规定的合法的方式履行其侦查职能。要从“以侦查为中心”转向“以审判为中心”，我们可以借鉴法治发达国家的做法，建立搜查、扣押、逮捕的司法令状制度等强制性侦查措施的司法审查制度，〔3〕将审判职能延伸到审前阶段，使审前程序中职权机关的活动，尤其是侦查活动得到有效的司法制约，进而从源头遏制司法不公，促使侦查活动能经受得住公正审判的检验。在立法体例修改方面，刑事诉讼法

---

〔1〕 陈瑞华：“留有余地的判决——一种值得反思的司法裁判方式”，载《法学论坛》2010 年第 4 期。

〔2〕 李克难：“‘案款提留’：一个不能说的秘密”，载共识网，http://www.21ccom.net/articles/zgyj/gqmq/article_20140228101357.html，访问日期：2015 年 4 月 12 日。

〔3〕 刑事诉讼中的司法审查是指在刑事诉讼中每一将严重影响个人自由的措施均应得到一名独立而又无偏见法官的授权，该名法官的职责是，核实采用这项措施是否有足够的法律基础、案件的具体情况是否严重到必须作出批准这项措施之裁定的程度。强制侦查的司法审查原则一般要求在本案实体问题判决以前对强制侦查行为进行两次审查：第一次是事先的司法授权审查或者事后的司法确认审查，第二次是开庭审理以前或者法庭审理过程中根据被告人以侦查违法为由提出的排除证据申请进行的合法性审查。参见何家弘主编：《刑事司法大趋势——以欧盟刑事司法一体化为视角》，中国检察出版社 2005 年版，第 283 页。从法治国家的经验来看，司法审查原则包括司法授权和司法救济两个方面。遵循司法审查原则的要求，西方法治发达国家普遍确立了司法令状主义和非法证据排除规则等程序性法律后果。参见孙长永：“强制侦查的法律控制与司法审查”，载《现代法学》2005 年第 5 期。

应以法院为中心，以审判程序为主线，将侦查活动和提起公诉活动纳入到第一审程序之下，接受法院的司法审查。

四、 审判职能之辐射： 确立人身保护令制度

以往的诉讼制度下，基于破案便利的需要，侦查机关倾向于采用任何“有效”的手段，而不管这种手段对于公民权利有怎样的影响，也不管这种手段是不是符合法律规定的条件和要求。我国刑事诉讼不仅羁押率高，而且实践中存在超期羁押、错误羁押、变相羁押、久押不决等严重问题。近年公布的审判机关作出留有余地判决的冤错案件中，都有对于被追诉之人的超期羁押、错误羁押。以福建省为例：2013 年被释放的吴昌龙，被无辜羁押达 12 年；2014 年被释放的念斌，被错误羁押达 8 年；此外，黄政耀贪污案从 2002 年立案侦查到 2015 年 5 月 18 日福州市中级人民法院二审宣判黄政耀无罪，黄政耀经历了 4 次被拘捕、4 次又被取保候审、1 次被网上追逃、1 次被监视居住；而 1996 年的陈夏影案曾历时 10 年，福建高院两次发回重审……2015 年 5 月 29 日，福建高院再审宣判陈夏影无罪，〔1〕陈夏影被羁押的时间长达 19 年。〔2〕

---

〔1〕 福建高院再审审理后认为：本案缺乏与原判认定的黄兴、林立峰、陈夏影绑架杀害被害人事实相关联的客观性证据，3 名被告人所作的有罪供述的真实性不能确认，原判认定黄兴、陈夏影有作案时间的证据不确实、不充分，原判认定的其他证据亦缺乏相应的证明力，全案证据不能形成完整、排他的证明体系。原判事实不清、证据不足，依法应予以纠正，原审被告人黄兴、林立峰、陈夏影不构成绑架罪，不承担刑事附带民事赔偿责任。参见田国垒：“福建高院判决黄兴等 3 人不构成绑架罪”，载《中国青年报》2015 年 5 月 30 日，第 3 版。

〔2〕 1992 年海南陈满案：截至目前，陈满已被羁押 23 年。2015 年 4 月，最高人民法院指令浙江省高级人民法院异地再审此案。1994 年河北承德陈国清等 4 人抢劫案：10 年间，案件经历 3 次发回重审，4 名被告人被超期羁押，至 2004 年才作出终审判决。而截至目前，陈国清等 4 人坚持无罪申冤已达 21 年。

《公民权利和政治权利国际公约》第9条第3款规定：“任何因刑事指控被逮捕或拘禁的人，应被迅速带见审判官或其他经法律授权行使司法权力的官员。”联合国《保护所有遭受任何形式拘留或监禁的人的原则》第11条规定：“任何人如未及时得到司法当局或者其他当局审问的有效机会，不应予以拘留。被拘留人应有权为自己辩护或依法由律师协助辩护。”第9条规定：“逮捕、拘留某人或调查该案的当局只应行使法律授予他们的权力，此项权力的行使应受司法当局或其他当局的复核。”我国宪法、刑事诉讼法均明确规定国家“尊重和保障人权”。为保障公民的基本权利和自由不受任意剥夺和侵害，羁押应当受到严格的法律规制。不同于侦控机关的追诉职能，审判机关的职责是实现审判的公平正义的要求，而不是达到有效破案追诉的要求。为彻底解决我国刑事诉讼中错误羁押等严重问题，遵循羁押法定、程序保障以及比例性等三大底线原则之要求，应当参照上述国际公约的规定，将司法机关的审判职能辐射到被羁押者司法救济领域，尽快确立我国刑事诉讼中的人身保护令制度，从而维护实体公正和程序公正之底线。具体而言，应当允许因受到刑事指控而被长期羁押的人向法官申请人身保护令，从而获得保释；人身保护令既可以适用于对未决羁押的审查，也可以被用来解除那些被定罪者的羁押状态；所有上级法院都有权通过接受申请并下达人身保护令的方式，对下级法院所作的涉及羁押个人的裁决进行司法审查（羁押违反刑事诉讼法，可以向上级法院申请人身保护令；羁押违反宪法，可以向最高人民法院申请人身保护令）；等等。

第二节 法庭审理的内容

以审判为中心的诉讼制度与以侦查为中心的诉讼制度的差异，是“全方位”的。其中，法庭审理的内容就完全不同。人们将以往的刑事诉讼实践中常见的“卷宗中心主义”称为侦查中心主义的诉讼模式，其原因之一就是这样的法庭审判主要是围绕着侦查案卷进行。而以审判为中心的诉讼制度则要求法庭审理直面诉讼证据。法庭调查、控辩双方的质证都应直接针对诉讼证据，而非侦查卷宗。在这个意义上可以说，审理内容体现了诉讼模式。同时，审理内容与审判方式之间也存在密不可分的关系，甚至可以说，有怎样的审理内容，就有怎样的审判方式。

“卷宗中心主义”使法庭审理的内容完全移位，围绕着侦查所形成的卷宗进行，而放弃了法庭审理本应直面的证据本身。其之所以被人诟病，被斥之为侦查中心主义的诉讼模式而予以否定，是因为其在实践中存在诸多弊端。例如，侦查卷宗本应只是侦查过程的一种记录形式，却被奉为诉讼的圭臬，甚至法庭审判也以此为据，这使侦查因此决定了诉讼的结果。实践表明，“卷宗中心主义”不仅使侦查中的问题难以被发现，更使其难以被纠正。因此，易于导致侦查中的错误延伸到法庭审判中，甚至侦查失误最终演变成为错误的判决。

在这个意义上可以说，以审判为中心的诉讼制度，在法庭审理的内容上，将与“卷宗中心主义”完全不同。需要进一步明确的是，这种法庭审理内容的不同不仅体现在法庭审判如何对待侦查卷宗的差异上，而且以审判为中心的诉讼制度将法庭审理的内容作了拓展，即法庭审理不仅限于针对案件的事实和证据，还通过非法证据排除的审查等程序，将侦查活动本身纳入到法庭审判的范围。审理内容的这种变化，决定了法庭审判的方式也将发生相应的改变，并使诉讼制度体现以审判为中心的要求。

本节我们将通过案例揭示以往法庭审判的“卷宗中心主义”存在的诸多问题，分析其原因及其对公正审判的影响，提出并论证以审判为中心的诉讼制度改革对法庭审理内容所提出的要求。

一、 审理内容局限于侦查卷宗问题分析

法庭审判的"卷宗中心主义"之所以存在需要彻底改革的问题，是因为侦查卷宗是可以"做"得很完美的，即使实际的侦查十分糟糕。但这种糟糕的情况，在"卷宗中心主义"的审判中是难以被发现的，即使被揭露，也难以被纠正。我们试以浙江张氏叔侄被冤一案中的相关情况为例进行分析。

从已经揭露的情况来看，发生在2003年的这起冤案的形成原因复杂，但侦查失误无疑是基础性的原因。同样重要的是，这种失误在制作"完美"的侦查卷宗里难以被发现。

在2006年4月13日中央电视台一期名为"无懈可击聂海芬"的节目里，〔1〕侦办此案的杭州市公安局刑侦支队预审大队大队长聂海芬〔2〕在她所办理的诸多案件中，选了张氏叔侄杀人案介绍自己的办案心得。而现在的情况表明，当年这件她最得意的案子，却是一起轰动全国的典型冤假错案。节目中聂海芬反复提到的破案心得，令人印象深刻："主要还是完善证据，让证据更为客观，一些关键的细节，会让案件更加地客观真实……人刚刚到案，处于惊魂未定的状态下，经过突审，开口了，两个人都讲了。"〔3〕然而，尸体上没有犯罪嫌疑人张辉、张高平的精斑。〔4〕

---

〔1〕 该节目属中央电视台第12频道《第一线》栏目"浙江神探"系列报道之一。

〔2〕 据该节目介绍，聂海芬是杭州市公安局自1960年以来唯一荣获全国"三·八红旗手"称号的女民警，经她审核把关的重特大恶性案件，移送起诉后无一起冤假错案。

〔3〕 这里所谓的"突审"，后来被张辉、张高平一致指出采用了刑讯逼供方式。

〔4〕 另外，侦办此案的聂海芬在节目中也讲到："两名嫌疑人是在12吨解放大汽车驾驶座上实施的强奸，可技侦人员几乎把整个车厢都翻找遍了，没有能找到这方面的痕迹物证。"

法医提取了死者王冬的指甲里的残留物做 DNA 鉴定，虽然是男性的 DNA，但却与两名犯罪嫌疑人无关。对当时案件证据与侦查对象的如此明显的差异，她却完全忽略，这是该案的侦查所存在的严重问题。更严重的问题是，预审工作本应包括查明案件事实和判断有罪无罪两项主要职能，而在犯罪嫌疑人的口供没有 DNA 证据支持，应当作出无罪判断的情况下，聂海芬的做法却是只顾“查实”，忽略证伪。她所有的侦查方法，都是冲着证明嫌疑人有罪供述的合理性而去的。比如，在 DNA 鉴定已明确指向与张氏叔侄无关的情况下，仅凭有罪供述，两名犯罪嫌疑人依旧被聂海芬认定有重大犯罪嫌疑。对此，她的“弥补”方法是，通过违反侦查程序的指认和侦查实验，使两人的口供与公安勘查报告相吻合。〔1〕比如，基于两名嫌疑人的供述，聂海芬用“推理”串连各种细节，然后想方设法加以“印证”。该案的再审判决表明，二人的有罪供述系侦查过程中警方使用“牢头狱霸”袁连芳诱逼作出。又如，对于该案最关键的矛盾点——尸体上没有张辉、张高平的精斑，死者王冬的体内找不到任何被强暴的依据，聂海芬的解释处理是：“抛尸的现场有水，即使本身强奸之后体内是留下物质的，一夜的水冲过以后，也有可能把被害人体内的这些强奸的痕迹冲掉。”最终，聂海芬将这起在侦查环节错漏百出的案件，通过卷宗做得几乎“天衣无缝”，“弥补”了侦查及证据缺漏

---

〔1〕 聂海芬在节目中介绍，随着办案的推进，两名嫌疑人的口供差异点越来越多。比如，张辉讲，他实施强奸是在汽车的前排，当时叔叔是在后排；而张高平讲，实施强奸时他们三个人同时都在前排。张辉讲，实施强奸时，把被害人的上衣全脱了；而张高平讲，只脱了裤子，衣服没有脱。于是，聂海芬组织了一场在当地人大代表见证下（聂海芬说，请人大代表见证可以保证指认过程的客观真实性）的嫌疑人指认，并安排民警现场做侦查实验，以使口供与公安勘查报告相吻合。而张辉、张高平指出，由于他们根本不知道自己的“犯罪”地点和过程，因此“指认现场”不得不进行了三次，而“指认”期间，见证的人大代表根本就没下车。林卿颖：“绞尽脑汁办了一件‘无懈可击’的错案预审员聂海芬：‘女神探’冤不冤”，载《南方周末》2013 年 5 月 16 日。

的关键环节。经过聂海芬对关键环节的精心处理，该案的侦查卷宗显得非常“完美”。此案反映出我国刑事诉讼中，侦查机关甚至可以将一个证据严重缺漏、侦查中存在严重失误的案件，通过侦查卷宗“做”成铁案。而以这样的侦查卷宗作为法庭审理与判决的依据，后果不堪设想。

二、法庭审判“卷宗中心主义”使侦查中的问题难以被揭露

法庭审判的“卷宗中心主义”之所以需要彻底改革，是因为这样的审判使错漏严重的侦查十分轻易地通过法庭审判的“检验”，最终酿成冤案。上述张氏叔侄杀人案是一典型，下文试以念斌案为例对此进行分析。

2006 年 7 月 27 日晚，福建省福州市平潭县澳前镇食杂店店主丁云虾的三个孩子和房东陈炎娇母女等共五人，共同吃了“青椒炒鱿鱼”后相继出现中毒症状。28 日凌晨 2 点 30 分至 5 点，丁云虾的儿子俞攀和女儿俞悦相继死亡。警方现场勘查后立案。进入现场后，警方首先锁定的嫌疑人并不是念斌，而是丁云虾店铺楼上的一个邻居，并在其家中搜出四包老鼠药和一瓶液体老鼠药。此人案发前与死者一家有矛盾，调查时晕倒在地、浑身抽搐。经初步调查，警方认为投毒者是直接将毒物投到丁云虾和陈炎娇两家共同吃的“青椒炒鱿鱼”里，作案时间是 2006 年 7 月 27 日下午 1 点 40 分到晚上 6 点前。中毒者吃剩下的“青椒炒鱿鱼”等食物和楼上邻居家搜出的老鼠药被送到福州市公安局进行化验，现场提取的一百多件物品，也被送往福州市公安局进行检验。法医对死者进行解剖检验后，也迅速将死者的“胃内容”、“胃”、“肝脏”、“心血”、“尿液”等送往福州市公安局进行检验。警察翁其峰到现场后，对现场的十多个门把毫无兴趣，只“看中”并抠下了念斌的门把送去化验。福州市公安局很快对门把作出了一个分析意见，倾向于认定门把上含有氟乙

酸盐成分。警方并未公布“青椒炒鱿鱼”、死者“肝”、“胃”和“胃内容”等的化验结果，而是公布死者的“心血”、“尿液”和垃圾筐内的呕吐物中发现剧毒物——氟乙酸盐。于是，丁云虾楼上的邻居被排除出警方的侦查视线，念斌成为该案的犯罪嫌疑人。

实际上，念斌的门把上并没有检验出氟乙酸盐毒物，也并无证据证明死者是死于食用含有氟乙酸盐的食物：经福州市公安局化验，现场遗留的死者吃剩下的“青椒炒鱿鱼”的汤汁以及“酱油煮杂鱼”和地瓜稀饭等吃剩下的食物中并没有氟乙酸盐毒物；警方也并没有在死者的“胃内容”、“胃”和“肝”里检出氟乙酸盐。而胃里、肝里都没有氟乙酸盐，怎会从“心血”、“尿液”中检出氟乙酸盐？“胃内容”里没有氟乙酸盐，怎会从“呕吐物”中检出氟乙酸盐？死者死于氟乙酸盐中毒的检验结论是警方用两张假图造出来的：警方用实验室里的氟乙酸盐标准样品制作一张质谱图，复制成两份，一份写上死者俞攀呕吐物的对照标样，一份写上“俞悦尿液”，这样俞悦的尿液里就“检出氟乙酸盐”了。然后，警方又用一份来历不明的含有氟乙酸盐毒物的物品制作两张质谱图，一张写上“俞攀呕吐物”，一张写上“俞攀心血”，这样俞攀的“心血”和“呕吐物”也就“被”检出氟乙酸盐了。导致“一图两用”的严重问题。

念斌被4次判处死刑，法院认定其有罪的“王牌证据”是警方向法庭提交的用来证明念斌的有罪供述是“自愿认罪”的审讯录像光盘。该光盘在10分55秒处存在非常明显的“断点”，这个关键的“断点”正是念斌从不招供到招供的“节点”，即念斌被迫招供后，警察教他供述如何购买鼠药、如何投毒的过程。警方为了掩盖非法审讯，采用“调包”手段，将一盘没有断点的录像光盘，贴上与提交给法院的录像光盘同样的标签，送往公安部进行鉴定，骗到了公安部出具的没有“断点”的鉴定书。并把公安部的鉴定书交给法院，以此证明审讯录像光盘没有“断点”。〔1〕警方为了给念斌定罪，隐匿了鱿鱼等关键物证，并拒绝对鱿鱼等关键物证作出任何说明；隐匿了现场遗留的吃剩下的鱿鱼等食物的照片和录像，并且在现场勘查笔录中对此只字不提。在现场照片中，警方小心地拿掉与吃剩下的食物有关的照片；将45分钟的现场录像剪掉23分钟，裁掉现场与剩余食物有关的关键部分，将残余录像提交法院；篡改作案时间（念斌没有作案时间，警方将作案时间修改为7月26日深夜、27日凌晨）；将作案手段从将毒投在鱿鱼里改为投在水壶里（7月26日深夜丁云虾的公公还没送来鱿鱼，念斌无法作案）；将陈炎娇和丁云虾的证言隐匿（二人最初所作的证言是使用红色塑料桶里的水制作的鱿鱼和稀饭，并不是用水壶里的水），并重新制造出若干份与念斌“作案”相对应的虚假证言；同时，又通过假装送检“壶水”、“高压锅”和“铁锅”等物品，再由福州市公安局出具从“铁锅”、“水壶里的水”和“高压锅”里检出氟乙酸盐毒物的检验报告，完成给念斌定罪的“铁证”，伪造“壶水”、“高压锅”和“铁锅”的检验报告。〔2〕

综上，念斌案中警方通过刑讯逼供获取念斌有罪供述之后，以造假的录音录像证明其有罪供述的自愿性，采取修改作案时间、隐匿证人证言、隐匿物证等方式伪造、隐匿关键证据，并以这些虚假鉴定、非法证据组成了近乎“完美”的侦查卷宗。而法庭审判的“卷宗中心主义”状况下，这份近乎“完美”的侦查卷宗轻易地通过一次次法庭审判的“检验”，最终酿成又一起令人

〔1〕 迫于各方压力，警方终于在2014年6月25日的庭审中出具情况说明，承认其移送给法院的审讯录像光盘在10分55秒处存在中断。而在这个断点处，审讯录像整整中断了“两个小时”。参见张燕生：“念斌案，令人震惊的真相”，载 http://blog.sina.com.cn/s/blog_52f113450102uxu8.html，访问日期：2015年5月1日。

〔2〕 张燕生：“念斌案，令人震惊的真相”，载 http://blog.sina.com.cn/s/blog_52f113450102uxu8.html，访问日期：2015年5月1日。

震惊的冤案。即便是2013年修改后的《刑事诉讼法》生效后，该案中被告方的专家辅助人也只能仅就中毒的典型特征以及检验流程等内容，寻找案件的可疑之处。直至2013年7月，控方提供了之前一直未提供的相关检验报告和鉴定意见，使法庭审判因此可以直面证据本身，事情才有了根本转变。根据2012年《刑事诉讼法》的新规定，辩方聘请的多位资深毒理专家作为专家辅助人参与诉讼，根据控方提供的鉴定材料，发现了检材质谱图雷同、未作空白对照检验以及不符合认定毒物的行业通行标准等严重的错误，并在庭审前后均针对控方提出的理化检验报告和法医学鉴定意见等提出多份专家意见，揭示了控方的虚假鉴定等严重侦查错误问题……最终，2014年8月福建省高级人民法院二审开庭审理后，念斌获得无罪判决。

三、 侦查本身应当作为法庭审理的内容

我国立法层面对于非法取证行为始终持否定态度。〔1〕然而，以往的诉讼模式下，法庭只是针对指控的事实及其依据进行审理，因此，侦查本身是游离于法庭审理范围之外的，而这极易使存在严重错漏的侦查逃过审判的制约。而以审判为中心的诉讼制度要求将侦查本身作为审理的对象，一旦出现诸如申请非法证据排除等情形，侦查行为，尤其是侦查过程中收集证据的合法性问题，就是审理的当然内容。

侦查中心主义的诉讼模式中，法院的中立性不够，加之担心证据排除后会造成对犯罪的放纵，影响自身考核等，以及基于与检察院关系的考量，法院对刑讯逼供亦有一种默认的心态。实践

---

〔1〕 宪法方面，我国宪法规定了公民的基本权利，为认定非法取证行为提供了宪法基础；以往刑事诉讼立法方面，1979年《刑事诉讼法》第32条以及1996年《刑事诉讼法》第43条都规定了严禁刑讯逼供和以威胁、引诱、欺骗以及其他非法的方法收集证据；刑法方面，现行《刑法》第247条亦规定了刑讯逼供等罪名。

中，侦查机关通过非法方法收集证据，侵犯公民基本权利的情况时有发生。司法实践中的冤错案件均与侦查机关刑讯逼供、非法取证，凭借虚假证据对犯罪嫌疑人进行追诉有关。从1999年发生的杜培武案中，可以发现，即使有相应的证据，在以侦查为中心的诉讼模式中，法庭也会对十分明显的非法证据问题视而不见。

杜培武案一审时，在公诉方出示的全部证据中，唯一能够把杜培武与犯罪现场的物证联系起来的“证据”只有杜培武在审前的有罪供述。在是否作案的问题上，杜培武多次反复。其中，承认作案的审前供述有6份，否认作案的审前供述有5份。若加上没有笔录的，否认作案的审前供述份数就更多。但是，检察机关起诉书所列证据中，却只选用杜培武的有罪供述。辩护人在庭审时对此提出疑问，指出：“从讯问笔录的整体上看，公诉机关所出示的是第4次和第9次的供述材料，那么第1、3次杜培武是如何供述的，第5、8次又是怎样供述的，是否也是有罪供述……从4份供述材料所记录的时间上看，几次供述时间集中在7月1日至7月10日，在长达8个月的关押时间里，只有这一期间杜培武作了有罪供述。这一期间杜培武处于何种精神状态，是否有被刑讯逼供、引诱、威胁等情况存在，不能不让人质疑……4份供述中所表述的情况相互矛盾，如杀人的过程、弃物的地点、杀人的手段、杀人的时间、杀人的地点均不一致，故这样的供述不能采信……”[1]辩护人在庭审时还指出，侦查机关虚构现场“刹车踏板”、“油门踏板”上有足迹附着的泥土的证据，误导侦查视线。侦查机关的现场勘查笔录及现场照片仅仅记载该车离合器

〔1〕殷红：“无罪辩护——记杜培武案的律师刘胡乐”，载《中国青年报》2001年9月12日；刘胡乐、杨松：“杜培武故意杀人案二审辩护词”，载 http://blog.sina.com.cn/s/blog_614bb7480100exhm.html，访问日期：2015年5月1日。

踏板上附着有足迹遗留泥土，根本没有“刹车踏板”及“油门踏板”上也附着有足迹遗留泥土的记载，如此一来，由警犬用杜培武鞋袜气味和“刹车踏板”、“油门踏板”上附着的足迹遗留泥土作气味鉴定，并且结果是“警犬反应一致”就存在一个致命的问题——这“刹车踏板”及“油门踏板”上的泥土是怎么来的?〔1〕但是，法庭对此并未予以审理查明。而在1999年1月5日杜培武案一审第二次开庭时，法庭上杜培武要求公诉人出示驻所检察官拍摄的其身体被殴打的照片。公诉人说照片找不到了。杜培武解开衣服，从裤子里扯出了血衣。审判长让法警收起血衣，说“不要再纠缠这些了”。在强烈求生欲望驱使下，杜培武高声申辩：“我没有杀人！我受到了刑讯逼供!”审判长却说：“你说没有杀人，你拿出证据来。”由于法庭没有对于杜培武当庭翻供以及辩护人与杜培武所指证的侦查机关刑讯逼供、非法取

---

〔1〕辩护人指出，侦查机关取证存在程序违法，现有的证据不能作为定罪量刑的依据，在客观方面没有证据能够证明杜培武实施了故意杀人行为：①杜培武没有作案时间。②公诉机关说不出明确的发案地点，指控杜培武在车内杀人不成立。③即使气味鉴定取证程序合法，由于嗅源没有与被害人王晓湘的气味进行鉴别，加上市公安局两条警犬一条肯定、一条否定的鉴定结论，无法说明杜培武是否到过车上，更无法说明其在车上杀人。④杀人凶器——被害人王俊波自卫手枪至今去向不明。这只有两种可能：一是杜培武不如实交待，二是杜培武根本不知道枪的去向。公诉机关既然当庭说杜培武过去的交待是老实的，那么就只有后一种可能：杜培武没有作案，因而不知枪的去向。案件中需要证据说明的一些情况，没有任何证据能够说明，可见本案基本事实不清。在一份向昆明市中级人民法院提交的《陈述书》中，杜培武指出“公安人员违法办案”，对他进行刑讯逼供；指出公诉书“指控证据不足”，并着重就所谓衣袖上的“射击残留物”及“附着泥土”予以说明：衣袖上的“射击残留物”是年前参加打靶时留下的，而他又有不洗衣服的习惯。如果真是他作案，并且如起诉书所说，作案后将“手枪及二人随身携带的移动电话、传呼机等物品丢弃”，为何不把留下“射击残留物”的衣服丢弃呢?至于“附着泥土”，杜培武认为他衣服上的泥土与本案没有内在联系，只有表面近似的联系，不能充分肯定本案中的泥土就是他衣服上的泥土。因为“泥土”如果只是“类同”，则不能作为作案的证据使用。彭显才、施家三：“杜培武错案的前前后后”，载人民网，http://www.people.com.cn/，访问日期：2015年4月12日。

证、恣意制造证据等情况予以审核，而是迁就、屈从于侦查和起诉，在案件基本事实不清、证据不足的情况下对杜培武定罪宣判，一起轰动全国的著名冤案最终酿成。〔1〕

佘祥林、赵作海等冤错案件纠错后，2010 年我国颁布的“两个证据规定”初步确立了我国刑事诉讼中的非法证据排除规则，由法庭对侦查过程中收集证据的合法性进行审查，旨在规制侦查机关的非法取证行为。但是，实践中非法证据排除遭遇重重困难，难以激活。实践中，辩护人提出非法证据排除的申请，法庭要进行一定的调查，甚至要花费精力进行庭外调查，辩护人还会要求调看录像，还可能需要传唤侦查人员出庭，不仅加大法官的工作量，而且让法官直接面对否定侦查机关证据的压力。对启动非法证据排除程序，法院多有抵触、排斥情绪，有时甚至会粗暴地驳回申请。“程序一旦启动，意味着法庭审判过程中出现了一种新的审判模式。”〔2〕激活非法证据排除程序需要律师的勇气和诉辩技巧，也考验着法官的勇气和智慧。在 2011 年章国锡案中，可以发现，即使程序规则层面规定了法庭有权对于侦查过程中收

---

〔1〕 殷红：“无罪辩护——记杜培武案的律师刘胡乐”，载《中国青年报》2001 年 9 月 12 日；刘胡乐、杨松： “杜培武故意杀人案二审辩护词”，载 http://blog.sina.com.cn/s/blog_614bb7480100exhm.html，访问日期：2015 年 5 月 1 日。在杜培武案一审判决书［（1998）昆刑初字第 394 号］中，昆明市中级人民法院认为：“公诉机关指控被告人杜培武犯有故意杀人罪的证据内容客观真实，证据充分，采证程序合法有效，其指控事实清楚，罪名成立，本院予以确认。被告人杜培武当庭未实施杀人行为的辩解纯属狡辩，应予驳斥。”

〔2〕 张有义：“‘排雷’非法证据”，载《财经》2011 年 11 月 6 日。在 2011 年 9 月 22 日浙江省湖州市吴兴区人民法院褚明剑案的一审庭审中，公诉人宣读起诉书完毕，法官准备按惯例宣布进入质证阶段。辩护律师斯伟江在此时要求法官启动非法证据排除程序。法官略有迟疑，在斯伟江陈述相关法条后，法官宣布休庭。之后又经过两次休庭，律师和法官就此问题相持不下。法官喊来法警，斯伟江律师遂退庭表示抗议。此后，斯伟江律师将褚明剑的《关于刑讯逼供情况的反映》发于自己的博客，引起了舆论的关注，触动了当地政法高层。2011 年 10 月 17 日此案再次开庭时，法官直接启动了非法证据排除程序。

集证据的合法性进行审查，“以侦查为中心”的诉讼模式不发生转变，司法实践中法庭排除非法证据仍然极为艰难。

2011年4月，在被称为“非法证据排除第一案”的章国锡受贿案一审庭审中，被告人律师出示了2010年7月28日章国锡的体表检查登记表，表上载明：章国锡右上臂有小面积的皮下瘀血，皮肤划伤2厘米。章国锡说，当时挨打了。对此，检察院矢口否认，并递交了一份有侦查机关盖章和侦查人员签名的关于依法办案，没有刑讯逼供、诱供等违法情况的说明。庭审中，检方还以“审讯录像涉及机密问题，当庭播放不利于保密”的理由，拒绝了辩方要求当庭播放审讯录像的要求。经过3次公开开庭审理，2011年6月20日，宁波市鄞州区人民法院认为，根据《关于办理刑事案件排除非法证据若干问题的规定》的相关规定，控方在庭上提交的证据不足以证明侦查机关获取被告人章国锡审判前有罪供述的合法性，即章国锡审判前的有罪供述不能作为定案的依据……而宁波市中级人民法院二审审理却认为，章国锡审判前的供述应作为证据采用，其收受贿赂的事实清楚，证据确实、充分，以受贿罪判处章国锡有期徒刑2年，对章国锡违法所得7.6万元予以没收。针对前后截然不同的判决书，章国锡二审辩护律师斯伟江指出：“二审判决根本没有分析章国锡的伤是怎么造成的，对于我们提出的4天4夜的审讯是否涉嫌刑讯逼供，也没有分析”。斯伟江还指出二审庭审质证环节的一个细节：“证人当庭说谎被戳穿。”当斯伟江问证人：“你是不是被连夜审讯到第二天?”证人表示没有。随后，斯伟江拿出了一份提审记录，证明该证人确实是被连夜审讯的，他有作伪证的嫌疑。[1]但是，法庭对于辩护律师排除非法证据的程序性辩护主张并未予以

---

〔1〕 裘立华：“备受网络关注的章国锡受贿案终审判决”，载 http://www.zj.xinhuanet.com/newscenter/2012-07/19/c_112476656.htm，访问日期：2015年4月20日。

审查。

实践中，侦查人员采用非法手段取供，但也不可能每次讯问时均采用非法手段。在看守所的审讯室，或者在全程录音录像监控的条件下，非法审讯实施受到限制。因此，侦查、控诉机关常常避开可能引起争议的供述笔录，而以审讯人与被审讯人之间有物理隔离或有监控条件的审讯笔录作为定案依据。考虑到这一点，同时虑及我国刑事司法体制的特点和实践中的教训，凡是确认或不能排除采用使嫌疑人、被告人在肉体上、精神上剧烈疼痛和痛苦的非法方法获取口供的，其后续口供即使没有继续采用这种方法，也不能使用。这种情况下，司法机关只能以其他证据证明被告人犯罪。〔1〕

根据2012年《刑事诉讼法》以及最高人民法院、最高人民检察院司法解释的规定，目前我国已就非法证据排除的启动方式、初步审查、正式调查、证明责任、证明标准、救济方式等作出规定。但实践中，当辩护方提出排除控方非法证据的申请时，控方会要求辩护方举证控方的非法取证行为，而法庭通常会支持公诉人的意见。即便依照法律的规定应予以排除的情形，有些法庭也没有排除。例如，有论者调研指出，某法院审理江某受贿案，被告方以受到刑讯逼供为由要求排除非法证据，在公诉机关提供了同步录音录像和入所体检表以后，法院认定没有刑讯逼供行为，但判决书又称：被告人及辩护人没有提供江某受到刑讯逼供的充分证据，故该辩护意见本院不予支持。这显然与《刑事诉讼法》第57条的规定不符。〔2〕今后，有待辩护人与法庭基于辩

〔1〕 龙宗智：“我国非法口供排除的‘痛苦规则’及相关问题”，载《政法论坛》2013年第5期。

〔2〕 孙长永、王彪：“审判阶段非法证据排除问题实证考察”，载《现代法学》2014年第1期。作者调研指出，从法官的现实办案需要来看，最好所有的被告人都能在法庭审理中表示认罪，他们不希望因为被告人不认罪而导致法庭查证负担过重，更不希望被告人或者辩护人提出排除非法证据的申请。

护职能与审判职能的需要，凭借自己的勇气、良知和智慧，协作努力，通过个案激活我国的非法证据排除规则，以发挥其在维护司法公正底线方面不可替代之功效，促进我国刑事诉讼之审理内容向“以审判为中心”发生转变。

四、 口供的自愿性问题应当纳入法庭审理的内容

在以往的诉讼模式中，犯罪嫌疑人、被告人供述和辩解（即口供）作为法定证据中的一种，极受重视，并且，主要只是重视其“真实性”。犯罪嫌疑人、被告人在选择作出有罪供述或者无罪辩解方面经常受到强迫。侦查人员在侦查阶段以刑讯逼供、威胁、引诱、欺骗以及其他非法方法获取犯罪嫌疑人口供的情况时有发生，口供的自愿性难以得到保障。基于对侦查应当依法进行的要求，以及刑事诉讼中人权保障内容的增加，供述的自愿性应当纳入审理的范围，作为审理的内容。侦查期间的口供的自愿性问题是否纳入法庭审理的内容，可以作为诉讼制度是否“以审判为中心”的标志。

以往的司法实践表明，忽视供述的自愿性而强调其所谓的“真实性”，后果严重。基于追诉职能，侦控机关讯问的出发点通常是获取、巩固有罪供述。即便讯问主体发生变化，但职能一体之波及力仍会延续。因而纵然有多份有罪供述笔录，亦未必反映了犯罪嫌疑人、被告人的真实意思。在我国司法实践中频频发生的冤错案件中，审前常有多次认罪供述，有的被告人即使到法庭上也未翻供，因为已经被“打怕了”。比如，佘祥林案件中，其在侦查阶段的有罪供述多达四五种，内容各不相同。从侦查卷宗中可以看到，1994 年 4 月 11 日至 4 月 22 日，11 天的审讯之中，佘祥林供出了四种作案方式。警方认为第一种是假口供，第二、三种作案方式随后也被警方否定，佘祥林供述的第四种情况，被

警方认定“符合案件客观事实”。〔1〕2009年河南赵作海冤案被纠错后，当年该案的侦查人员被追责，在庭审中赵作海回忆了如何被迫作出有罪供述的情况：“到公安局以后，天天都问我赵振裳是不是我杀的，不承认就打我，天天问我，天天打我。还对我说：承认了就不打你了。有四五个人打我，在打我时，有人喊一个叫李德领的，我只记得他的名字，其他就不知道了，就这样我就承认杀了赵振裳……还有人说：‘再不承认，我落黑用车拉出去你，一脚把你跺下去，就说你逃跑了，一枪打死你！’就这样，我实在受不了了，生不如死，就承认杀赵振裳了。有一个20多岁的年轻人，他记录得多，基本上都在场，打我时他也在场。他们写好后念给我听，问我是不是这样？我要说不是就又开始打我。我受不了了，就给他们说，您只要不打我，愿写啥写啥，我都按手印。这样承认以后，就不怎么打我了。后来因为头和胳膊找不着，又开始打我了，因为我没有杀赵振裳，实在不知道头和胳膊在什么地方，就开始编。找不着，回来还打，实在没有办法了，我就说烧了。我说烧了以后，基本上就不打我了……”〔2〕“以侦查为中心”的诉讼模式下，法庭将未经审查的卷宗口供笔录作为定案的根据，是最终导致审判程序失守、铸成冤错案件屡

〔1〕 佘祥林在申诉材料中指出，其被刑讯的10天11夜的痛苦滋味并不是每个人都能理解的，其鼻子多次被打破后，侦查人员将他的头残忍地按到浴缸里，他几次因气力不足喝浴缸里的水呛得差点昏死……其被强迫长期蹲马步，侦查人员还用穿着皮鞋的脚猛踢他的脚骨……不停对他进行毒打、体罚与认罪提示。为避免酷刑的折磨，佘祥林编造了寻找妻子回家途中在关桥水库碰到妻子并作案的口供。

〔2〕 河南省开封市龙亭区人民法院判决书［（2011）龙刑初字第72号］。该判决书中还载有几名被告人关于对赵作海实施刑讯逼供的供述：“被告人郭守海的供述——我们讯问组分成三班对他进行讯问，全天不间断讯问，中间不让赵作海休息。我和李德领审讯赵作海时，赵作海讲不清，不承认杀人的事，李德领用小木棍敲赵作海的头，这个情形我在场。……被告人周明晗的供述——我5月8日傍晚到的现场，到了9号傍晚给赵作海宣布拘留，然后就开始分组突审。……突审前开会时，丁中秋局长讲到，要树立信心，案件不会错，嫌疑人就是赵作海。并安排两个人一班，每班8小时轮流讯问，不得休息。……”

屡发生的重要原因。

2012年《刑事诉讼法》规定了“不得强迫任何人证实自己有罪”的一般原则；[1]第54条规定了：“采用刑讯逼供等非法方法收集的犯罪嫌疑人、被告人供述……应当予以排除。”[2]但是，《刑事诉讼法》第118条依然保留了关于“犯罪嫌疑人对侦查人员的提问，应当如实回答”的规定，目前羁押场所仍旧隶属于公安机关，侦查机关的侦查活动仍然有14天至37天的拘留期限的保障。我国《刑事诉讼法》第121条规定：“侦查人员在讯问犯罪嫌疑人的时候，可以对讯问过程进行录音或者录像；对于可能判处无期徒刑、死刑的案件或者其他重大犯罪案件，应当对讯问过程进行录音或者录像。录音或者录像应当全程进行，保持完整性。”2012年最高人民检察院《人民检察院刑事诉讼规则(试行)》第75条第1款规定：“在法庭审理过程中，被告人或者辩护人对讯问活动合法性提出异议，公诉人可以要求被告人及其

〔1〕不得强迫自证其罪原则是现代刑事诉讼的一项基本原则，该原则赋予犯罪嫌疑人、被告人刑事诉讼的主体地位。不得强迫自证其罪是落实无罪推定原则的基本要求，也是刑事诉讼中犯罪嫌疑人、被告人权利和自由获得保障的基础。联合国《公民权利和政治权利国际公约》第14条第3款规定了被刑事指控的人应当享有的最低限度的权利保障，其中第（庚）款规定，“不被强迫作不利于他自己的证言或强迫承认犯罪”。我国2012年《刑事诉讼法》第50条规定：“审判人员、检察人员、侦查人员必须依照法定程序，收集能够证实犯罪嫌疑人、被告人有罪或者无罪、犯罪情节轻重的各种证据。严禁刑讯逼供和以威胁、引诱、欺骗以及其他非法方法收集证据，不得强迫任何人证实自己有罪。”

〔2〕我国《刑事诉讼法》规定：“犯罪嫌疑人对侦查人员的提问，应当如实回答。”立法层面规定如实供述的义务意味着：其一，犯罪嫌疑人对于侦查人员的讯问不得拒绝回答（逻辑上分析，犯罪嫌疑人必须如实陈述的前提就是犯罪嫌疑人必须陈述）；其二，犯罪嫌疑人应当如实回答侦查人员的讯问，不能提供虚假供述。据此规定，对侦查人员的提问，犯罪嫌疑人既丧失了虚假陈述的自由，也丧失了不陈述的自由，只能“如实回答”。实践中被剥夺了沉默权的无辜者们无法保持沉默，只能编造虚假口供。《刑事诉讼法》第54条对于口供的排除仅仅列举“刑讯逼供”一种方法。采取这种立法模式的主要原因是，“威胁、引诱、欺骗”的方法与侦查审讯的“谋略”容易发生混淆，因此职权机关坚持在立法层面不宜不加区别地一律作为非法证据予以排除。

辩护人提供相关线索或者材料。必要时，公诉人可以提请法庭当庭播放相关时段的讯问录音、录像，对有关异议或者事实进行质证。”但是，录音、录像的完整性缺乏有效措施予以保障。因而，实践中侦查阶段口供中心、刑讯逼供等现象依旧存在，犯罪嫌疑人要想拒绝回答侦查人员的提问是非常困难的。

2014年河北王玉雷案中，批捕阶段审查证据材料时，检察官蔡文凯却发现了一些问题——口供和物证都有疑点。公安机关移送的案卷显示，王玉雷讯问笔录共有9次。蔡文凯说，在这9次笔录中，前5次均为无罪供述，后4次为有罪供述，且在有罪供述中，王玉雷对作案工具有斧子、锤子、刨锛三种不同供述。“尸体照片显示，王伟的致命伤口呈‘U形’，而王玉雷供述的三种工具均不能与‘U形’作同一认定。”蔡文凯说。公安机关也未能查清王玉雷作案工具及其作案时所穿衣服的下落。带着这些疑点，蔡文凯与顺平县人民检察院副检察长付亚辉一道，于2014年3月18日前往看守所，对王玉雷进行了提讯。见到王玉雷后，检察官们发现，王玉雷右臂打着石膏、缠着绷带。而对检察官有关伤情形成的疑问，王玉雷极力回避。“他一再表示‘记不清了’。”蔡文凯说。这次提讯，王玉雷坚持说自己杀了王伟，但被问到“作案工具和衣服去哪了”时，他却前后不一致：对于作案工具，一会儿称被擦净血迹后放回家了，一会儿又称被扔到河里了；对于衣服，先称拿到村里桥下烧毁了，后又称洗净后放回家了。“当时我们都觉得王玉雷的精神状态不好，看起来很紧张。”付亚辉回忆说。从看守所回来，付亚辉和蔡文凯都觉得“事有蹊跷”，认为公安机关在讯问犯罪嫌疑人时可能存在违法行为。回到检察院后，付亚辉和蔡文凯专门就此案向顺平县人民检察院检察长曹金耀作了汇报。听完汇报后，意识到情况复杂，曹金耀决定和付亚辉、蔡文凯一起，再次前往看守所提讯王玉雷。这次提讯，检察机关对整个过程进行了同步录音录像。记者观看当天的讯问录像发现，王玉雷绑着白色绷带，一开始仍作有罪供述。

“胳膊咋回事？咋弄的？”曹金耀问。王玉雷断断续续地回答：“以前摔过一次……后来又被门给挤了……”曹金耀接着问：“上哪去挤的？在哪里挤的？”王玉雷沉默了一会儿说：“我忘了……”检察官对其讲：“你这个案子要经过公安、检察、法院三道关。我们检察院不光听公安的，也不光听你的，所以请你放开对我们讲……你有没有实施这个（杀人）行为？”“当时所有的证据都指向我，我咋整？”说着说着，王玉雷开始哭诉。“没有。我说实话，我没有杀人。我确实没有杀他。”视频中，王玉雷一边哭一边斩钉截铁地否认自己杀人。这次提讯，王玉雷否认自己杀人，并称之前之所以作有罪供述，是因为“被打了”。顺平县人民检察院随即向保定市人民检察院汇报了案情，引起保定市人民检察院的高度重视：副检察长彭少勇召集保定市、顺平县人民检察院业务骨干，就王玉雷案进行专题研究。深思熟虑后，彭少勇提出了“三个不足信”：一是王玉雷有作案时间不足信。被害人尸检报告没有确定死亡时间，凭个别证言推断王玉雷有作案时间有问题。二是王玉雷有罪供述不足信。9 次笔录，前 5 次不供，后 4 次承认有罪，但 4 次有罪供述中，对作案工具的种类、去向及作案时所穿衣物的供述无一次相同，也均未查实。作案工具与尸检报告中的“U 形”创口不吻合。三是认定王玉雷有罪不足信。证实有罪的证据只有王玉雷的供述……2014 年 3 月 22 日，根据保定市人民检察院的指导意见，顺平县人民检察院以事实不清、证据不足对王玉雷案作出不批准逮捕决定。[1]可见，检察机关对侦查活动的监督若想取得实际效果，依然非常艰难（本案中河北检察机关的做法值得赞许，但是，本案非法口供排除的过程是困难重重的，检察机关多次询问，犯罪嫌疑人才敢说出被刑讯逼供的情

〔1〕 徐盈雁、陈岩、王婧：“审查案件发现冤情引导侦查抓获真凶——河北保定检察机关排除非法证据纠正一起冤错案的前前后后”，载《检察日报》2015 年 1 月 18 日，第 2 版。

况）。刑事诉讼法修改之后，庭审阶段由法庭对于被告人有罪供述的自愿性进行实质性审查，对于排除虚假口供依然极为关键。否则，必将一次次重蹈根据虚假口供定罪、制造冤错案件之覆辙。

基于规制非法取供之侦查活动、避免冤错案件发生的现实需要，基于尊重被追诉之人的刑事诉讼主体地位以及落实“不得强迫任何人证实自己有罪”之法律原则的要求，在立法已经就口供的自愿性作出初步规定的情况下，口供的自愿性应当被纳入法庭审理的范围，由法庭对其予以实质性审查。法庭将口供作为定案的根据，必须有其他证据予以印证、补强。2012 年《最高人民法院关于适用〈中华人民共和国刑事诉讼法〉的解释》第 83 条规定，审查被告人供述和辩解，应当结合控辩双方提供的所有证据以及被告人的全部供述和辩解进行。根据规定，被告人庭前有罪供述得到法庭的验证，应同时满足如下两个条件：其一，被告人不能合理地说明庭审翻供理由，或者其辩解与全案证据存在矛盾；其二，庭前供述与其他证据能够相互印证。反之，被告人庭审中翻供，但不能合理说明翻供原因或者其辩解与全案证据矛盾，而其庭前供述与其他证据相互印证的，法庭可以采信其庭前供述。而在被告人庭前就发生翻供的情况下，其有罪供述的证明力则受到严重的削弱。被告人庭前供述与辩解出现反复的，或者被告人庭前就出现翻供情形的，庭审中不供认，且无其他证据与庭前供述印证的，不得采信其庭前供述。实践中，法庭若机械适用此项规定，依然可能导致对于口供的自愿性、真实性判断失误，由此存在制造冤错案件的风险。[1]在此方面，域外法治发达国家亦有深刻的教训，发生在纽约中央公园的“慢跑者案”就是

〔1〕 刑事审讯必然带有一定的对抗性与谋略性，被告人认罪及作出供述通常都有不情愿甚至被迫的因素。这种被迫性与自愿性之间的关系如何把握，界限如何划分，常常是司法实践中的难题。参见龙宗智：“我国非法口供排除的‘痛苦规则’及相关问题”，载《政法论坛》2013 年第 5 期。

一例：〔1〕1989年4月，一名女子在跑步时遭到残忍袭击、强奸，差点儿被打死，足足昏迷了12天才苏醒，案件震惊了纽约。警方认定这是一个青年团伙干的，这个团伙由40个西班牙裔黑人青年组成，经常在公园附近游荡，寻找“刺激”。警方逮捕了该团伙的多数成员，在反复审讯之下，最终有5名黑人少年“认罪”。2002年，真凶雷耶斯向监狱警官自首。经过DNA测试，受害者袜子上遗留的精液确实属于雷耶斯。〔2〕在“慢跑者案”中，5名犯罪嫌疑人在作出了自白之后都提出指控警察的讯问违反法定程序，要求法院排除其口供的申请。但主审法官却认为：警察在讯问过程中严格按照米兰达规则告知其法定权利，并通知其中4名未成年人的监护人在讯问时在场。因而，警察的讯问并未违背自白的任意性规则。在该案中，除了5名犯罪嫌疑人的口供之外，公诉人仅出示了被害人伤情的鉴定报告，体内精液的鉴定报告，被害人被发现的现场的勘验报告等少数证据，法院便认定足以达到口供补强的要求。在被告人供述中包含着全部犯罪构成要件事实的情况下，应该规定强制性的口供补强规则，口供必须能够得到其他证据的充分印证和佐证，方能作为定案之根据。〔3〕在被告人供述中包含着全部犯罪构成要件事实的情况下，如若不确

---

〔1〕 美国的司法实践中，讯问行为是否符合法定程序是衡量自白是否具有任意性的首要标准。美国最高法院曾认为，在补强的证明程度上，公诉人只要证明某一犯罪事实的存在，以及该犯罪事实是由某人的犯罪行为所致，便符合对口供的补强要求。由此，一些案件中有罪供述被套上了正当程序的外衣，顺利通过自白任意性规则的检验，作为定案的重要根据，口供补强规则对虚假口供的预防功能失灵。

〔2〕 被释放后的5名黑人走上了维权之路，据《纽约时报》报道，2014年联邦法院批准纽约市政府与5人达成4000万美元的和解协议，约合每一年冤狱赔付100万美元。这是迄今以来误判案件中，纽约市所赔付的最高数额 。［美］布兰登·L. 加勒特：《误判：刑事指控错在哪了》，李奋飞等译，中国政法大学出版社2015年版，中译本序。

〔3〕 补强规则方面需要注意，共犯口供的性质仍然是口供。因而，共犯不能互为证人。对同案共同被告人的供述，只能依赖口供以外的其他证据来建立补强关系，即同案共同被告人的供述原则上不能作为补强证据。

立严格的补强规则，无法保证口供的真实性和可靠性，冤假错案的发生难以避免。〔1〕

第三节　法庭审判的方式

“以审判为中心”的诉讼制度与“以侦查为中心”的诉讼制度的差别，表面看是刑事诉讼重心的不同，实际上，其差异体现在诉讼的各个环节。在审判阶段，最显著的是两者在法庭审理方式和法庭裁判方式方面的差异，即在法庭审判方式上的差异。构建“以审判为中心”的诉讼制度，法庭审判的方式应当符合司法公正的基本要求。就此方面而言，“以侦查为中心”诉讼制度的法庭审判方式存在的问题主要包括：法庭审理方面，庭审活动主要围绕“侦查卷宗”进行，有争议的重要证人、鉴定人几乎不出庭作证，法庭调查等庭审程序虚化，质证难以真正展开；法庭裁判方面，法庭、法官在裁判文书中不愿说理、不敢说理以及说理不当等现象普遍存在，导致司法的公开、公正无从落实；司法行政化、司法地方化等因素的影响下，还存在法庭审理职能与裁判职能分离，审者不判、判者不审以及外部力量干预审判的问题，等等。

本节针对“以侦查为中心”的诉讼制度在庭审方式方面存在的主要问题展开分析，结合2012年《刑事诉讼法》在庭审方式方面的修改，提出并论证“以审判为中心”的诉讼制度对法庭审判方式所提出的基本要求，主要包括：在控辩双方对于案件事实、证据有异议的情况下，法庭应当保障控辩双方对于证据进行充分的展示、充分的质证，即法庭应当对于案件事实和证据进行实质性的审理；审判者应当保持中立，同时，保障法庭审理职能

〔1〕聂树斌案被广泛质疑并呼吁再审，就是因为该案的“证据体系”是围绕着聂树斌的口供建立起来的。如果没有聂树斌的口供，这些证据就起不到任何有意义的证明作用。

和裁判职能的统一行使；而基于司法公开、公正的基本要求，裁判文书应围绕有争议的事实和案件疑点进行充分说理，等等。

一、 庭审实质化：保障控辩双方充分质证

以侦查为中心的诉讼模式中，法庭审判主要围绕侦查案卷进行，无需公诉方举证重现案件事实，而主要是从侦查笔录中获取案件事实信息。由此，侦查机关在侦查阶段的单方调查及其所形成的卷宗通常会被法庭全盘接受。立法层面并未规定证人、鉴定人应当出庭作证的特定情形。证人、鉴定人是否出庭，往往取决于控方指控犯罪的需要。只要法院认为没必要出庭的，证人、鉴定人就可以不出庭。实践中，庭审活动对案件事实只进行形式化的审查和确认，证人、鉴定人很少出庭作证，而是直接宣读侦查人员所作的证言笔录和书面鉴定意见，庭审走过场。[1]我国刑事诉讼中侦查中心主义之下的庭审活动中，不仅缺乏质证，而且辩护人提出的证明被告人无罪以及控方非法取证等证据和意见，往

---

〔1〕 有论者将其概括为：举证的虚化、质证的虚化、认证的虚化、裁判的虚化。何家弘："刑事庭审虚化的实证研究"，载《法学家》2011 年第 6 期。实践中，我国证人作证有"三大怪"，即证人向警察和检察官作证，却不向法庭作证；证人不出庭，书面证言在庭审中通行无阻；警察不作证，等等。证人多以书面证言或者证人调查笔录作证。据调查，我国实际出庭作证的证人占 6.2%，受贿案件几乎无证人到庭。我国基层法院证人出庭率不足 1%。吴兢："一些基层法院证人出庭率不足 1%：证人出庭率低困扰司法公正"，载《人民日报》2006 年 6 月 1 日，第 10 版。在我国的司法实践中，警察一般不出庭作证。而鉴定意见方面，实践中多以宣读鉴定意见代替鉴定人出庭。在我国的司法实践中，鉴定人能够亲自出庭作证的比例一般不超过 5%，绝大多数鉴定意见是由控诉方以书面的形式直接提交给法庭，并由公诉人进行宣读。陈瑞华：《刑事诉讼的前沿问题》，中国人民大学出版社 2001 年版，第 556 页。2015 年 2 月 9 日，南昌大学原校长周文斌案的庭审中，该案 118 名证人中唯一得以出庭作证者胡彪斌当庭翻供，称自己从未向周文斌行贿，此前其之所以作假证是因为检方进行了疲劳审讯和刑讯逼供。南都社论："南昌周文斌案：司法要经得起检验"，载《南方都市报》2015 年 2 月 11 日。

往不被纳入法庭审理中。对此，法庭既不组织法庭调查，也不进行法庭辩论。因而，辩方无法进行有效辩护。在此方面，2009 年沈阳的夏俊峰案就是一个典型案例。作为一起有重大社会影响的案件，很遗憾，夏俊峰案无论是一审还是二审都未通过庭审查清该案的起因、行为人的主观故意、客观行为以及因果关系等有争议的案件事实。比如，在事件起因方面，辩方提出被告人杀人是缘于城管违法执法、粗暴执法将其扭送至城管办公场所，而非控方所言夏俊峰故意上门肇事。但是，被告人的律师就此举证的 6 个证人证言，全都未被一审法院采信。〔1〕一审中控方证人城管人员曹阳指证夏俊峰故意上门肇事，而第一次冲突发生时曹阳并不在车上，4 个城管人员却一致作证说其在车上——这些明显具有利害关系的证言却被一审法庭采纳，作为定案证据，〔2〕法庭审判的公正性因此受到质疑。下文再以 2014 年的两起轰动案件——念斌案、林森浩案为例证展开分析，揭示 2012 年《刑事诉讼法》修改后，按照法庭审判实质化的要求，在庭审质证方面存在的进步与问题。〔3〕

---

〔1〕 在夏俊峰案二审庭审中，辩方的目击证人均被禁止进入法庭。

〔2〕 滕彪：“夏俊峰案二审辩护词”，载 http://bbs. gmw. cn/thread - 122986 - 1 - 1. html，访问日期：2015 年 4 月 22 日。

〔3〕 2012 年《刑事诉讼法》修改后，侦查中心主义的司法鉴定模式并未发生改变。就立法规定而言，鉴定仍列在侦查程序中予以规定，鉴定权仍为职权机关所垄断，实践中的鉴定多为侦查机关的鉴定机构在侦查阶段作出。被追诉之人的鉴定申请权很难得到保障和维护。基于 2012 年《刑事诉讼法》第 187 条和第 223 条的规定，在两起案件的二审程序中，被告方均对第一审判决认定的鉴定意见提出异议，均要求鉴定人出庭作证。同时，两起案件的辩护人均基于 2012 年《刑事诉讼法》第 192 条的规定，申请专家辅助人参与二审程序，出庭发表专家意见，对于控方鉴定意见进行质询。可以说，2012 年《刑事诉讼法》修改后，关于死刑案件二审开庭审理以及鉴定人出庭作证的新规定，使得这两起案件的专家辅助人出庭参与庭审有了现实的可能。念斌案与林森浩案的二审程序开庭审理，鉴定人和专家辅助人参与庭审，就案件涉及的专门性问题进行质证。这两个案件的判决结果、被告人的命运截然不同，但审判过程和结果的公正性却得到了普遍肯定，其中缘由，值得研究。

2014 年 8 月，念斌案的二审庭审现场，控辩双方共派出 9 名专家辅助人出庭，同时还有 7 名鉴定人出庭作证。辩方聘请的多位资深毒理专家作为专家辅助人参与诉讼，根据控方提供的鉴定材料，发现了控方检材质谱图、未作空白对照检验以及不符合认定毒物的行业通行标准等严重问题，并在庭审前后针对控方提出的理化检验报告和法医学鉴定意见等证据提出了多份专家意见，揭露了控方的虚假鉴定问题，有效质疑了控方检验报告和鉴定意见的真实可靠性，进而从根本上动摇了控方的证据体系。辩护律师以专家辅助人意见为依托，辩护意见以控方的质谱图作为攻击重点，进行了有效辩护。由此，此案二审程序中，被告方的对质权得到了充分保障，控方提出的指控及其根据未能经受得住具有实质意义的法庭审判之检验，法院遵循疑罪从无原则作出判决，念斌最终得以被无罪释放。

复旦大学医学院研究生林森浩因涉嫌投毒杀害室友黄洋，于 2014 年 2 月 18 日被上海市第二中级人民法院一审宣判死刑。林森浩不服判决，向上海市高级人民法院提出上诉，2014 年 12 月 8 日，上海高院二审开庭审理此案。庭审持续开庭 13 个小时，林森浩的辩护人及其专家辅助人对于控方的鉴定意见等证据提出质疑，主要包括：其一，辩方聘请的专家辅助人对黄洋 4 次乙肝血清学检查提出质疑并指出，除了 2013 年 4 月 3 日那天检查“乙肝表面抗体”是阳性，“e 抗体”、“核心抗体”是阴性外，其他几次所有检验项目的检验结果均显示为阳性，且乙肝表面抗体指标激增至 >1000。而这几个指标的这种表现只有被检验者患有乙型肝炎或者说只有被检验者患有爆发性乙型肝炎时才会出现。其他的情况下，比如说被检验者二甲基亚硝胺中毒，或是被检验者患有其他肝炎，都不会出现这个情况。因而，4 张化验单检验结果可证明，黄洋并非死于二甲基亚硝胺中毒，而是死于爆发性乙型病毒性肝炎。其二，辩方聘请的专家指出，控方两次法医鉴定都是根据上海市公安局鉴定中心的检验结果认定本案是二甲基亚硝胺中毒，而鉴定的水样并非来自林森浩投毒的饮水机内。[1]其三，辩方聘请的专家指出了控方检材保管方面存在的问题，并对于死因鉴定的可靠性、可信性提出了质疑。其四，由于控方鉴定人始终没有提供辩护方要求其提供的质谱图等鉴定材料，对此，辩方专家辅助人指出：没有质谱图的报告是不完整的，事实上鉴定最本质的要求就是要看中间过程，只有看到质谱图才能确定报告结论的真实。只有质谱图才能证明整个检验过程如何进行，才能知道检测限设定的是多少，而如果是很低的检测限，那就没有判断是否中毒的意义。检方不提供质谱图，说明其证据不足以支持其检测报告。[2]但是辩方在举证、质证方面存在如下问题：其一，爆发性乙型肝炎属于传染病，辩方却没有聘请传染病专家参与庭审。而辩方聘请的专家又不能说明黄洋的乙肝 DNA 检查为何也会显示为阴性。其二，林森浩确实往水中投入有毒物质，辩方尚无法从科学角度令人信服地说明毒性的挥发程度以及毒性到底有多大。其三，林森浩的辩护律师当庭提交 7 组新证据，以证明黄洋的死不排除其自身健康原因，并就死因向法庭提出重新进行鉴定的申请。但是，辩方的专家意见不能够为其辩护意见提供有效支撑。辩方坚持，根据目前检测报告，认定黄洋中毒致死缺乏依据，而通过病理检测，确定死亡性质是中毒并且是特定二甲基亚硝胺中毒，是“不客观不科学的”。控方从法医胡志强的专业资质、出具的相关检验报告引用的相关学术论文、动物实验和人体之间是否有差别等方面，对辩方的专家意见提出了质疑，指出胡志强的结论主要依据的是文书、报告等，没有参与尸体解

---

〔1〕 黄安琪：“‘有专门知识的人’胡志强：质疑复旦投毒案证据有瑕疵与收费无关”，载《中国新闻周刊》2014 年 12 月 9 日。

〔2〕 而控方对此质疑的回复是：三份质谱图比对证明毒物是二甲基亚硝胺。同时控方否认其故意不提供质谱图，并认为黄洋的致死量没有精确数据，是由于不能拿人来做实验，因此定量检测没有意义。黄安琪：“‘有专门知识的人’胡志强：质疑复旦投毒案证据有瑕疵与收费无关”，载《中国新闻周刊》2014 年 12 月 9 日。

剖，等等。[1]综上，在林森浩案的二审庭审中，对于黄洋是否患有爆发性乙型肝炎，辩方的辩护意见和专家意见不能得出有力的肯定性结论，尚不足以撼动控方鉴定意见的证明作用。但是，该案二审庭审中辩方对于控方鉴定意见的一系列质疑，对于督促职权机关谨慎履行鉴定权，从而保障司法的公信力仍具有积极意义。[2]

“以审判为中心”的诉讼制度要求审判者应当“努力让人民群众在每一个司法案件中都感受到公平正义”。这里面所说的公平正义，除了最终的实体公正，还要求审判者落实程序公正的基本要求。基于公正审判的基本要求，司法者应当秉持独立的立场公正审理每一个案件，应当在法庭上客观公平对待控辩双方提供的证据与所拥有的权利，控辩双方的权利尤其是辩方质证的权利应当得到充分的尊重。“以审判为中心”的庭审中，应当让控辩双方围绕有争议的事实和证据展开辩论，如果控辩双方对证据质证尚欠充分，庭审就有必要一直继续下去。在证人、鉴定人出庭作证问题上，需要从保障被告方对质权的视角来设置规则，并借助保障对质权的程序性规定来推进审判方式的实质化。目前，立法层面关于证人、办案警察、鉴定人出庭作证作出了一定的修改，但是仍有亟待进一步修改完善之处。比如，如何保证出庭的证人、鉴定人能够在庭上如实作答，而在证人明显未如实作证时，主持庭审的法官对此应如何处理和裁判等等，此类问题均

---

〔1〕 张淑玲、杨凤临：“复旦投毒案二审辩方质疑死因”，载《京华时报》2014年12月9日。

〔2〕 分析两案的二审程序，可以看到专家辅助人制度发挥了积极功效。在念斌案的终审程序中，辩方聘请的专家辅助人揭露了公安机关的虚假鉴定，逆转了念斌的不幸命运，使其最终获得了无罪判决。可以说，专家辅助人制度在刑事审判中的运用，是念斌案逆袭成功的关键所在。在刑事技术、刑事技术鉴定与司法鉴定一体化局面依然保留的情况下，专家辅助人制度在维护司法公正、保障人权方面具有积极功效。

需在立法层面予以明确。还应当保障律师行使辩护权，若控方所持证据不足以定罪、侦查程序违法，应当允许律师就此展开质证，而不是通过“把律师赶出法庭”来回避、掩饰侦查、起诉阶段职权机关违法行使职权、滥用职权的行为以及证据瑕疵等问题。〔1〕

二、 案卷材料庭前移送对庭审实质化之影响

2012 年《刑事诉讼法》在起诉方式上恢复了 1979 年《刑事诉讼法》所规定的全案卷宗、证据庭前移送制度，第 172 条规定：“人民检察院认为犯罪嫌疑人的犯罪事实已经查清，证据确实、充分，依法应当追究刑事责任的，应当作出起诉决定，按照审判管辖的规定，向人民法院提起公诉，并将案卷材料、证据移送人民法院。”〔2〕同时，第 181 条在开庭条件方面规定：“人民

〔1〕 由此，还应当在每一个案件中保障落实律师的庭前阅卷权。如若律师庭前阅卷权得不到保障，那么，在庭审中律师显然无法质证。

〔2〕 对此立法部门的解释是：“检察院移送案卷材料只是证据目录、证人名单和主要证据复印件。有的检察机关为了获得庭审效果，案卷所附证据很少，甚至一些主要证据也不附，开庭时才大量举证；有的仅附有利于指控的证据，法官在开庭前只能接触到证明有罪的证据。由于法官在开庭前没有全面阅卷，事先对案件情况不明，庭审中难以把握主要问题，加之证人不出庭，稍复杂一些的案件，一次庭审很难解决事实争议和证据采信问题。且目前法官基本上不具备经过当庭审理即对案件事实证据作出正确判断的能力，即使开庭后心里还是没有底，还要在庭审后阅卷、调查、核实证据。这样的结果，实际上是将过去庭审改革前法官在开庭前对案件的‘先定后审’变为现在的‘先审后定’，更加费时费力。在目前的司法职权配置情况和审判制度下，法官于庭前全面审阅卷宗材料很有必要。特别是对于那些重大、疑难、复杂案件，法官庭前审阅案卷不仅有助于其把握庭审重点，而且有助于其发现证据中存在的疑点，以便及时建议检察机关进行补充侦查，从而有助于全面查清案件事实，提高诉讼效率，最大限度地实现实体公正。检察院起诉时不全案移送案卷，需要复印大量材料，加大了诉讼成本，实践中有的经济困难地区，实际上一直还在实行案卷移送制度，建议恢复起诉时全部案卷、证据移送制度。”黄太云：“刑事诉讼法修改释义”，载《人民检察》2012 年第 8 期。

法院对提起公诉的案件进行审查后，对于起诉书中有明确的指控犯罪事实的，应当决定开庭审判。”由此，我国1996年《刑事诉讼法》所规定的形式审查被保留了下来。随后，《最高人民法院关于适用〈中华人民共和国刑事诉讼法〉的解释》第180条更进一步明确了形式审查的范围，即人民法院虽然可以对证据进行审查，但是仅限于“是否移送证明指控犯罪事实的证据材料，包括采取技术侦查措施的批准决定和所收集的证据材料；是否查封、扣押、冻结被告人的违法所得或者其他涉案财物，并附证明相关财物依法应当追缴的证据材料”等，并不涉及证据内容、证据链条等实质性问题。根据2012年《刑事诉讼法》关于形式审查的规定，法官在庭前不再提审被告人，不再调查核实证据，不再对案件进行实质处分，这就在一定程度上减少了法官预断的可能。在司法实践中，由于转型时期多数法院面临案多人少、司法资源严重不足的状况，审判法官在既往习惯的支配和求快心理的驱使下，往往会不自觉地逾越形式审查的边界，在开庭审理前对案件形成先入为主的预断。因此，所谓的形式审查在实际的操作中很难做到，反而可能导致司法效率的弱化。

庭审法官在开庭审理前阅卷，对案件形成先入为主的预断，违反了司法中立及直接言词等审判公正的基本要求：一方面，会再现先定后审、庭前预断，使得庭审空洞化、流于形式；另一方面，法官庭前阅卷，进行实质性审查，在审查后退还检察机关补充侦查的做法，使裁判者丧失中立性，代为行使追诉职权，违反了控审分离原则的要求。[1]案卷移送制度的整体设计应当以阻断法官预断、实现司法公正为核心目标，在此基础上才能考虑效率问题。阻断法官预断、实现司法公正的关键既不在于案卷移送的

---

〔1〕 检察院作为代表国家对犯罪提起公诉的机关，拥有决定对案件是否起诉的权力。对于检察院决定起诉的案件，法院无权驳回其起诉，如果法院审理后认为无罪，可以宣判无罪或者作出“证据不足，指控的罪名不能成立”的无罪判决。

方式，也不在于是否进行了实质审查，而在于由谁来审查这一主体性问题。因此，科学确定对案卷进行庭前审查的主体是改革整个案卷移送制度的关键所在。

三、 简易程序的庭审应遵循程序公正之底线要求

我国《刑事诉讼法》规定按简易程序处理的案件，是对于普通程序在法庭调查和法庭辩论阶段的简化。[1]2012 年《刑事诉讼法》对于简易程序作了较大修改，将简易程序适用的案件范围扩大到基层法院管辖的被告人认罪案件。[2]刑事简易程序的适用有助于调整司法资源的有限性与刑事案件数量不断增长之间的矛盾，有助于克服案件一律适用普通程序所带来的程序拖延、司法资源浪费以及司法效率低下等问题。更为重要的是，刑事简易程序的扩大适用可以为普通程序的正当化改革创造条件，保障司法机关集中人力、物力和财力审理重大、复杂的刑事案件，使这类案件中的被告人等当事人的诉讼权利在普通程序中得到更加充分有效的保障，并受到

〔1〕 2012 年《刑事诉讼法》第 213 条规定：“适用简易程序审理案件，不受本章第一节关于送达期限、讯问被告人、询问证人、鉴定人、出示证据、法庭辩论程序规定的限制。但在判决宣告前应当听取被告人的最后陈述意见。”

〔2〕 2012 年《刑事诉讼法》第 208 条规定：“基层人民法院管辖的案件，符合下列条件的，可以适用简易程序审判：①案件事实清楚、证据充分的；②被告人承认自己所犯罪行，对指控的犯罪事实没有异议的；③被告人对适用简易程序没有异议的。人民检察院在提起公诉的时候，可以建议人民法院适用简易程序。”2012 年《刑事诉讼法》第 209 条规定：“有下列情形之一的，不适用简易程序：①被告人是盲、聋、哑人，或者是尚未完全丧失辨认或者控制自己行为能力的精神病人的；②有重大社会影响的；③共同犯罪案件中部分被告人不认罪或者对适用简易程序有异议的；④其他不宜适用简易程序审理的。”2012 年《刑事诉讼法》还确立了检察机关出庭公诉的机制；规定了适用简易程序案件的庭前审查机制，即“适用简易程序审理案件，审判人员应当询问被告人对指控的犯罪事实的意见，告知被告人适用简易程序审理的法律规定，确认被告人是否同意适用简易程序审理”，等等。

更加公正的对待，更好地实现刑事司法的实体与程序公正。[1]

“以审判为中心”的诉讼制度之下，简易程序只是法庭审理的简化，而“公正不能简化”，简易程序的庭审应遵循程序公正之底线要求。在庭前程序的各项要求方面，简易程序审理的案件不能较普通程序审理的案件有任何降低。例如，审查被告人庭前认罪的真实性和自愿性，在简易程序中的重要性就特别突出。因而，对于被告人庭前认罪的自愿性、真实性有疑问的案件，已经按照简易程序审理的，需要按照普通程序重新进行审理。在简易程序遵循程序公正之底线要求方面，庭审中还应当保障被告人的基本诉讼权利，不能因经济性的追求而导致公正之减损。[2]

四、 遵循法庭审理和裁判一体化的基本要求

在我国，审判权由法院依法独立行使。我国法律所规定的审判独立是指人民法院整体独立于各级行政机关、社会团体和个

---

〔1〕 世界刑法学会第十五届代表大会《关于刑事诉讼法中的人权问题的决议》第23条规定：“严重犯罪不得实行简易审判，也不得由被告人来决定是否进行简易审判。至于其他犯罪，立法机关应该规定实行简易审判的条件，并且规定保障被告人与司法机关合作的自愿性质的方法，例如由律师进行帮助。建议简易审判只适用于轻微罪行，目的是加快刑事诉讼的进行和向被告人提供更多的保护。”实践中，由于死刑案件所占比例不大，因而，多数刑事案件都可适用简易程序。简易程序的适用，在缩短办案周期、降低司法成本以及提高审判效率等方面发挥了重要作用。简易程序的扩大适用也带来了法庭审判方式的较大变化。实践中，适用简易程序的案件多实行集中起诉、集中审理以及庭审程序进一步简化等具体机制予以配套，因而检察机关出庭公诉的新规定并未带来庭审耗时延长，一些地方简易程序案件的庭审耗时反而减少。另外，实践中，简易程序案件的法庭审理主要侧重于量刑审理，法庭调查基本忽略了定罪事实、情节的调查和辩论，而集中于量刑问题的调查和辩论。

〔2〕 从刑事审判的程序公正角度分析，简易程序的设计不应当仅仅局限于诉讼效率的实现。同时，还应当尊重被告人的诉讼主体地位，保障被告人选择简易程序的自愿性，避免其由于被职权机关威胁、欺骗、恐吓、利诱而选择简易程序，此乃简易程序应当落实的程序公正之底线标准。适用简易程序审理的案件还应当保障被告人的辩护权，在被告人没有委托辩护人的情况下，法院应当为被告人指定辩护。

人，而非域外法治国家的法官个体独立，人民法院亦不独立于执政党和人民代表大会。以往的诉讼制度之下，法庭审理职能和裁判职能相分离，主要表现为：其一，法院内部案件处理行政审批占据主导，审判委员会可以对案件进行裁判；其二，地方党政机关等外部力量对于案件的裁判时有干预，一些重大疑难案件的处理以及“严打”期间一些刑事案件的处理，地方政法委还会出面协调。现代刑事诉讼中，刑事案件的裁判职能和审理职能具有行使主体的同一性，刑事诉讼法对于审判方式以及证据制度的规定和完善，是建立在裁判结果奠基于法庭审理过程的假设之上的。因而，根据“以审判为中心”的诉讼制度改革的要求，应当保障法庭审理职能和裁判职能的一体化。

实践中，有关审理职能与裁判职能的分离在法院内部存在以下问题：

第一，审判委员会的案件裁判权问题。现代刑事诉讼的审判独立要求庭审法官独立进行案件的审理和裁判，独立承担司法责任。我国《人民法院组织法》规定，各级法院审判委员会的任务是总结审判经验，讨论重大的或者疑难的案件和其他有关审判工作的问题。由此，在我国刑事诉讼中，审判委员会并非审判法庭，并未亲历案件的审理，并未直接面对案件事实和证据，却可以“不审而判”。审判委员会裁判案件使得诉权对于审判权的制约失灵，导致庭审的实质化努力被虚置，侵害了庭审法官在审判中的独立性。一些重大案件存在的“判者不审”现象，主要就出现在审委会讨论这个环节。〔1〕十八届三中全会提出“改革审判

〔1〕 有观点认为，在应当满足的条件未能满足而又要保证起码的司法公正的情况下，就不得不采用一些不甚合理的方法，如行政性监督的方法。在直接审理的基础上，由一批法官精英有选择地对少数案件进行间接审理，加上明智的主持和引导，其正确性不一定弱于素质不高的法官的单独审理。实践中，取缔审判委员会不具备条件：法官待遇不提高，要保证司法廉洁存在一定难度；法官业务和道德素质令人担忧；法官尚难以独自承担重大案件判决的社会压力，客观上仍需要一种责任分散或转移机

委员会制度，完善主审法官、合议庭办案责任制，让审理者裁判、由裁判者负责”。根据2015年《最高人民法院关于全面深化人民法院改革的意见》（以下简称《意见》），审判委员会工作机制改革作为健全审判权力运行机制的主要内容之一，在此轮法院改革中占据着重要地位。〔1〕有论者认为，为避免出现“审者不判、判者不审”的现象，当务之急是进一步落实审判委员会委员办案制度，由审判委员会委员直接审理重大复杂案件，自觉践行审判亲历、直接言词等现代司法原则。〔2〕《意见》要求“建立审判委员会讨论事项的先行过滤机制”，目的在于聚焦重点、提炼

制。比较适当的办法恐怕是逐步改革。第一步，缩小审判委员会议决案件的范围，扩大审判法官和合议庭权限。这一步通过刑事诉讼法的修改，已经在刑事诉讼领域实现。第二步，改革审判委员会，提高其案件议决水平，如成立专业性审判委员会，保证审判委员会基本上由该专业的专家型法官组成。第三步，待时机成熟，取消审判委员会的个案议决权，可以将这一功能组织改为法官会议，通过个案讨论为审判法官提供咨询性意见。龙宗智：“论司法改革中的‘相对合理主义’”，载《中国社会科学》1999年第2期。

〔1〕 从《意见》内容上看，着重阐释了审判委员会的职能定位、履职原则、议事规则及责任机制问题：其一，“合理定位审判委员会职能”，审判委员会的权威性与正当性不是来自其组成人员职位的高端性，而是来自其履职过程的专业性，通过进一步强化审判委员会总结审判经验、议决审判工作重大事项的职能，以彰显其作为同一审级中法定最高审判组织的应有作用。其二，对审判委员会的议事范围及议事规则作了要求，一方面要求规范审判委员会讨论案件的范围及内容，另一方面要求规范审判委员会讨论的程序，即要以建立具体规则为基础，实现过程的可视、可控、可查，从而形成常态性、长效化的审判委员会良性工作格局。其三，从“事”与“人”两方面，对审判委员会的责任机制建设作了要求。通过建立审判委员会决议事项的督办、回复和公示制度，提高审判委员会工作的权威性与执行力；通过建立审判委员会委员履职考评和内部公示机制，增强审判委员会工作的透明度与公信力，务求事必明责、行必责实。

〔2〕 李兴魁、沈烨：“审判委员会工作机制改革的向度与精度”，载《上海法治报》2015年4月8日，第B6版。

难点，提高审判委员会的议事效率。〔1〕目前审委会改革的主要措施包括：缩减讨论案件数量，一些地区改革后，对于上审委会的案件进行了严格限制，主要是死刑案件；审委会讨论案件的内容基本限于研究讨论法律适用问题，而不去讨论在法律事实和结论方面有分歧、有争议的案件。2014 年 7 月，上海率先启动司法改革试点工作，上海市第二中级人民法院是首批开展本轮司法改革试点的中院。改革后的《上海市第二中级人民法院法律文书拟稿纸》主要栏目是“合议庭成员联合签署”，有三个一模一样的格子，参加合议庭审理的三位成员——主审法官、承办法官和参审法官——要在自己的身份上打钩，并署上姓名、日期。三个人，一人一票，案子怎么判，合议庭说了算。而在改革以前，合议庭审理的部分案件，需要层层向庭长、院长送审，最后由分管院长签发。判决书、裁定书等法律文书要待领导签发之后，才能定稿。目前，该法院需要提交审判委员会的案件，主要是死刑立即执行的案件。除此之外，包括死刑缓期二年执行的案件，都是合议庭来定。〔2〕

〔1〕 2014 年 4 月到 12 月，上海市二中院审委会讨论案件 54 件，同比下降 31%。同期，该法院由合议庭直接评议后处理的案件，占审结案件总数的 97.46%。李兴魁、沈烨：“审判委员会工作机制改革的向度与精度”，载《上海法治报》4 月 8 日，第 B6 版。该论者还认为，在给审判委员会“瘦身”的同时，还应当防止审判委员会功能的虚化或弱化，要通过此轮改革，将一些理应由审判委员会议决的事项纳入审判委员会职责范畴。对于基层法院而言，案件受理数量逐年递增，新的案件类型层出不穷，有时仅仅依靠法官个体或者合议庭，无力也无暇对重大复杂案件作出准确裁判，此时，审判委员会的业务指导职能恰恰通过对个案的集体研判得以实现。在对案件讨论的范围作出规范后，如果审判委员会能够依法而为、循规运作，其案件讨论的职能自无需弱化。

〔2〕 这一轮的司法改革有一项重要的改革任务，就是司法责任制。形象地说，就是“由审理者裁判、由裁判者负责”。而此前，“审的人不判、判的人不审”的现象，在中国法院的审判实务中普遍存在。合议庭或主审法官也有吃不准、拿不定的时候。这时，主审法官可以提请召开审判庭内的主审法官联席会议，或者跨审判庭的专业法官会议，大家不对事实进行评判，而是对法律适用发表意见。意见没有强制力，仅

第二，案件的请示指导、先定后审问题。在我国刑事一审程序中存在案件上请问题，上下级法院之间的疑难案件请示汇报制度成为司法实践惯例，并逐渐演变为一种“审判分离”的裁判方式。当下级法院遇到拿不准、吃不透、定不了的案件时，通常会通过上级法院指点“迷津”，甚至给出结论。其结果是先定后审，审理流于形式，甚至只是走过场。由于法院内部案件请示的做法在实践中一直存在争议，2010 年 12 月 28 日最高人民法院《关于规范上下级人民法院审判业务关系的若干意见》对于“必要时可以根据相关法律规定，书面报请上一级人民法院审理”的案件的范围作出规定，包括：①重大、疑难、复杂案件；②新类型案件；③具有普遍法律适用意义的案件；④有管辖权的人民法院不宜行使审判权的案件。但在实践中，有些法院为了避免上级法院的改判或者发回重审，仍超越该意见的范围进行“上请”，从而违反了独立审判和公正审判的基本要求。我国刑事诉讼实行两审终审制，第二审程序是多数案件的终审程序。《宪法》和《人民法院组织法》均规定了上级人民法院应当监督下级人民法院的工作。《宪法》第 127 条第 2 款规定：“最高人民法院监督地方各级人民法院和专门人民法院的审判工作，上级人民法院监督下级人民法院的审判工作。”《人民法院组织法》第 16 条第 2 款规定：“下

供合议庭参考。《中共中央关于全面推进依法治国若干重大问题的决定》指出，“完善主审法官、合议庭、主任检察官、主办侦查员办案责任制，落实谁办案谁负责。”根据上海市二中院《关于案件差错和违法审判责任追究的若干规定（试行）》，因实体问题导致错案的，合议庭三人中，主审法官、承办法官和参审法官按照4:4:2的比例承担责任；主审法官同时担任承办法官的，将与另外两名参审法官按照 6:2:2 的比例担责。“主审法官”是本轮改革中出现的一个新生事物，在上海市二中院的内部规定和实际操作中，主审法官是指担任合议庭案件审判长的法官。主审法官的职责在于统筹协调案件的审判流程；但是在案件判决中，他只有与另外两人同权的一票，一个人说了不算。杨金志：“上海市二中院：两张不一样的‘签发单’”，载新华网，http://news.xinhuanet.com/local/2015－04/09/c_1114910710.htm，访问日期：2015 年 4 月 9 日。

级人民法院的审判工作受上级人民法院监督。”但实践中，上下级法院之间的监督关系异化为领导与被领导的行政关系：下级法院通过上请案件的方式，主动“接受监督”；上级法院在一些疑难案件或社会影响较大的案件中往往会“督办案件”。上下级法院内部的“请示与指导”在实践中具体表现为：其一，一审法院在审理刑事案件过程中，因定罪量刑存在疑难问题，在判决前常向二审法院进行内部请示，然后按照上级法院的指示作出裁判。一审法院遇到重大疑难案件及认识上与公诉机关存在分歧的案件也会向二审法院请示，请示不仅涉及案件定性问题，也包括法律适用问题，甚至包括事实认定与处理结果，由此导致这部分案件的一审裁判已经体现了二审法院的意见。其二，二审法院在一审法院审理重大的、有影响的案件时，也存在提前介入一审裁判过程的习惯，对一审法院的具体审理尤其是裁判加以指导并作出指示。上下级法院内部在案件审理过程中的“请示与指导”制度使得第一审法院与第二审法院之间对案件的处理已经有了一个较为统一、明确的意见，一审判决已经直接体现了二审法院的态度和倾向，致使二审程序被虚置，开庭与否也就不重要，并使二审成为形式甚至摆设，被告人的上诉权被架空。《关于规范上下级人民法院审判业务关系的若干意见》将上级法院对下级法院的业务指导关系与审级关系相区别，明确规定了各级法院对下级法院进行指导的具体方式，比如发布指导性/参考性案例、召开审判业务会议，等等。同时规定，对于重大、疑难、复杂案件，新类型案件，具有普遍法律适用意义的案件，有管辖权的人民法院不宜行使审判权的案件，有管辖权的法院在受理第一审案件之后，可书面报请移送至上一级法院进行审理，上级法院也可自行决定提审。通过上下级法院内部“请示与指导制度”的诉讼化改造，一方面促使有管辖权的第一审法院独立行使审判权，即便在事实认定或法律适用上有疑义，也应当通过上诉和第二审的审级来解决；另一方面旨在以管辖权转移的既有法律规定取代上下级法院内部请示与指导等错误做法。但是，上下级法院内部的“请示与指导制度”依旧在司法实践中继续存在，比如2012年在对涉及中国足球腐败案的中国足协官员和裁判的审理过程中，审判机构是辽宁的两家中级法院，最高人民法院不仅在之前的公审之中派出专员进行现场监督，在开庭之后更是召集两地法院的合议人员对每一例案件逐一过问并给出指导建议。〔1〕

第三，司法机关内部人员过问案件问题。2015年中共中央办公厅、国务院办公厅印发的《领导干部干预司法活动、插手具体案件处理的记录、通报和责任追究规定》以及中央政法委印发的《司法机关内部人员过问案件的记录和责任追究规定》，为司法机关的外部、内部人员过问案件划定了“红线”。〔2〕实践中，上述规定已经在落实之中。比如，在上海市二中院制定的《关于院、庭长审判管理工作职责的规定（试行）》中，列出了院、庭长行使权力的“正面清单”和“负面清单”。〔3〕

---

〔1〕范宏基：“最高人民法院逐一过问反赌案宣判前仅主法官知刑期”，载《半岛晨报》2012年2月14日。

〔2〕《司法机关内部人员过问案件的记录和责任追究规定》第13条规定：“本规定所称司法机关内部人员，是指在法院、检察院、公安机关、国家安全机关、司法行政机关工作的人员。”第4条规定：“司法机关领导干部和上级司法机关工作人员因履行领导、监督职责，需要对正在办理的案件提出指导性意见的，应当依照程序以书面形式提出，口头提出的，由办案人员记录在案。”第6条规定：“对司法机关内部人员过问案件的情况，办案人员应当全面、如实记录，做到全程留痕，有据可查。”

〔3〕该法院院长的权力清单中，“正面清单”有九条：①对全院审判质效进行全面监督管理；②依法对生效案件进行监督；③依法对审判过程中的相关程序事项作出审核决定；④主持审判委员会会议，并处理相关事项；⑤从宏观上指导全面的或专项的审判工作；⑥依照相关规定主持法官考评工作；⑦组织研究制定有助于提高公正、效率和公信的司法政策；⑧根据审判工作态势，采取优化管理的措施；⑨管理与全院审判工作相关的其他事务。可见，院长的权力主要在于宏观、程序、行政等方面的管理，而不在于过问个案。针对院、庭长的“负面清单”有四条：①越级或超越分管范围进行管理；②强令合议庭接受主审法官联席会议、专业法官会议的有关意见或其他关于个案处理的意见，或强令合议庭改变案件评议结论；③对未参加合议庭审理的案件的裁判文书进行签发；④其他违反法律纪律的规定，干扰合议庭依法独立审理案件的行为。杨金志：“上海市二中院：两张不一样的‘签发单’”，载新华网，http://news.xinhuanet.com/local/2015-04/09/c_1114910710.htm，访问日期：2015年4月9日。

在法庭审理与裁判分离方面，还存在法院外部力量干预审判的问题。我国1954年《宪法》第78条规定，“人民法院独立进行审判，只服从法律”。1958年第四届全国司法工作会议之后，党委审批案件的做法开始常态化。1960年中央发出《关于中央政法机关精简机构和改变管理体制的批复》，决定将公安部、最高人民法院、最高人民检察院三机关合并成一个机关，由公安部党组统率，开创了公安机关统领法院和检察院的体制，对后来三机关的关系产生重大影响。〔1〕公检法三机关一体追诉犯罪的司法体制之下，一些刑事案件的审判程序中，地方政府、党委、政法委出于地方利益考虑干预协调案件，决定案件裁判结果，架空审判程序，破坏司法独立，损害司法权威。最终决定案件处理结果的往往是地方党委、政府部门或个别负责人的意见，由此导致冤错案件的发生。十八届四中全会《中共中央关于全面推进依法治国若干重大问题的决定》要求：“完善确保依法独立公正行使审判权和检察权的制度。各级党政机关和领导干部要支持法院、检察院依法独立公正行使职权。建立领导干部干预司法活动、插手具体案件处理的记录、通报和责任追究制度。任何党政机关和领导干部都不得让司法机关做违反法定职责、有碍司法公正的事情，任何司法机关都不得执行党政机关和领导干部违法干预司法活动的要求。对干预司法机关办案的，给予党纪政纪处分；造成冤假错案或者其他严重后果的，依法追究刑事责任。”《决定》在这个问题上提出了一些有助于保障审判独立的新举措，特别是在防止党政机关领导人干预案件方面作出了留痕、追责的规定，是符合司法规律的。但党委、政法委是否可以过问案件，以及如何过问，对此，目前没有任何明确规定或限制。

审判独立是现代刑事诉讼的一项基本原则，也是公正审判的

〔1〕陈光中、魏晓娜：“论我国司法体制的现代化改革”，载《中国法学》2015年第1期。

基本要求。《联合国公民权利和政治权利国际公约》第14条对于公正审判权在司法组织方面的要求是提供独立和不偏袒的法庭之保障。我国刑事审判实践中上述“审者不判、判者不审”，“请示指导、先定后审”等做法违背了审判独立之基本要求。应当按照现代刑事诉讼关于审判独立的基本要求，改革完善我国的审判组织与审判程序：保障法庭裁判案件时不受任何组织、机构、个人的影响和干扰；保障审判组织独立于司法系统之外的任何权力；保障同级法院之间、上下级法院之间在各自的管辖范围内独立审判。

五、 判决充分说理

公开的司法是公正司法的必要表现形式，近年来最高人民法院系统陆续推出了保障、促进司法公开的多项改革措施，裁判文书上网就是确保裁判公开的一项重要措施。审判者不仅要有公平之心，作出公正的裁决，而且要有优良的审判艺术与说理能力，能在判决中对于案件进行充分的说明论证，使当事人信服判决。而我国司法实践中，法庭、法官不愿说理、不能说理、不敢说理等现象普遍存在。比如，裁判文书中经常出现的“辩方的意见与本案事实不符”的表述。案件事实还在认定过程中，未进行说理的情况下，审判者说“辩方的意见与本案事实不符”，显然既不符合事理，也不符合逻辑。在具体案件中，哪些辩护意见与案件事实不符，辩护意见如何与案件事实不符，辩护意见与案件中的哪些证据不相符合，对此，法官在判决书中均应当进行说明、说理。又如，法庭的裁判文书往往只列明“经本庭审理查明”之结论，而法庭的“查明”是在什么意义上的查明，在判决书中通常无法得到体现与说明。以林森浩案二审裁判为例，依上文所述，在该案的二审庭审中，辩护律师及其聘请的专家辅助人就指控意见提出了多项质疑，并提出了一系列辩护意见和专家意见，控辩双方庭审激辩长达13个小时。基于权利保障、公正审判的需要，审判机关在其裁判文书中应当对于是否采纳林森浩辩护律师的辩护意见及其聘请专家的专家辅助意见，是否满足申请人根据专家辅助人的意见提出的重新鉴定、补充鉴定申请之要求等进行说理。但是，在该案二审判决书中并未就辩方的质疑和主张进行说理，只是简单作出维持原判的裁判，令人遗憾。

法官能够在裁判文书中对案件进行充分说理，有赖于在控辩平等的条件下，在庭审中让控辩双方充分举证、质证，有赖于对律师辩护意见的尊重、保障与维护。2014年念斌案二审庭审中，控辩双方聘请的专家辅助人在庭审前就进行了充分的准备，辩方专家指出控诉方的鉴定为虚假鉴定，辩护人及其专家意见的毋庸置疑，使得法官敢于抗拒干扰，作出无罪判决，并在裁判文书中进行充分说理。〔1〕而2006年南京彭宇案的一审判决却引起广泛争议，至今仍未平息。该案裁判文书中有如下表述：“根据被告自认，其是第一个下车之人，从常理分析，其与原告相撞的可能性较大。如果被告是见义勇为做好事，根据社会情理，更符合实际的做法应是抓住撞倒原告的人，而不仅仅是好心相扶；如果被告是做好事，根据社会情理，在原告的家人到达后，其完全可以言明事实经过并让原告的家人将原告送往医院，然后自行离开。但被告并未作此等选择，其行为显然与情理相悖……”〔2〕在这段判决书中，法官多次提到“常理”、“情理”，而法官在判决中论及的彭宇要不是撞，就不会去扶，这样的说理极为荒谬。显而易见的是，社会常识的内容是丰富、复杂的。比如，有自利、自顾的社会常识，也有助人为乐的社会常识……法官在此案判决书中应当试图去解释、说明的有价值的问题或许应该是：“彭宇是

〔1〕 李学军：“也谈念斌案：专家辅助人制度于念斌案的意义”，载爱思想网，http://www.aisixiang.com/data/78909.html，访问日期：2014年10月14日。

〔2〕 彭宇案一审判决书［（2007）鼓民一初字第212号］。

不是个助人为乐的人”。[1]从已经披露的情况来看，该案的裁判结果本身没有问题，但该案法官在对争议事实进行自由心证的过程中，对经验法则的上述运用显然不妥，无法让当事人及社会公众信服。

《人民法院第四个五年改革纲要（2014－2018）》就建立以审判为中心的诉讼制度作出了明确规定：“建立中国特色社会主义审判权力运行体系，必须尊重司法规律，确保庭审在保护诉权、认定证据、查明事实、公正裁判中发挥决定性作用，实现诉讼证据质证在法庭、案件事实查明在法庭、诉辩意见发表在法庭、裁判理由形成在法庭。”在上述文件关于“四个在法庭”的规定中，“实现诉讼证据质证在法庭”的规定符合公正审判的基本要求。而基于质证的需要，一审程序中“诉辩意见发表在法庭”亦符合公正审判的要求。但是，就案件的实际情况而言，由于我国的死刑复核程序并未实现诉讼化，因而就死刑复核案件而言，诉辩意见显然无法发表在法庭。而要求“案件事实查明在法庭”则是将法庭之调查活动与侦查阶段之调查混为一谈，不符合“以审判为中心”的诉讼制度对于审判职能之要求，审判所追求的实体公正只是基于审判职责的公正，是有限度的公正。侦查终结没有达到案件事实清楚、证据确实充分，审判阶段不可能完成这项侦查机关在侦查阶段未完成的任务。法庭不是查清案件最好的地方，审判也不是破案的最佳时机。庭审阶段，经过法庭调查，发现案件事实不清、证据不足，法院的职责是遵循疑罪从无原则，坚守最低限度的公正，作出无罪判决，而绝不能冤枉无辜，更不能滥杀无辜。让审理者裁判、由裁判者负责，审、判合一，法官独立以及判决书说理均是公正审判的基本要求。但是，不同案件有不同

---

〔1〕 当然，即便是这个问题，能否以“常识”解释清楚也是个疑问。比如，彭宇一向助人为乐，但不见得这次也是助人为乐；而彭宇一向不助人为乐，也不能说他这次不能突发善念、善心，助人为乐。

特点，要求所有案件的裁判理由一律形成于法庭，既不符合案件的实际情况，也不是确立“以审判为中心”的诉讼制度之关键，并非所有案件当庭宣判都有利于被告人的权利保障。依简易程序审理的案件，在法庭上当然应当直接形成判决理由和判决结果，而复杂、疑难案件就未必一概如此。即便是英美法系国家也不是所有案件之裁判均形成于庭审。在我国，在保留死刑的情形下，死刑之裁判就需要特别慎重。因而，死刑案件之裁判即便是一审程序也最好不要当庭宣判，死刑案件的裁判意见显然不应形成在法庭。以审判为中心之关键在于法庭上形成的裁判理由及裁判结果一定要公之于众，案件的审理和裁判要公开、透明，以避免暗箱操作。〔1〕

〔1〕 具体而言，审判的过程要公开，审判的结果要公开，判决的理由更要公开，裁判文书应当按照司法活动的基本要求进行充分说理。

第四章

“以审判为中心”与刑事辩护和刑事代理的发展

完善的辩护制度是以审判为中心的诉讼制度的三大支点之一。在结构上，以审判为中心的诉讼制度改革对辩护、辩诉关系、辩审关系有以下要求：其一，它当然不仅仅意味着侦查起诉要以审判为中心，辩护也应以审判为中心；其二，不仅如此，审判还必然要和控方、辩方保持同等距离，平等对待控方和辩方的法律意见，否则就不能称其为以审判为中心；其三，辩护和控诉要在审判的主持之下形成有效的对抗，才能形成以审判为中心的诉讼格局。当下我国刑事案件的现状，一是大部分案件没有辩护律师；二是辩护律师的执业权利未获得充分尊重和保障，甚至有关法律规定亦仍有待完善。现实中由于国家对控辩双方的投入天然不平衡，侦控方拥有强大的侦查的力量，辩方的力量与其不可同日而语。在司法专业化、职业化越来越受到强调的当下，对辩护专业化的要求随之提高，如果国家对弱势的辩护不给予更多投入和保障，辩护与控诉更难以形成有效抗衡的局面。是以现阶段的刑事司法需要加强辩护，使辩护律师充分行使法定辩护权利，和控方形成有效对抗之势，才能保证以审判为中心的诉讼制度的建构。因此，建立以审判为中心的诉讼制度要求辩护制度改革的方向应为加强辩护。

公诉案件被害人与诉讼代理人的权利保障也是建立以审判为

中心的诉讼制度的重要组成部分。检察官追求的利益与被害人的诉求并不完全一致，公诉无法完全代表被害人诉求。我国刑事诉讼法认可被害人的诉讼主体地位，赋予被害人当事人的法律地位，公诉案件中被害人除不享有上诉权外，有权出席法庭，参加庭审质证、辩论并委托诉讼代理人行使诉讼权利。在我国，被害人在刑事案件中的角色与地位均较为复杂，对于刑事案件诉讼结局亦有深远影响。在部分案件中，被害人的存在在控辩审三方结构中加重控方砝码，甚至通过制造舆论压力来影响审判权的中立和独立行使，并在有的案件中直接影响诉讼结局。随着刑事程序的丰富和完善，被害人的地位越来越重要，如在刑事和解程序中，原有的控辩审三方诉讼结构已受到被害人谅解这一必要条件的影响，在实践中控辩审三方诉讼结构可能演化为复杂的四边结构，也可能成为另一种以审判为中心的结构。如下图所示：

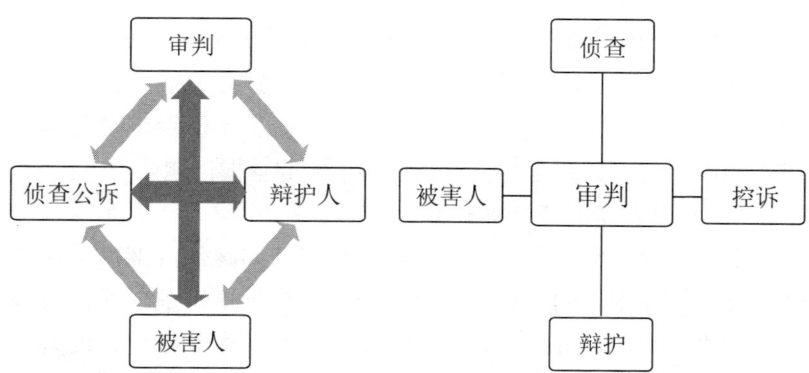

在刑事诉讼中如何既能够维护和保障被害人的合法权益，又能够使被害人理性、依法表达诉求，是我国建立以审判为中心的诉讼制度所必须面对和解决的问题。当前，加强刑事代理有利于保障被害人的合法权益，有利于职权机关正确处理案件，也是以审判为中心的诉讼制度改革的必然要求。

第一节　当前辩护的问题及分析

从以审判为中心的诉讼制度改革目标角度来分析当前刑事辩护的问题，既包括人们在观念上对律师辩护的不正确认识，也包括制度或者实践中的问题。有些实践中出现的严重问题实质上只是问题的表现形式，所以这些问题看起来无解。因此，识别哪些问题属于真正的、实质性的、可以解决的问题，是本节研究的重点内容。在笔者看来，律师辩护率、律师辩护质量包含了辩护最为重要的两个问题，辩护率和辩护质量的双低局面同时也是重要的问题表现形式。

一、　律师辩护率低使控辩结构性失衡

以审判为中心的诉讼制度要求控辩双方的专业对抗，因此，辩护律师是以审判为中心的诉讼制度的重要组成部分。在实践中，如何认识我国律师辩护率，现有律师辩护率能否满足我国以审判为中心的诉讼制度的需求，是要了解的首要问题。

（一）律师辩护率及其计算

简而言之，律师辩护率是指有律师辩护的案件占刑事案件总量的比例。在术语的使用上，律师辩护率与刑事辩护率通常被混用，刑事辩护率曾被区分为自我辩护率和律师辩护率，将没有辩护律师的案件计入自我辩护率，将有律师辩护的案件计入律师辩护率。〔1〕实际上，自我辩护与律师辩护并不对立，即使在有律师辩护的案件中，犯罪嫌疑人、被告人仍在作自我辩护。我国现阶段律师辩护率较低已为学界和实务界之共识，但具体的律师辩护

〔1〕 参见马静华：“刑事辩护率及其形成机制研究——以刑事一审为中心”，载《四川大学学报（哲学社会科学版）》2011 年第 6 期。

率数据仍模糊，原因在于统计标准不清楚。

无论是《刑事诉讼法》还是《律师法》、《法律援助条例》，都未规定律师辩护如何委托、指定；《律师服务收费管理办法》也没有明确委托的方式。《上海市律师服务收费政府指导价标准》、《北京市律师诉讼代理服务收费政府指导价标准（试行）》等省市区律师收费政府指导价文件指出，刑事案件收费按照各办案阶段分别计件确定收费标准。在实践中，刑事案件被分为立案、侦查、审查起诉、一审审判、二审审判、死刑复核、申诉等多个明显的阶段，其中立案阶段无律师辩护，在诉讼的其他阶段，犯罪嫌疑人、被告人近亲属与辩护律师的辩护委托合同分阶段订立。并非所有的刑事案件都完整经历了各个阶段，有的止步于侦查，有的止步于审查起诉，有的止步于一审审判；也并非在刑事案件所经历的所有阶段，犯罪嫌疑人、被告人都委托了律师，有的犯罪嫌疑人、被告人仅在诉讼的部分阶段有辩护律师，在诉讼的其他阶段没有辩护律师。

因此，通常所说的律师辩护率，如果是以一审案件中的律师辩护总数除以一审案件总数，就仅是一审案件律师辩护率；如果是以侦查阶段的律师辩护总数除以侦查案件总数，就仅是侦查案件律师辩护率。

笔者认为，准确的律师辩护率计算方式，应当是以委托辩护合同及法律援助公函等所覆盖的刑事诉讼阶段的数目，也即各阶段的辩护律师总数，除以所有刑事案件所经历的诉讼阶段的总数。如果案件在某个诉讼阶段曾经有律师提供辩护，就算作是有律师辩护的案件，并以案件总数作为基数来计算律师辩护率，无疑是不准确的，也不符合我国刑事司法和辩护的实际情况。

（二）关于律师辩护率和辩护数量的数据

相关数据表明了律师辩护率和辩护数量不容乐观的趋势。

以北京市20年来律师人均办理刑事案件数为例。北京市律师人均办理刑事案件数从1990年的2.64件下降到2000年的0.78

件，[1]2009年北京律师办理辩护案件共4110件，人均办理0.2件刑事案件。20年来北京律师人均辩护案件数量呈现明显下降趋势，类似的情况也发生在其他地区，如有报道称，从2003年到2009年，陕西省各级人民法院受理刑事案件数在不断上升，律师人均办理刑事案件数却下降了近一半。[2]

在全国范围内，尽管统计口径各不相同，得出的数据也有较大差异，但根据各种不同数据所得出的结论却惊人地一致：各地对律师辩护率都不乐观。[3]2005年，有报道称北京市刑事案件律师辩护率不足10%，远低于全国刑事案件律师辩护率也即30%。[4]2006年，又有报道称山东省的刑事辩护率是10%。[5]2007年，《楚天都市报》消息称湖北省“刑事辩护率目前大约只有70%，也就是说每10件案子中有3件是没有律师为其辩护的。在部分县市，刑事辩护率甚至低至30%至40%”[6]。另一报道称，1997年浙江省的刑事辩护率是15.3%，2000年就下降到了

---

〔1〕数据来源于张学军：“我国刑事辩护困境的法律思考”，载《法制与社会》2009年第20期。

〔2〕参见石破：“我国刑案参辩率低律师伪证罪影响辩护积极性”，载 http://news.sina.com.cn/c/2010-07-07/165820630817.shtml，访问日期：2015年4月18日。

〔3〕关于刑事辩护率的相关报道还可参见李玮玮、丘源源：“受刑事追究仅两成人请律师辩护”，载《中山商报》2005年10月17日，第A4版；王晓映：“刑事辩护案件每年递减15%”，载《新华日报》2005年6月1日；“民众不愿请律师难干山东刑事案辩护率10%”，载《齐鲁晚报》2006年10月29日；阿计：“刑事辩护如何走出困局”，载《政府法制》2008年第10期。

〔4〕参见黄秀丽：“刑事案件律师辩护率不足一成”，载《北京日报》2005年8月29日。

〔5〕参见“民众不愿请律师难干山东刑事案辩护率10%”，载《齐鲁晚报》2006年10月29日。

〔6〕参见“湖北省刑事辩护率偏低 约30%没有辩护律师”，载荆楚网，http://www.110.com/falv/xingfa/xingshidongtai/2010/0816/281936.html，访问日期：2015年4月18日。

14.89%，而北京市刑事案件的律师辩护率甚至不足10%。[1]中山市司法局的数据表明，2009年中山市一审辩护率仅20%左右，略高于全国平均水平。[2]在全国范围内，刑事辩护率和律师辩护率也是一个扑朔迷离的数字，2005年有30%一说，2010年又有20%的新说，且数据来源与统计标准均不十分明确。

2008年在北京市有26 793人被提起公诉，法院为1871名符合法律援助条件的刑事被告人指定了辩护人，审判阶段指定辩护的比例占全部公诉案件被告人的6.98%。[3]北京市律师协会的数据称，2008年，公诉辩护案件2849件[4]，被告人委托辩护案件3980件，法律援助辩护案件4567件。[5]2009年北京市检察机关对27 383人提起公诉，根据北京市律协统计，当年北京律师办理公诉辩护案件3429件，被告人委托辩护案件4609件，法律援助辩护案件5394件。[6]2011年公诉26 058人，执业律师共22 100人，刑事诉讼辩护及代理15 631件，承办刑事法律援助案件3357件。2012年执业律师共22 796人，刑事诉讼辩护及代理18 174件，承办刑事法律援助案件3587件。2013年刑事诉讼法修正案生效后，辩护和代理案件有了大幅增长。2013年北京市公诉23 272人，执业律师共23 761人，刑事诉讼辩护及代理28 062件，办理刑事法律援助案件4421件；2014年公诉25 204人，执业律师共24 467人，刑事诉讼辩护及代理25 144件，办理刑事法

---

〔1〕 参见石破：“我国刑案参辩率低律师伪证罪影响辩护积极性”，载http://news.sina.com.cn/c/2010-07-07/165820630817.shtml，访问日期：2015年4月18日。

〔2〕 李玮玮、丘源源：“受刑事追究仅两成人请律师辩护”，载《中山商报》2005年10月17日，第A4版。

〔3〕 数据来源于2009年北京市高级人民法院工作报告，因统计口径不同，其发布的指定辩护数据与北京市律协稍有出入。

〔4〕 数据来源于2008年北京市律协业务统计表。

〔5〕 数据来源于2008年北京市律协业务统计表。

〔6〕 数据来源于2009年北京市律协业务统计表。

律援助案件2822件。[1]2011年以来，北京市公开的数据将辩护与代理统计在一起，稍高于公诉案件被告人人数，可见，无论是律师辩护还是代理，比例都不高。

（三）律师辩护率低的原因

律师辩护率低的原因有许多，笔者试列其中要者如下：

1. 犯罪嫌疑人、被告人经济困难

2008年，世界银行根据75个国家包括转型国家的贫困线数据以及2005年购买力平价，对1天1美元贫困线进行了重新修订，15个最不发达国家贫困线的平均数为1.25美元/天，75个国家的中位数贫困线相当于每天2美元。扣除15个最不发达国家，其余60个国家（含转型国家）贫困线的中位数相当于2.5美元/天。[2]根据国家统计局发布的数据，按照年人均收入2300元即每日1.02美元的农村扶贫标准计算，2014年中国农村贫困人口为7017万人。[3]有学者估计，中国数亿人口生活在世界银行提出的2美元贫困线下。大部分犯罪嫌疑人、被告人生活在社会底层，受其经济条件所限，请不起辩护律师。经济条件较好的犯罪嫌疑人、被告人则大部分聘请律师辩护。这一情况与国外的经验也是一致的，大部分犯罪嫌疑人、被告人由于经济条件问题无法聘请辩护律师，需要国家为其提供免费的辩护律师。

2. 强制辩护的范围窄

我国刑事诉讼法规定的法律援助强制辩护适用条件严格、范围狭窄。刑事诉讼法经过两次修正，已经将强制辩护的范围从未

---

〔1〕参见北京市人民检察院2012年及之后两年的工作报告，载http://www.bjjc.gov.cn/bjoweb/gzbg/44522.jhtml，访问日期：2015年4月18日。

〔2〕王小林："贫困标准及全球贫困状况"，载《经济研究参考》2012年第55期。

〔3〕参见"2014年国民经济和社会发展统计公报"，转引自"中国农村贫困人口数量"，载世界人口网，http://www.renkou.org.cn/countries/zhongguo/2015/2681.html，访问日期：2015年4月18日。

成年人、聋哑人扩大到可能判处无期徒刑、死刑的案件，盲人犯罪的案件，另外，通过司法解释如2013年修正的《关于刑事诉讼法律援助工作的规定》，必须提供法律援助的范围还扩大到一二级智力残障人士、其他共犯已委托辩护的案件、人民检察院抗诉的案件及有重大社会影响的案件。但这些案件在刑事案件中所占比例较小，限制了法律援助的范围。

实践中法律援助的案件总量仍然不大、比例仍然不高。2013年度北京律师人数超过被告人人数，但法援辩护率仅为19%。是以当解释何以法援辩护率低时，实不足以拿缺乏律师作为理由。在计算中，假定所统计的法援辩护数字均为一审辩护数，忽略了法律援助辩护可能是发生在案件其他阶段，一审法律援助辩护率在2013年达到四年最高水平的19%，2014年则骤降为四年最低的11.2%。〔1〕

3. 经济困难的法律援助门槛高

法律援助辩护的经济困难门槛较高，是受援被告人范围小的原因之一。《关于刑事诉讼法律援助工作的规定》指出：“公民经济困难的标准，按案件受理地所在的省、自治区、直辖市人民政府的规定执行。”2014年前，许多省、市规定的经济困难标准是本省、市最低生活保障标准，其具体金额由省级政府调整，如2014年河北的低保标准调整为420元；泰州城镇调整为530元，乡村为370元；合肥调整为510元。2014年十八届四中全会报告提出扩大法律援助范围以来，至2015年，多个省市将法律援助的经济困难标准降低，具体做法有：一是将经济困难标准设为低保标准的2倍；二是将低收入标准设为经济困难标准，如上海(2011)、河北（2014）、广东（2015）将经济困难的起点设为低收入标准；三是将最低工资标准设为经济困难标准，如滁州、苏

〔1〕 参见：北京市人民检察院2012年及之后两年的工作报告，来源于http://www.bjjc.gov.cn/bjoweb/gzbg/44522.jhtml；《北京市司法局年度数据统计》。

州、海南部分地区将经济困难标准设为最低工资标准，苏州上年度（2014）最低工资标准为1680元。总体上，从现有的经济困难标准而言，以经济困难标准设置的法律援助门槛仍嫌过高，限制了被告人获得法律援助案件的范围。

4. 辩护业务具有高风险

《刑法》第306条律师伪证罪和《刑事诉讼法》第42条律师伪证罪追诉程序是对辩护律师的威慑。“辩护律师帮助伪造证据、毁灭证据的时候，在辩护过程中成立了伪证罪。虽然数量还没有被准确地统计，相信也不会有那么多，但是的确是十分凶险的。……只要有一起这样的对辩护律师追究的案件，就足以对其他律师产生巨大的震慑作用。事实表明，刑事辩护的比率在下降，刑事辩护律师参加刑事辩护的意愿在下降。”[1]越来越少的律师愿意涉足凶险的刑事辩护业务，在这样的背景下，律师辩护率显著下降，刑事辩护业务从律师制度恢复之初的主要业务，自1997年规定律师伪证罪的刑法修正案生效后，迅速发展到被边缘化的地步。

（四）以审判为中心的诉讼制度对律师辩护在数量上的基本要求

以审判为中心的诉讼制度加强了对律师辩护的要求，体现在律师辩护数量上，主要有对律师辩护全阶段的要求以及对律师辩护覆盖案件范围的要求。

1. 对律师辩护全阶段的要求

以审判为中心并不是仅指在审判阶段以审判为中心，在诉讼的其他阶段，审判权的介入和审查也随着司法改革逐步加强。比如，通过非法证据排除的审理程序，审判阶段将对案件的审查延伸至侦查阶段。因此，在诉讼的所有阶段加强律师辩护，对于以

---

〔1〕 陈卫东等：“2012年《刑事诉讼法》修正案的进步与不足”，载李林、冀祥德主编：《法治中国建设的理论与实践》，方志出版社2015年版，第184页。

审判为中心的诉讼制度改革有重要意义。

我国刑事诉讼始于立案，立案之前可进行初查，立案后即必须开展侦查，采取各种强制措施和强制性侦查措施。但法律并未规定立案阶段及立案前阶段的初查的辩护。立案后刑事诉讼已开始，而律师辩护并未开始，这导致刑事诉讼早期控辩格局的失衡。许多冤案的发展过程说明，在诉讼的初始阶段，辩护律师的参与非常重要，比如律师在立案阶段即可提出撤销案件或者终止侦查的辩护意见，其他早期阶段的辩护也弥足重要，如聂树斌案案卷中拘留后前四天的讯问笔录消失，如果当时有辩护律师介入，那么后来可得到的信息至少可能有两种：一是聂树斌当时是承认犯罪还是作了无罪的辩解；二是是否有侵犯其合法权利的行为，如刑讯逼供。因此，将律师辩护权扩展至刑事诉讼的全部阶段，在诉讼的全过程，针对侦诉一方的行为给予辩护方防守机会，是以审判为中心的诉讼制度改革要面对的重要问题。

2. 对律师辩护覆盖案件范围的要求

如前文所述，当前律师辩护的现实是：委托辩护的比例不高，法律援助辩护覆盖面受到案件类型、犯罪嫌疑人和被告人特点、经济困难标准的限制，总体上将律师辩护率拉低。构建以审判为中心的诉讼制度，提高律师辩护率是必然要求。这一部分内容将在后文详述。

二、 律师辩护质量问题及其成因

有学者解释以审判为中心的诉讼制度的目标，称：“以审判为中心的诉讼制度改革，必然要求刑事辩护工作实现实质化。刑事辩护是以审判为中心诉讼制度改革的一个重要方面，辩护职能是近现代刑事诉讼三大职能之一，而且是不可缺少、更不可忽视的一种诉讼职能，更是防范刑事冤假错案的一支重要力量。刑事辩护制度贯彻情况，是一个国家、一个民族尊重和保障人权、民主与法治进步与否的重要标志。当前，我国的刑事辩护工作距人民群众的要求和民主与法治的进程，还有相当差距：一是刑辩不到位，尚有50%至70%的刑事审判辩护律师缺位；二是到位的刑事辩护尚未达到实质化，实体辩护和程序辩护均残缺不全；三是法律援助工作还处在艰难的推进中，缺人、缺钱、缺经验，无效辩护制度尚未建立。”〔1〕该阐述的第二点和第三点指出了我国辩护质量问题。

（一）律师辩护质量现状及数据

我国刑事案件辩护质量不容乐观。对于辩护质量的评价，可以从辩护之实体意义的结果性质量和程序意义的过程性质量两个方面着手。其中，实体意义的结果性质量是律师辩护活动对诉讼进程和诉讼结果的影响，具体体现在辩护意见对刑事司法程序和诉讼结局的影响上，体现在辩护意见受到采纳的比例上；程序意义的过程性质量是律师辩护活动本身的质量，是律师辩护意见的内在质量，体现在律师的会见、阅卷、在法庭之外的证据收集和调查、在法庭上的各种申请和异议、举证、质证、辩论、各种书面辩护意见的撰写等活动的质量上。也有学者将刑事辩护区分为程序性辩护和实体性辩护，程序性辩护是指就程序合法性进行的辩护，而实体性辩护是就案件定罪量刑问题等实体结果展开的辩护。

2010年在北京市进行的一项以600余名律师为对象的调研结果表明，判决书明确表示采纳辩护意见的占23.6%；没有采纳，而且未曾提及或一带而过、没有作出合理解释的占13.6%；没有采纳，但作了充分说明的占12.2%；明确表示不予采纳，但事实上吸收了辩护意见的占6.2%。〔2〕

〔1〕樊崇义：“‘以审判为中心’的概念、目标和实现路径”，载《人民法院报》2015年1月14日，第5版。

〔2〕参见许兰亭：“律师刑辩意见采纳之现状”，载 http://www.xulanting.com/fagui_5.htm，访问日期：2010年11月18日。

在律师提出的各种辩护意见中，所提申诉、控告意见被采纳率为37%；针对侦查中的刑讯逼供问题，在审前向检察机关提出后获处理率为15.5%；检察机关在审查起诉中听取律师意见的占36%；在律师作无罪辩护的案件中，法院最终判决无罪的占24%；罪轻辩护意见的采纳率在60%至70%之间，其中，律师以存在法定应当从轻、减轻、免除刑事责任的事实为理由进行辩护的，采纳的比率约为62%；律师以存在自首、立功、积极退赃、犯罪动机不恶劣等可以从轻、减轻刑事责任的事实为理由进行辩护的，采纳的比率约为68%。二审作无罪辩护的案件当中，法院最终的处理结果中，维持原判的案件约占62.1%，改判无罪的占11.2%。二审作罪轻辩护的案件当中，法院最终的处理结果中，维持原判的案件占69.7%。〔1〕

从公开的统计数据中可知，公诉案件中，有罪判决的确定性较高，无罪判决的可能性极小。根据最高人民检察院、最高人民法院两院工作报告，在2003年到2013年间，检察院提起公诉的人数中，有罪判决率为86.94%~88.06%，包括无罪判决在内的其他诉讼结局占11.94%~13.06%；2014年，包括无罪判决在内的其他诉讼结局比例为14.89%。即使是在公诉案件有罪判决率最低的2014年，无罪判决率也极低：在1 391 225名公诉被告人中，仅有518人被判无罪，占0.037%。〔2〕

年　份	公诉人数	有罪判决人数	有罪判决率	其他结局比例
2003~2007	4 692 655	4 080 000	86.94%	13.06%
2008	1 143 897	1 007 304	88.06%	11.94%

〔1〕 参见许兰亭：“律师刑辩意见采纳之现状”，载http://www.xulanting.com/fagui_5.htm，访问日期：2010年11月18日。

〔2〕 数据来源于最高人民法院工作报告、最高人民检察院工作报告。

续表

年　份	公诉人数	有罪判决人数	有罪判决率	其他结局比例
2009	1 134 380	997 000	87. 89%	12. 11%
2010	1 148 409	1 006 420	87. 64%	12. 36%
2011	1 201 032	1 051 000	87. 51%	12. 49%
2012	-	-	-	-
2013	1 324 404	1 158 000	87. 44%	12. 56%
2014	1 391 225	1 184 000	85. 11%	14. 89%

对诉讼程序合法性的辩护现状亦堪忧。前述2010年针对律师的调研结果表明，法院采纳律师意见，排除非法证据的比率只有8. 7%。这些排除了非法证据的案件中，认定存在刑讯逼供的途径主要有三个：一是辩护方举证，占50%；二是法院调查认定，占33. 3%；三是法院要求控诉方举证，控诉方未能举证证明，法院即认定刑讯逼供成立，占16. 7%。针对排除以威胁、引诱、欺骗等非法方法获取证据进行的辩护被采纳率为31. 7%。有11. 8%的律师曾针对侦查机关在搜查、扣押、鉴定、监听、勘验检查中的重大违法情形而提出请求排除证据的辩护意见，他们中间仅有21. 6%得到了法庭的支持。〔1〕

（二）尽职辩护的法律风险与制度环境

辩护质量不容乐观的原因是多方面的，其中，不能忽视的一点是尽职辩护具有一定的法律风险，这种风险或者是由于制度仍有待完善造成的，或者是由于实践中的执法司法状况造成的。

1. 尽职的律师有犯伪证罪的顾虑

在司法实践中，《刑法》第306条被随意解释的情况时有发

〔1〕 参见许兰亭：“律师刑辩意见采纳之现状”，载 http://www. xulanting. com/fagui_ 5. htm，访问日期：2010年11月18日。

生：辩护律师为被告人提供法律咨询，影响被告人口供时，会被理解为伪证罪；会见中律师对被告的法律帮助和提示，被有的地方司法机关认定为引诱伪证；向被告人告知控告权，被指为教唆翻供；向被告人宣读其他同案犯口供进行核对、宣读律师取到的证据进行事实核实、宣读被告人本人口供进行核实，甚至眨眼也被指为引诱被告人作伪证。律师要求证人出庭作证，向证人进行作证要点辅导也被指进行伪证；还有的律师去寻找刑讯逼供的证人，要求被告讲出刑讯真相，但是由于公安检察机关迫使证人以原供作证，反诬律师引诱伪证，陷律师于伪证罪。甚至仅有意图，没有提供、出示、引用证据，甚至没有向法庭提交过一份证据的律师也被判决有罪。“前几年流传在律师界的一个说法是：‘你实在找不到别的工作，那就来做律师；要做律师，千万不要做刑事律师，可以去做代理；如果说非要做刑事律师，那千万别去调查取证，因为一调查可能就会调出麻烦。’”[1]各级律协组织刑事辩护律师业务培训时，伪证罪风险防范是必要内容。

全国律协曾对23个律师伪证罪案例进行分析，其中11个涉案律师被无罪释放或撤案，错案率近一半。2003年至2004年，全国律协受理各地律师协会或律师上报的律师维权案件22起，其中律师伪证罪10起，律师被绑架、殴打、非法拘禁的事件6起，阻碍律师履行律师职务案件1起。据北京市律协提供的数据，从1997年到2004年，北京市律师在执业中被司法机关采取法律措施的案件共有12起。从案由上看，涉嫌伪证罪2起，涉嫌妨害作证罪2起，纯属司法机关滥用职权的2起。其中，最著名的案件当属2009年底到2010年初之间的李庄伪证罪一案。[2]

---

〔1〕 陈卫东等：“2012年《刑事诉讼法》修正案的进步与不足”，载李林、冀祥德主编：《法治中国建设的理论与实践》，方志出版社2015年版，第188页。

〔2〕 关于李庄案，具体参见2009年12月14日中央电视台《新闻1+1》栏目，载新华网，http://news.xinhuanet.com/legal/2009-12/15/content_12648745_1.htm.

律师对调查取证讳莫如深、避之不及，必然对无罪辩护中收集不在场证明、正当防卫证明等取证行为和罪轻辩护中的取证行为怀有顾虑；律师顾虑取证的法律风险，在获得证据线索后申请职权部门进行调查，职权部门如认为没有必要而不调查，律师一般无从获得救济。在辩护实践中，这些必然影响辩护效果和质量。

2. 程序权利无保障导致律师与司法机关关系紧张

坚持程序性辩护权利的辩护律师，与司法机关关系紧张的现象越来越明显。辩护律师曾经在多个案件的庭审中被审判人员驱逐出法庭，或者愤而退庭，抗议律师辩护权利被忽视的庭审现实，体现出高度紧张的辩审关系。远者如2012年1月12日，三届全国人大代表迟夙生律师因坚持非法证据排除辩护意见并抗议法庭不依法进行非法证据排除而被审判长训诫、驱逐出庭，晕倒在贵阳的一个法庭上。时值该案开庭第4日，第4名律师被法官驱逐出庭。[1]近者如2015年1月，惠州法院未经审判监督程序，再次审理已经对被告人作出有罪判决的犯罪事实，律师提出辩护意见后不但没有得到采纳，甚至审判长不允许辩护律师再提出任何意见，要继续进行审理。辩护律师们在反复抗议无效的情况下，选择了集体退庭。随后法庭无视被告人要求律师辩护的请求，继续进行审理，声称律师们随后会出具书面的辩护意见。[2]

近年来，有些较真的辩护律师屡屡与公检法等职权部门发生冲突，被称为“死磕派”、“死磕律师”，成为我国刑事司法领域引人瞩目也不能回避的现象。死磕律师的辩护行为呈现出网络化、社会化、新闻化、信访化、庭外行为艺术化、死磕程序辩护

---

〔1〕 朝格图：“敢言敢为迟夙生——她的行动，就是她最好的议案”，载 http://www.infzm.com/content/72888，访问日期：2015年4月18日。

〔2〕 李云芳：“律师指惠州中院违法再审已判案件，集体退庭后将到最高法控告”，载澎湃新闻网，http://www.thepaper.cn/newsDetail_forward_1291424，访问日期：2015年4月18日。

等特点。网络化，指在打破信息垄断的互联网时代，才有了死磕的场所和空间，死磕律师的联络和信息向外传递多是依赖网络；社会化，是将案件信息公开，使案件成为引起社会关注的事件；新闻化，是指将案件作为新闻事件发布，扩大案件的影响范围；信访化，是指在案件办理过程中即通过走访、寄递信访信件等方式多方信访；庭外行为艺术化，如给法官送红薯、绝食等。有学者认为：“死磕了以后人民过来围观，死磕的本质符合习近平总书记说的，法官判的好不好人民群众说了算，人民群众过来看看。”〔1〕

实践中引发律师死磕的多为关于程序权利的辩护，“不论是北海案还是小河案，引发死磕的，无一不是程序问题。如北海案的会见被告人问题、阅卷问题、复制讯问光盘问题、非法证据排除问题、法医鉴定问题、侦查实验问题，小河案的管辖问题、证人出庭问题、侦查终结报告问题、公开审判问题等”。〔2〕“法律规定律师有会见权，但是有关部门就是不让律师会见，律师奈何？法律规定律师有查阅、复制、摘抄案卷的权利，但是有关部门就是不让律师阅卷，律师能奈何？法律规定在一些诉讼环节应当听取律师的意见，但是有关部门就是不征求律师的意见，律师又奈何？办案人员随意限制甚至剥夺律师的调查取证权、举证权、质证权，不理睬律师的调取证据申请权等，律师又能奈何？有哪个律师不希望顺顺利利地办理案件？有哪个律师不愿意与公安司法人员融洽相处、彼此尊重、相互支持？有哪个律师愿意‘拉下脸’、冒着风险与公安司法人员‘死磕’？但是，如果律师在执业中处处碰壁，常常被难，又投诉无果，走投无路，那么，

---

〔1〕李奋飞、吕良彪、何兵：“学者力挺律师依法‘死磕’”，载《蓟门决策》第86期：《刑事辩护律师职业伦理研讨会（二）——“死磕”问题研讨》发言整理。

〔2〕杨学林：“论死磕派律师”，载共识网，http://www.21ccom.net/articles/zgyj/fzyj/article_20140411104224_3.html.

就会不在‘被欺负’中忍受，就在‘被欺负’中‘死磕’。”[1]可见，辩护律师执业权利保障的问题如果不解决，辩护律师与司法机关之间的紧张关系就无法缓和，律师辩护效果必然受到影响。

3. 案件的庭外决策机制中无律师辩护权

刑事案件的法定审判组织除了合议庭、独任庭，还有审判委员会，此外还有其他法定决策组织如决定不起诉的检察委员会，实践中还有政法委协调具体案件的习惯性做法。审判委员会决定的案件是疑难、复杂、重大的案件，但审判委员会成员并不阅卷，近年来有多篇文章探讨如何向审判委员会、检察委员会汇报案件，以使委员们通过汇报人员的口头汇报准确、全面掌握汇报人员所汇报的案情，以免作出错误判断。律师不能参与检察委员会、审判委员会的汇报和讨论，无法全面、准确地将辩护意见传达到委员会会议上。由于审判委员会的决定，合议庭必须执行，这类案件中律师当面向案件决策者提出辩护意见的权利被剥夺。政法委讨论和决定案件给律师辩护带来的挑战亦相似。2013 年以来，为了防范冤假错案的产生，政法委讨论决定具体案件已受到中央政法委文件的禁止。2015 年中央又出台领导干部和司法人员干预司法的记录、通报、处罚制度，但领导干部和司法人员提出办案人员严格执法的要求并进行监督，并不属于干预，不属于予以记录和通报的范围。况且，对于属于记录范围的领导干部和内部工作领导的干预活动，办案人员又是否敢记录？恐怕该规则自生效之日起就流于形式。

案件的庭外决策机制也成为辩审关系紧张的原因之一，引起了学者和法官的共鸣。有学者指出：“我们知道普通的案件我们的法庭都不像法庭，我们的法庭都是虚化的，我们中国的法官不像法官，为什么不像法官呢？因为他有的时候比公诉人还是公诉

---

[1] 冀祥德：“律师缘何‘死磕’?”，载《中国司法》2013 年第 9 期。

人，有的时候法官问的问题比公诉人问的还狠，他站在了公诉人的前面。所以说很多的律师说必须先把法官给磕倒才能磕公诉人。”〔1〕对此问题，大法官的认识更深刻。2015 年 1 月 21 日，最高人民法院院长周强在全国高级法院院长会议上指出：“坦率讲，我百思不得其解，法官老把律师赶出法庭，如果是违反法庭的秩序，不行你可以休庭，也有录音录像，你公布出来就完了，这个确实要提高庭审能力和转变审判观念。当然问题在哪里我们也知道，都协调好了要怎么判，（但是）律师打乱了原来的程序。这个恰恰是要改革的对象。”〔2〕

有些学者反对死磕，认为律师的辩护场所是法庭，要将辩护意见发表在法庭上而不是法庭外，要加强当庭质证、辩论等。但如果以审判为中心的诉讼制度改革不能做到由审案法官判决，如果不改革案件的庭外决策机制，辩护律师为了维护被告人的合法权益，就不仅需要在法庭上辩护，而且需要在法庭外发出辩护的声音，影响庭外决策者的决策过程。可见，庭外决策机制的存在造成“你辩你的、我判我的”的辩护困局，在一些案件中导致辩护律师在法庭内外使用各种方式全面抗争的死磕局面。

4. 关于辩护律师的作用的疑问

律师辩护的效果如何，在实践中是一个很难使人乐观的问题。以辩护律师调查证据为例，律师“去调查既凶险，效果还十分可疑。所谓凶险，就是去调查以后，得到的证据如果与控方不一致，那么就会受到我们刚才所说的第 306 条的规制。所谓效果可疑，也很好理解，如果一个证人作出两个不同的证词，一个是控方的，一个是辩护方的，通过宣读后，法庭凭什么相信辩护律

〔1〕 李奋飞、吕良彪、何兵：“学者力挺律师依法‘死磕’”，载《蓟门决策》第 86 期：《刑事辩护律师职业伦理研讨会（二）——“死磕”问题研讨》发言整理。

〔2〕 “‘把律师赶出法庭’，法治将百思不得解”，原载《南方都市报》，转引自求是网，http://www.qstheory.cn/zhuanqu/bkjx/2015-01/25/c_1114119753.htm，访问日期：2015 年 4 月 18 日。

师的，这没有理由啊”[1]！“人们对刑事辩护作用的有效性和信任度也在下降，……它的作用还十分可疑，说可疑是比较客气的，也就是说辩护律师费了很大的劲，进行了调查取证，在法庭上进行了一个有力的辩护之后，法庭最后可能轻描淡写地说律师的辩护意见与本案事实不符，不予采信。辩护律师所做的所有努力，可能就被这简单的一句话废掉了。试想，刑事辩护既困难，又凶险，而且作用还十分可疑，还有多少人愿意做，或者说这个事业还有多少前途可言？确实值得担心。”[2]

以上关于辩护律师作用的讨论是“客气”的，实践中的情况非常复杂。经二审由死刑改判死缓的被告人曾称，律师真的没有什么用，请哪个都一样。其父称其由于接触面狭窄，只能见到办案人员，受到办案人员观念的影响。[3]现实中，由于律师影响被告人“坦白”，增加了办案机关的取证难度，公检法工作人员一般会告知被告人相信公检法的工作，律师没有用，甚至有害。在涉财类犯罪案件中，办案人员往往认为与其花钱请律师，不如用来积极赔偿。有的辩护律师也会认为，刑事案件中律师因辩护权受限，能做的工作较少，起不到大的作用，而死磕更会给律师带来执业风险。

（三）犯罪嫌疑人、被告人和辩护律师的关系未理顺

长期以来，关于辩护律师和犯罪嫌疑人、被告人之间的关系，存在多种不同的观点，实践中也有不同的做法。一种观点是独立说，认为辩护律师的辩护意见和策略不受犯罪嫌疑人、被告人的影响。实践中辩护律师拒绝以犯罪嫌疑人、被告人意见为主

---

〔1〕 陈卫东等：“2012 年《刑事诉讼法》修正案的进步与不足”，载李林、冀祥德主编：《法治中国建设的理论与实践》，方志出版社 2015 年版，第 187 页。

〔2〕 陈卫东等：“2012 年《刑事诉讼法》修正案的进步与不足”，载李林、冀祥德主编：《法治中国建设的理论与实践》，方志出版社 2015 年版，第 184 页。

〔3〕 陈小莹：“吴英狱中首获亲属探视：称律师真的没什么用”，载《21 世纪经济报道》2012 年 6 月 22 日。

导的，犯罪嫌疑人、被告人无权要求辩护律师以其意见为主导，只能通过解除委托、另行委托辩护律师获得辩护帮助，客观上加重犯罪嫌疑人、被告人讼累。如“网络诽谤第一案”中，律师与被告人最后一次会见长达 4 小时，沟通协调辩护策略。但开庭时被告人主张立案程序非法，辩护律师由于与其意见不一致，被当庭解聘。〔1〕另一种观点是依附说，主张辩护律师应听从犯罪嫌疑人、被告人意见，律师辩护是建立在委托合同的基础上，依照合同法的规定，律师应按照委托人的指示进行辩护。笔者认为，还存在第三种做法，也即被告人同意说，辩护律师与被告人辩护意见的不同是基于双方的辩护策略，被告人对此知情并同意。比如，“李庄告知高子程第二审改变策略，认罪换缓刑，已经和重庆方面谈好。高子程提醒他，认罪之后，律师证可是要吊销的，李回答，他们这儿不讲法，一审你都看到了，二审不认无非还是两年半，也是吊销，先出去再说，找到证据再申诉，咱们各自为战，我认罪，你还按照无罪辩护。高子程最后同意了这个方案。”〔2〕李庄判断其二审若不认罪，该案没有开庭审理机会，也没有减轻量刑可能，因此李庄认罪，而其律师作无罪辩护，各有分工。

笔者认为，要厘清辩护人和委托人的关系，要澄清几个问题：首先，辩护权的根源与归属何在？显然，律师辩护权并非源于律师身份，而是源于犯罪嫌疑人、被告人在宪法和刑事诉讼法上享有的辩护权。律师辩护权是辩护权的组成部分，并不是独立的权利。其次，辩护律师与委托人之间的委托关系应否受合同法的约束？《合同法》第 399 条规定：“受托人应当按照委托人的指示处理委托事务。需要变更委托人指示的，应当经委托人同意；

〔1〕 翟建：“当事人意志与律师辩护方案的确定”，原载《第一辩护》，转引自 http://www.66law.cn/domainblog/101158.aspx，访问日期：2015 年 4 月 18 日。

〔2〕 千古洲：“李庄当时认罪究竟是妙笔还是败笔?”，载 http://blog.legaldaily.com.cn/blog/html/81/2441181-30749.html，访问日期：2015 年 4 月 22 日。

因情况紧急，难以和委托人取得联系的，受托人应当妥善处理委托事务，但事后应当将该情况及时报告委托人。”除非情况紧急，难以和委托人取得联系，否则辩护律师违背受托人意志显系违约，应依法承担违约责任。最后，辩护律师违反被告人意志是否意味着律师以其知识和经验维护被告人合法权益？实践中，甚至资深律师也会在拒绝犯罪嫌疑人、被告人辩护意见时，认为犯罪嫌疑人、被告人欠缺法律知识、实践经验和对司法惯例的了解，无法全面、准确理解司法现实和律师的辩护策略，认为辩护律师可以专业地通盘考虑犯罪嫌疑人、被告人的利益并为其服务，律师懂得怎样为其谋取具有现实可能性的最佳诉讼结果。〔1〕实践中向司法现实妥协的做法，如由于排除证据困难而不提出非法证据问题、程序违法问题，未必符合犯罪嫌疑人、被告人的利益，比如死磕律师确实通过这些程序性辩护为被告人争取到许多成功的无罪判决。

综上，我国法律援助门槛高，犯罪嫌疑人、被告人受经济条件限制，委托辩护率也不高，导致现实中刑事案件辩护率低；律师不能参与所有诉讼阶段；在有律师辩护的案件中，律师尽职辩护风险大、顾虑多；诉讼程序上律师执业权利保障不足、参与权不充分；案件的庭外决策机制架空律师辩护权；不尽职辩护没有

---

〔1〕有资深律师提出：“如果从我们当事人的意志和律师的辩护方案来说，我想说的是：第一，作为一个辩护律师，永远应该把当事人利益的最大化放在第一位，我们要对得起当事人付给我们的费用。第二，我们这个追求最大化，是要用我们专业的方法，专业的判断，专业的技巧来达到，来实现，只有这样，我们律师在刑事诉讼当中才有我们自己的价值。第三，当我们与当事人的意志不一致的时候，我们应该给他们一些专业的分析，专业的指导，专业的说明，我们不能够被当事人牵着鼻子走。在必要的时候，我们应当坚决而且勇敢地对当事人说不。那么，只有我们拿出了我们专业的水准，做出了我们专业的事情，我们才有可能在公检法，包括我们律师，在这个刑事诉讼的参与者当中，刑事诉讼的舞台上，树立我们自己的形象。”翟建：“当事人意志与律师辩护方案的确定”，原载《第一辩护》，转引自 http://www.66law.cn/domainblog/101158.aspx，访问日期：2015 年 4 月 18 日。

惩罚律师和救济当事人的机制。可以推知，大部分律师不会使自己长久地处于进退两难境地，要么远离辩护，要么配合公检法的案件处理意见，要么在维持与公检法和谐关系的前提下最大限度地维护委托人的合法权益。走上为委托人的合法权益而死磕之路的律师少之又少。普通律师认为，由于程序上的违法并不必然，甚至在大部分案件中也不会导致实体上对犯罪嫌疑人、被告人不利的后果，是以经验丰富的普通律师往往并不在辩护中提出程序瑕疵、违法的问题，并且也不认为如此辩护违背犯罪嫌疑人、被告人的根本利益；而律师提出纠正程序违法问题时，容易触怒公检法，使委托人利益受到损害，甚至坚持要求纠正关键的程序性错误的部分律师还会给自己带来麻烦。死磕律师和死磕的方式并不是法律设计的程式，也超出了立法者的预期和司法者的承受能力。〔1〕死磕律师的出现在学术界引起的反响不一，除了前文所述或支持或反对的观点以外，还有观点认为死磕律师是中国特有的问题，是现实问题而非学术问题。死磕现象暴露出刑事司法深层次的体制性问题，这些问题触及以审判为中心的诉讼制度改革的核心问题，对这些问题的深入改革是加强辩护的必然要求。

第二节 确立有效辩护要求和无效辩护审查标准

妥善解决刑事辩护的问题才能适应以审判为中心的刑事诉讼模式的要求，解决方案包括刑事辩护在数量和质量两个方面的要求。客观上，这种以加强辩护为中心的方案需要树立新观念，转

〔1〕 如最高人民法院第一巡回法庭将死磕与勾兑并列，视为不正当现象，要求“杜绝私下勾兑、‘死磕’等不正当现象的发生”。“努力构建法官律师新型职业共同体关系”，载《人民法院报》2015年2月12日，第1版。

变旧观念，明确那些模糊的争议观念，满足刑事辩护基本要求和以审判为中心的诉讼模式的基本规律，保障犯罪嫌疑人、被告人基本权利，依法为辩护律师执业提供充分保障，为辩护权受侵犯的犯罪嫌疑人、被告人提供救济。

如前文所述，在各种对辩护律师的分类中，有一种配合司法机关、不给司法机关挑错（包括有错也不指出，以免引起公检法不满或者激怒公检法，避免犯罪嫌疑人、被告人因此受到严厉处罚，甚至也给律师自己招来麻烦）的做法，被称为形式辩护。在涉及有争议的重要证据、重要程序的案件中，形式辩护走过场，与刑事辩护的实质化要求不符。“实现刑事辩护工作实质化不仅要建立健全案件的实体辩护，而且要完善案件的程序辩护，以程序公正和实体公正为目标，全面推进刑事辩护工作。刑事辩护实质化的要求，就是要确立有效辩护制度。有效辩护包括以下三层意思：一是犯罪嫌疑人、被告人作为刑事诉讼的当事人在诉讼过程中应享有充分辩护权；二是应允许犯罪嫌疑人、被告人聘请合格的辩护人为其辩护；三是国家应保障犯罪嫌疑人、被告人自行充分行使辩护权，设立法律援助制度，确保犯罪嫌疑人、被告人获得律师帮助。”〔1〕

一、 确立对有效辩护的要求

犯罪嫌疑人、被告人的律师辩护权是指有效辩护，为有效辩护设立一定的标准或者要求，才能判断犯罪嫌疑人、被告人的律师辩护权是否得到保障及其保障程度。以不同的标准可以对有效辩护作不同的分类。笔者认为，有效辩护与辩护意见受职权机关重视、被采纳的比例是两个有密切联系但是并不相同的问题。有

---

〔1〕 樊崇义：“‘以审判为中心’的概念、目标和实现路径”，载《人民法院报》2015年1月14日，第5版。

效辩护是对犯罪嫌疑人、被告人获得辩护权的要求，是对律师提供辩护服务，维护犯罪嫌疑人、被告人合法权益，对律师履行辩护委托合同的要求。辩护意见采纳率则从一个侧面反映出职权机关对律师辩护意见的重视程度、律师辩护意见的质量等。在现阶段，我国可将对有效辩护的要求分为基本要求和高阶要求。基本要求之一是保障性要求，要求在关键案件中和关键程序阶段保障关键性的律师辩护权和律师执业权；基本要求之二是对律师履职的要求，辩护律师在执业权利有保障的前提下，应积极行使执业权利。高阶要求则是对律师进行调查取证、无罪辩护等方面较高的辩护质量的要求。

（一）认识律师辩护权是宪法基本权利

律师辩护权是我国宪法规定的被告人基本权利。我国《宪法》第125条规定：“被告人有权获得辩护。”这一规定位于第三章“国家机构”之第七节“人民法院和人民检察院”，而不是第二章“公民的基本权利和义务”，但宪法条文中“有权获得辩护”这一表述已足以表明被告人获得辩护具有宪法基本权利的属性。

首先，为犯罪嫌疑人、被告人提供律师辩护是宪法实施的要求。被告人行使获得辩护权可否附有经济条件？这一权利可否仅由经济不困难、聘请得起律师的被告人行使，而任由经济困难、请不起律师的被告人缺失？显然不妥当。因此，从宪法实施的角度而言，为所有没有律师的被告人提供（法律援助）辩护是宪法实施的必然要求。

其次，理解律师辩护权是基本权利、关键权利，还要破除所谓“律师为坏人辩护”、“律师辩护妨碍打击犯罪”等以有罪推定为基础的陈旧观念。有罪推定观念之下将犯罪嫌疑人、被告人等同于敌人、坏人和犯罪人，打击犯罪嫌疑人、被告人等同于打击敌人、坏人，打击犯罪。这一极其落后的观念导致极其糟糕的实践，体现在刑事诉讼各阶段，就是忽视犯罪嫌疑人、被告人的基本人权，不给其人的待遇，将其视为盛着口供的容器，视为口供的来源。发展到极致就是为获得其供述对其刑讯逼供，不管其健康甚至死活，严重违反我国宪法的基本人权条款。

再次，在宪法层面，我国宪法的辩护权条款并没有明文规定或者默示“坏人”不享有获得辩护权，恰恰相反，宪法明文规定被告人享有获得辩护权，无论其是“好人”还是“坏人”。该权利在任何条件下均不可被剥夺；至于律师辩护是否不利于“打击犯罪”，宪法在所不问。

最后，获得辩护权有不同层次的要求。获得辩护权的保障，需要国家增加投入，为犯罪嫌疑人、被告人提供无偿辩护；需要完善刑事诉讼制度，保障律师执业权利；需要律师尽职辩护，提供正确的法律意见，避免给犯罪嫌疑人、被告人造成不利后果等。

获得辩护权这一宪法基本权利的落实，客观上要求律师辩护应当是有效辩护。所谓的形式辩护等完全顺从职权机关法律意见的辩护类型，不属于有效辩护的范畴，即形式辩护之下，获得辩护的宪法权利可能受到损害。

（二）为扩大刑事法律援助范围提供制度保障

笔者认为，我国对律师辩护权的保障正在经历发展过程，以实现对所有犯罪嫌疑人、被告人提供从侦查阶段到终审全部诉讼阶段的刑事法律援助。

比如，《刑事诉讼法》第33条、《法律援助条例》等法律法规规定，犯罪嫌疑人被侦查机关讯问或采取强制措施之日起有权委托辩护。辩护原则是刑事诉讼的基本原则，辩护权应与诉讼同时启动，贯穿诉讼始终。当刑事诉讼启动时，被指控人即自然享有律师辩护权。在我国，刑事诉讼始于立案，即在立案后至讯问与采取强制措施之前没有关于律师辩护权的规定；又由于没有规定侦查机关立案后应通知犯罪嫌疑人，犯罪嫌疑人对刑事诉讼的启动并不知情，因而无从聘请律师为自己辩护。是以，犯罪嫌疑人被侦查机关讯问与采取强制措施之前是其律师辩护权的空窗期。而立案对犯罪嫌疑人关系重大，错误的立案往往导致错误的羁押和追诉。立案前进行的初查范围广泛，甚至可进行限制公民财产权、询问等实质上的取证行为。因此，笔者认为，立案阶段属于刑事诉讼的关键阶段，建议在立案阶段赋予犯罪嫌疑人获得辩护权。

1. 扩大强制辩护的案件范围

在笔者看来，虽然获得辩护权是宪法权利，但受限于刑事政策、资源投入等，我国仅对少数刑事案件中负担不起律师费的犯罪嫌疑人、被告人提供法律援助，以保障其辩护权。三十余年来我国刑事诉讼法对法律援助案件的界定范围不断扩大，从1979年被告人是聋、哑或者未成年人的案件，扩展到1996年盲人犯罪的案件、可能被判处死刑的案件和经济困难的案件，再到2012年以来扩展到无期徒刑的案件等，经济困难的标准不断降低，法律援助的覆盖面越来越广泛。

当前我国刑事诉讼对法律援助案件的界定主要有三种标准：受援人标准、量刑标准、经济困难标准，每种标准对受援人、受援案件都有很高的要求。如前文所述，尽管司法解释进一步降低了强制辩护的标准，如智力残疾的人、其他共犯都委托了律师的人等，各地也降低了经济困难标准，但实践中符合法律援助标准的案件比例并不高，即使在经济较为发达、律师数量充足的地区也是如此。如前文所述，在北京，法律援助律师并不紧缺，问题在于刑事法律援助经费拨付不足。如北京市法律援助基金会截至2012年12月31日资产总额为1238万元，其中货币资金1005万元，上年收入合计639万元，2012年度业务活动支出占上一年总收入的比例为79.37%，支出552万元，其中业务活动成本507.5万元，管理费用40.7万元。业务活动成本中，直接拨付的用于公益事业的资金和物资413万元。[1]按照北京市司法局的统计，

---

〔1〕 参见“北京市法律援助基金会2012年度审计报告”，载http://www.bjmzj.gov.cn/news/root/csxx_sjbg/2013-11/108900.shtml?NODE_ID=root，访问日期：2015年4月18日。

该年度办理法律援助辩护案件3587件，即使所有直接拨付费用均用于刑事法律援助，每案补贴1100余元，也远低于《北京市法律援助补贴办法》（京财行〔2011〕2483号）的标准。按照该标准，一起刑事案件从侦查到一审共补贴辩护费4400元。按照近十年来平均每年定罪约百万人的数字计算，[1]除委托辩护的案件以外，需要增加几十亿元的法律援助投入，来满足对所有犯罪嫌疑人、被告人提供从侦查阶段到两审终审的法律援助律师辩护。

为了构建以审判为中心的诉讼制度，扩大法律援助范围，有必要重新界定法律援助案件的范围。从犯罪嫌疑人、被告人获得辩护的宪法权利保障角度来看，应对所有刑事案件的被告人予以法律援助。在实践中可以循序渐进，先是对所有可能判处自由刑也即拘役以上刑罚的犯罪嫌疑人、被告人提供法律援助，并规定没有指派法律援助律师的案件，不得对被告人判处自由刑。

当然，如果从其他角度如尽可能减少经费开支的角度来看待扩大法律援助范围的问题，也可能得出其他不同的结论，比如通过划分轻罪案件和重罪案件，仅对重罪案件的犯罪嫌疑人、被告人提供诉讼全过程的法律援助辩护。笔者并不同意划分轻罪案件、重罪案件来决定是否应予法律援助。理由在于：一是刑事案件所涉人身自由权、犯罪标签影响的是公民个人重大权益，比如此前以案件轻重决定是否予以法律援助的规定，已经由1996年规定的仅对死刑案件予以法律援助，扩展到2012年《刑事诉讼法》修改后的无期徒刑案件，之后对所有可能被剥夺自由的人提供法律援助是人权保障的必然发展方向。二是轻罪案件所涉法律问题如证据、程序等的复杂性，并不比重罪案件简单，同样需要

---

〔1〕参见最高人民法院2011年至2015年工作报告。2010年判处罪犯1 006 420人，2011年判处罪犯105.1万人，2013年判处罪犯115.8万人，2014年判处罪犯118.4万人。

高度专业化的律师辩护帮助，才能有效准备答辩，维护犯罪嫌疑人、被告人的合法权益，并确保公正审判。如曾经有一起轻伤害案件的一张X光片解读出两种不同的鉴定意见，〔1〕又如莫定佳轻伤害案件，历经7次鉴定，5次诉讼。该案被害人只有1人，而先后7次提交鉴定的11套X光胸片分别属于3个不同的人。可见，有的轻罪案件事实与证据问题扑朔迷离，并不比重罪案件简单。〔2〕三是在轻罪案件的简化诉讼程序中，尤其是在最简化的速裁程序中，被告人的合法权益只有依靠律师辩护才能获得可靠保障，详见下文分析。

2. 保障关键程序中的律师辩护的关键权利

在刑事诉讼程序的关键阶段，保障律师辩护的关键权利是保障犯罪嫌疑人、被告人获得有效辩护的必然要求。笔者认为，界定刑事诉讼程序的关键阶段要以犯罪嫌疑人、被告人的权利保障为中心进行判断。首先，如果该阶段涉及犯罪嫌疑人、被告人的重要权利或者利益，则应为诉讼的关键阶段；其次，如果该阶段涉及诉讼程序或者实体的重要变更、转向或者推进，也应为诉讼的关键阶段。虽然律师辩护权是程序性权利，但是在刑事诉讼的关键阶段，如果辩护律师不能充分参与，犯罪嫌疑人、被告人获得辩护权就会在实质上被剥夺，可能产生程序上、证据上、实体上不利于犯罪嫌疑人、被告人的后果。以以上标准来判断，笔者认为以下列举的阶段均为刑事诉讼的关键阶段，但刑事诉讼的关键阶段并不仅限于以下阶段：

（1）拘留、逮捕后犯罪嫌疑人被拘留或者逮捕本身就是对犯

---

〔1〕 参见"X光片读出两种鉴定意见6旬翁两次判有罪终获无罪"，载http://news.xinhuanet.com/yzyd/legal/20140904/c_1112361298.htm，访问日期：2015年4月18日。

〔2〕 参见"'偷梁换柱'假鉴定无罪公民遭错判"，载《中国青年报》2006年5月30日；又见"五次诉讼终被改判无罪假证据拷问司法鉴定之弊"，载《潇湘晨报》2006年4月20日。

罪嫌疑人的震慑，且一般并不事先通知。犯罪嫌疑人突然被羁押，心理波动较大，情绪极不稳定，急需律师帮助。众所周知，我国刑事案件定罪率高，被卷入刑事案件是难以摆脱的麻烦。2014 年公诉案件无罪判决占法院判决的比例约为 0.037%。[1]被拘捕意味着刑事案件已经立案并展开侦查，使人深陷焦虑、恐惧、悔恨等各种复杂情绪，心理极不稳定。犯罪嫌疑人初涉刑事诉讼，不知其在此过程中有哪些权利、如何行使这些权利，侦查机关掌握多少证据、了解哪些事实，所涉案情在法律上严重性如何、可能的量刑怎样，也会担心家人是否知晓、持何态度等，也有的犯罪嫌疑人会焦虑于未来工作交接与生活安排等问题，不一而足。在拘捕的诉讼早期阶段，律师的辩护帮助对于确保犯罪嫌疑人理解法定权利并有效维护其合法权益而言非常重要。

（2）讯问、辨认时讯问是刑事诉讼的关键阶段。刑事案件中几乎所有的合理怀疑、证据间的矛盾等都可以通过获取供述来弥补，更可通过供述寻获其他证据材料，以使供述和在案定罪证据材料具有一致性。由于供述对定罪的作用很大，导致侦查机关对供述有强烈需求，加之实践中非法证据排除有待加强，刑讯逼供追责条款近乎虚置，犯罪嫌疑人、被告人权益被漠视，故刑讯逼供屡禁不绝。如杜培武冤案中办案负责人均判处缓刑，念斌冤案中无人被追责，周爵斌冤案至今未启动追责程序。

辩护律师是代表犯罪嫌疑人、被告人权益的一方，讯问过程中的律师参与权是落实“不得强迫任何人证实自己有罪”原则的要求，是保障犯罪嫌疑人、被告人权利的现实需要，也是保障供述真实性、防范冤假错案的客观要求。讯问时律师在场，能够提高供述的合法性，并使刑讯逼供问题得到一定程度的解决。

基于与讯问同样的理由，犯罪嫌疑人、被告人辨认现场、物

---

〔1〕 据最高人民法院、最高人民检察院工作报告，2014 年我国对 1 391 225 人提起公诉，对 118.4 万人判决有罪，对 518 名公诉案件被告人判决无罪。

品等或者作为被辨认对象参加列队辨认时，辩护律师也要在场，以防止逼供、诱供、指供。

当前，全国一些做得比较好的省份，不仅仅是死刑案件，只要是可能判处无期徒刑以上的案件，律师都必须在场。在有的地方，有可能判处3年以上有期徒刑的案件，讯问时都可以让律师在场。[1]随着司法改革的推进，在全国范围内推进所有案件讯问时均有律师在场，是必然的发展趋势。

（3）速裁程序审查起诉阶段。2014年6月，由全国人大确定18个地方法院试行速裁程序，有的地方出台操作性规范文件，在简易程序的基础上进一步简化可能判处1年有期徒刑以下的若干类型案件的诉讼程序。以《深圳市刑事案件速裁程序试点工作方案》为例，强调审判机关要“保障被告人选择程序权、获得法律援助权”等，《深圳市刑事案件速裁程序办理规定》第32条规定：“法律援助机构在人民法院、看守所设立法律援助工作站，派驻执业3年以上并且有刑事办案经验的法律援助值班律师”，“犯罪嫌疑人、被告人申请提供法律帮助的，应当为其指定法律援助值班律师”。《深圳市刑事案件速裁程序办理规定》第8条关于犯罪嫌疑人、被告人权利保障规定：“适用速裁程序办理的案件，应依法保障犯罪嫌疑人、被告人的知情权、自主选择权、自行辩护权。”公安机关侦查终结移送审查起诉时的速裁程序建议书送达值班律师，值班律师应及时会见犯罪嫌疑人并告知相关权利义务、作笔录，笔录不入刑事案卷而是在司法行政机关备查。检察院建议适用速裁程序的前提之一是“犯罪嫌疑人承认自己所犯罪行，对量刑建议及适用速裁程序没有异议并签字具结”。广州市海珠区《刑事案件速裁程序实施细则（试行）》第3条规定：“……在审查起诉阶段讯问犯罪嫌疑人时，审查起诉笔录应记载

〔1〕参见任重远：“非法证据排除新司法解释：要有突破，追求重大突破”，载《南方周末》2014年12月12日。

有如下事项：①犯罪嫌疑人对指控的犯罪事实有无异议，是否承认自己所犯罪行，清楚认罪的法律后果；②对证明犯罪事实的证据明细的签认（一式两份）；③犯罪嫌疑人清楚知悉其签名确认后，开庭时如其没有新意见，证据将不再出示；④犯罪嫌疑人对适用刑事案件速裁程序的意见，并知悉法庭将可能不进行法庭调查和法庭辩论的程序；⑤犯罪嫌疑人对可能提出的量刑建议的意见。”

笔者认为，由以上规定可知，速裁程序的审查起诉阶段是诉讼的关键阶段。理由在于：首先，适用速裁程序的案件虽然是较轻的犯罪案件，但所涉犯罪嫌疑人、被告人权益并不能视为“不重要”，否则就不会要求速裁程序值班律师有 3 年以上执业经验。事实上，我国对死刑案件都没有要求辩护律师有 3 年以上执业经验。其次，在适用速裁程序的案件中，所涉法律问题并不简单。对于在押犯罪嫌疑人而言，放弃无罪辩护权，放弃庭审质证辩论权，换取“获得检察官处一年以下有期徒刑的建议”权，涉及的问题既复杂又现实。比如，一是犯罪嫌疑人、被告人没有阅卷权，在此前提下签认有罪证据明细清单，如果没有辩护律师的法律帮助，犯罪嫌疑人、被告人无法确认哪些证据有矛盾、有瑕疵或者违法应排除，不能正确地决定是否应签认证据，应签认哪些证据；二是被告人需要在事实和法律两个层面对检察官的具体量刑建议提出要求或者建议等，既涉及实体上的罪与非罪、刑罚轻重问题，又涉及复杂的程序、证据法律问题，如果没有辩护律师的帮助，被告人无法对检察官的量刑建议提出有理有据的意见。因此，在速裁程序中，辩护律师在审查起诉阶段的作用十分关键，此阶段必须向被告人提供法律援助辩护。

（4）审判阶段。在审判阶段保障律师辩护权，有利于主审法官、合议庭从无罪、罪轻的角度充分、全面把握案情、决定法律适用，有利于增强裁判文书说理的说服力，充分运用审判机关最终的定罪权和无罪判决权。

法院享有最终的审判权威，审判结果关系着罪名和法定刑的确定，被告人在审判阶段享有至关重要的质证权、辩论权等关键权利。审判有高度专业性和激烈对抗性，尤其是在被告人不认罪的公诉案件中，这种对抗的激烈性不仅体现在对证据的取舍、对事实的认定、对法律的适用上，而且体现在诉讼结果对控辩双方均有重大利益上。法院对被告人判决有罪还是无罪，不仅关乎被告人的重大利益，也关乎检察院重要的单位利益，关乎检察官重要的个人利益，因此对抗手段不仅在庭内，而且在庭外，有时检察机关的情绪化不仅针对被告人，而且针对辩护律师。〔1〕在没有辩护律师的案件中，对抗的激烈性虽然下降、定罪率可能提高，但审判机关对案件事实和法律适用的把握就失去了被告人一方的专业视角，裁判文书说服力会受到影响，审判公正性更容易被质疑，不仅损害审判权威，控辩审三方利益也均会受损。可见审判阶段本来就是诉讼的关键阶段。

随着司法改革的深入，审判阶段的律师辩护权将越来越重要。理由在于：一是非法证据排除程序将使法庭的审判权延伸到对侦查阶段侦查机关行为合法性的审查，该程序的启动与推进有赖于律师的辩护技巧和经验。二是随着陪审制改革深入发展，辩护空间更大，辩护律师作用更大。如2014年人民陪审员参审案件219.6万件，占一审普通程序案件的78.2%，〔2〕2015年开始试点重大刑事案件由3名以上的陪审员参与审理案件，推动陪审员只参与审理事实认定问题，有些地方法院已经开展试点，陪审员审理事实认定问题给律师辩护的说服空间更大，律师辩护经验

〔1〕“实践中错误追究律师伪证罪通常是控方（包括提起公诉的检察院和负责侦查的公安机关）情绪化的行为，一般是针对辩护律师所提出无罪辩护意见的过激情绪所致”。王敏远：“2012年刑事诉讼法修改后的司法解释研究”，载《国家检察官学院学报》2015年第1期。

〔2〕欧阳开宇：“去年陪审员共参审案件219.6万件”，载http://finance.chinanews.com/fz/2015/04-28/7240944.shtml，访问日期：2015年4月18日。

与技巧对于陪审法庭将有更大影响。三是随着审判外干预、决策机制逐渐受到制约，庭审的作用越来越重要，这些因素都决定了庭审中的辩护将发挥更大的作用。

（三）确立对辩护律师履职的基本要求

笔者认为，应当确立对刑事辩护律师的基本要求，履行这些基本要求的律师，才是称职的辩护律师。对律师辩护的基本要求有以下几个方面：

1. 会见、阅卷

会见犯罪嫌疑人、被告人是辩护律师了解案情、核实证据的重要方式，也是维护犯罪嫌疑人、被告人人身权利、诉讼权利的重要方式。会见权通常被认为是律师的执业权利。2012 年《刑事诉讼法》修改前，律师会见权受到来自职权部门的较多限制，彼时会见难问题更多的是立法有待完善、对律师执业权利保障有待加强的问题，实践中职权机关找借口不允许律师会见、拖延安排外地律师会见、要求两名律师会见徒增当事人讼累等情况屡见不鲜。2012 年《刑事诉讼法》修改后，六部委《关于实施刑事诉讼法若干问题的规定》第 7 条规定，辩护律师要求会见在押的犯罪嫌疑人、被告人的，看守所应当及时安排会见，保证辩护律师在 48 小时以内见到在押的犯罪嫌疑人、被告人。2012 年修正案生效后，除极少数案件外，基本解决了律师会见难题。此后，针对实践中发现的遗留问题，继续通过司法解释的方式予以改善，如针对实践中律师在特别重大贿赂案件的侦查阶段会见难的问题，2014 年底出台的《最高人民检察院关于依法保障律师执业权利的规定》规定，律师在侦查阶段提出会见特别重大贿赂案件犯罪嫌疑人的，人民检察院应当严格按照法律和相关规定及时审查决定是否许可，并在 3 日以内答复；有碍侦查的情形消失后，应当通知律师，可以不经许可会见犯罪嫌疑人；侦查终结前，应当许可律师会见犯罪嫌疑人。

阅卷是我国保障辩护律师知情权的重要制度，是律师全面掌握指控事实和有罪证据，通盘考虑案件证据体系是否有合理怀疑，有针对性地准备辩护，提出无罪、罪轻的法律意见和材料的前提条件。按照我国《刑事诉讼法》规定，自案件移送审查起诉之日起，辩护律师有权阅卷。检察院、法院应依法保障律师阅卷。《最高人民检察院关于依法保障律师执业权利的规定》要求人民检察院应当及时受理并安排律师阅卷，无法及时安排的，应当向律师说明并安排其在 3 个工作日以内阅卷。人民检察院应当依照检务公开的相关规定，完善互联网等律师服务平台，并配备必要的速拍、复印、刻录等设施，为律师阅卷提供尽可能的便利。当前也有少数案件，尤其是申诉、再审案件，律师阅卷出现了受阻碍的现象。

刑事诉讼法规定律师可以会见、阅卷，将会见、阅卷的法律性质定位为律师享有的执业权利，其权利性质在职权机关加强保障律师执业的过程中受到强调：其一，在律师与委托人的辩护委托合同中，会见、阅卷属于律师的合同义务，律师在条件具备时必须会见、阅卷。其二，会见、阅卷本属于犯罪嫌疑人、被告人的知情权等诉讼权利。律师会见、阅卷的权利来源于犯罪嫌疑人、被告人的知情权。一方面，我国法律没有规定犯罪嫌疑人、被告人有要求会见权，现实中在押犯罪嫌疑人、被告人有会见要求的，看守部门是否转达律师，转达后律师是否会见、能否会见并没有相关规定；另一方面，在我国，犯罪嫌疑人、被告人不享有直接的阅卷权，虽然《刑事诉讼法》第 37 条规定自案件移送审查起诉之日起，律师可以向犯罪嫌疑人、被告人核实有关证据，犯罪嫌疑人、被告人可据此间接“阅卷”从而知悉案情和证据，但自 1996 年刑事诉讼法修改以来，被告人阅卷一事虽无法律明确禁止，律师业界却十分谨慎，大部分辩护律师不敢将案卷给在押犯罪嫌疑人、被告人查阅。

实践中曾有辩护律师将案卷带给犯罪嫌疑人、被告人阅卷后被判泄密罪的案例，也有辩护律师将案卷带给犯罪嫌疑人、被告人家属后被判泄密罪的案例。如 2000 年某省律师于某及律师助理卢某担任 B 市马某涉嫌贪污一案的辩护人。卢某到法院复印了马某的卷宗材料，应马某的妻子朱某的要求，经请示于某同意后，将复印材料及一份起诉书留给朱某等人。朱某等人针对案卷有关材料，连夜仔细推敲，寻找有关证人，反复做工作让他们提供虚假证言。后于某到 B 市进行调查、取证时，证人张某、吕某等人均出具了虚假的证明材料。与此同时，朱某又根据卢某交给她的部分复印的卷宗材料找到证人王某做工作，致使王某也出具了虚假证明。由于于某故意泄露了案卷材料，马某贪污案开庭审理时，有关证人作了虚假证明，扰乱了正常的诉讼活动，造成马某贪污案两次延期审理的严重后果，在当地造成恶劣影响。B 市一审法院以泄露国家秘密罪，判处于某有期徒刑一年。〔1〕又如 2011 年甘肃省白银市某律师，在办理一起刑事案件过程中（在案件公诉阶段），将刑事案件卷宗及公安机关起诉意见书提供给犯罪嫌疑人家属。平川区人民法院以故意泄露国家秘密罪判处该律师有期徒刑 5 年。〔2〕

在较为复杂的案件中，卷宗中的证据材料连篇累牍，律师会见犯罪嫌疑人、被告人的时间受限，无法向其充分核实。犯罪嫌疑人、被告人如果不阅卷，未经与其核实的证据如在庭审中出示，即容易构成对其的证据突袭，损害其自行辩护权。律师辩护权并不能取代自行辩护权，律师的有效辩护应有助于加强和保障犯罪嫌疑人、被告人行使自行辩护权。笔者善意地贸然揣测，这是刑事诉讼法何以并未明文禁止律师将案卷交给在押犯罪嫌疑人、被告人自行阅卷并与其核实的理由之一。而实践中过于急切

〔1〕 参见“河南省沁阳市人民检察院诉于萍故意泄露国家秘密案”，载《中华人民共和国最高人民法院公报》2004 年第 2 期。该案在二审后改判无罪。

〔2〕 参见樊丽：“故意泄露国家秘密白银一律师于近日获刑”，载《西部商报》2012 年 12 月 13 日。

地追求定罪的职权机关未充分、准确把握立法原意，未正确解释法律而对辩护律师错误适用泄密罪，导致犯罪嫌疑人、被告人通过律师间接阅卷的权利被剥夺，知情权不完整，损害其自我辩护能力。况且，有律师的被告人通过律师可以部分地、间接地了解案情，相当于不完整地享有阅卷权；而没有律师的被告人不享有阅卷权，无从了解案情。在建立以审判为中心的诉讼制度过程中，如果只是有律师的被告人的公正审判权获得更多保障，没有律师的被告人将享受不到这些权利保障，对这些被告人显失公平。

2. 申请收集、调取无罪、罪轻的证据材料

依据《刑事诉讼法》第 39 条之规定，辩护人认为在侦查、审查起诉期间公安机关、人民检察院收集的证明犯罪嫌疑人、被告人无罪或者罪轻的证据材料未提交的，有权申请人民检察院、人民法院调取。为贯彻这一规定，《人民检察院刑事诉讼规则(试行)》第 50 条规定，经审查，认为辩护人申请调取的证据已收集并且与案件事实有联系的，应当予以调取；认为辩护人申请调取的证据未收集或者与案件事实没有联系的，应当决定不予调取并向辩护人说明理由。公安机关移送相关证据材料的，人民检察院应当在 3 日以内告知辩护人。《最高人民法院关于适用〈中华人民共和国刑事诉讼法〉的解释》第 49 条规定，辩护人认为在侦查、审查起诉期间公安机关、人民检察院收集的证明被告人无罪或者罪轻的证据材料未随案移送，申请人民法院调取的，应当以书面形式提出，并提供相关线索或者材料。人民法院接受申请后，应当向人民检察院调取。人民检察院移送相关证据材料后，人民法院应当及时通知辩护人。

依据《刑事诉讼法》第 41 条的规定，辩护律师经证人或者其他有关单位和个人同意，可以向他们收集与本案有关的材料，也可以申请人民检察院、人民法院收集、调取证据，或者申请人民法院通知证人出庭作证。对此，六部委《关于实施刑事诉讼法

若干问题的规定》第8条规定，对于辩护律师申请人民检察院、人民法院收集、调取证据，人民检察院、人民法院认为需要调查取证的，应当由人民检察院、人民法院收集、调取证据，不得向律师签发准许调查决定书，让律师收集、调取证据。

当证据材料关系到法律规定的从轻、减轻或者免除处罚的量刑情节时，主要涉及以下情况：①《刑法》第10条，被告人在外国已经受过刑罚处罚的；②第17条，不满刑事责任年龄，或者已满14周岁不满18周岁的人犯罪、已满75周岁的人犯罪的；③第18条，精神病人在不能辨认或者不能控制自己行为的时候造成危害结果的、尚未完全丧失辨认或者控制自己行为能力的精神病人犯罪的；④第19条，又聋又哑的人或者盲人犯罪；⑤第20条，正当防卫；⑥第21条，紧急避险；⑦第22条，犯罪预备；⑧第23条，犯罪未遂；⑨第24条，犯罪中止；⑩第27条，从犯；⑪第28条，胁从犯；⑫第29条，被教唆的人没有犯被教唆的罪的教唆犯；⑬第67条，自首；⑭第68条，立功；⑮第164条、第390条，行贿人在被追诉前主动交待行贿行为的；⑯第276条之一，拒不支付劳动报酬尚未造成严重后果，在提起公诉前支付劳动者的劳动报酬，并依法承担相应赔偿责任的；⑰第351条，非法种植罂粟或者其他毒品原植物，在收获前自动铲除的；⑱第383条，犯贪污罪，在提起公诉前如实供述自己罪行、真诚悔罪、积极退赃，避免、减少损害结果的发生的；⑲第392条，介绍贿赂人在被追诉前主动交待介绍贿赂行为的；等等。

3. 对刑讯逼供、违法取证的行为依法提出非法证据排除的辩护意见

对于犯罪嫌疑人、被告人而言，违法取证，尤其是刑讯逼供意味着对其基本人权的侵犯，甚至是对其生命权、健康权等宪法权利和诉讼权利的不法侵害。对于职权机关而言，禁止刑讯逼供、违法取证是防范冤假错案、促进公权守法的重要举措，刑讯逼供所取得的证据材料，往往是被讯问人为了摆脱生不如死的酷

刑被迫作出的与讯问人员需要的内容相一致的供述，其真实性无法保证，而违反法定程序取得的证据则损害职权机关的权威、声望，损害人民群众对司法的公平正义的信任。

在犯罪嫌疑人、被告人被刑讯逼供、违法取证后，辩护律师提出非法证据排除的辩护意见，是保护犯罪嫌疑人、被告人合法权益的重要手段。这一辩护意见并不直接针对罪与非罪、此罪或彼罪或者量刑等实体问题，而是属于针对程序问题的辩护。在以审判为中心的诉讼制度改革，陪审员只参与审理事实认定问题改革，贯彻排除合理怀疑的证明标准、坚持证据裁判、坚持疑罪从无的改革中，这一程序辩护的重要性将越来越凸显出来。在某些案件中，非法证据的排除可能直接引起证据链的断裂，从而导致合理怀疑的产生，进而因疑罪得到无罪的诉讼结果。非法证据被排除也会促使职权机关严格遵守诉讼程序，保障犯罪嫌疑人、被告人程序权利，减小刑讯逼供、违法取证的动机。这一发展趋势也表明，刑事诉讼中的程序辩护有改变案件实体结果的合理可能性，与实体辩护的作用将越来越难以区分。但目前我国非法证据排除的适用极少、效果甚微，如2014年全国检察机关对不构成犯罪和证据不足的，决定不批捕116 553人、不起诉23 269人，其中因排除非法证据不批捕406人，占不批捕总数的0.348%；因排除非法证据不起诉198人，占不起诉总数的0.851%。对非法取证行为提出纠正的671人，建议追究侦查人员刑事责任的10人。〔1〕

犯罪嫌疑人、被告人提出被刑讯逼供的主张并提供线索或者材料的，辩护律师是否必须提出相应的非法证据排除的辩护意见？对此有两种不同的辩护观念。

第一种辩护观念认为，律师不是必须提出非法证据排除的辩护意见。理由在于：一方面，在现实司法环境下，排除程序难以

〔1〕 徐盈雁：“2014年检察机关排除非法证据不批捕406人”，载正义网，http://news.jcrb.com/jxsw/201503/t20150313_1486990.html.

启动，非法证据难以认定和排除。[1]以律师办案实践为例，“田文昌正在沈阳一起被拆迁人被诉诈骗政府案中为被告提供辩护，他向财新记者介绍，案件共有四名被告，检察机关仅移送了每名被告的一次审讯录像，录像还存在中断两个多小时，录像内容和笔录不符、篡改等问题。田文昌认为，检察机关拒不出示录像，法院应推定取证非法。他申请排除非法证据程序，但法院没有启动。”“在各地参与刑事辩护的田文昌说，他代理的案件中，所有非法证据排除申请或被驳回，或不予排除。”“主要针对刑讯逼供的非法证据排除规则确立以来，排除案例极少，由于排除非法证据而全案推翻或者全案作无罪、从无处理的，更为罕见，用一些法学家和律师的说法，非法证据排除在司法实践中‘几近沉睡’。”[2]另一方面，辩护律师提出程序违法、证据非法的辩护意见时要慎重决定，以免激怒职权部门，使犯罪嫌疑人、被告人受到重判报复，甚至会给律师自身带来麻烦。“有的时候你跟公检法机关关系处理不好，可能会影响自己当事人的利益，甚至会给自己带来麻烦。过去我们律师通常来说不愿意惹他们”。[3]出于以上理由，鉴于司法机关接受证据排除辩护意见的现实可能性小，[4]且证据的排除并不必然影响诉讼结局，比如数份相同供述

---

〔1〕 徐盈雁：“2014 年检察机关排除非法证据不批捕 406 人”，载正义网，http://news.jcrb.com/jxsw/201503/t20150313_ 1486990.html.

〔2〕 欧阳艳琴：“唤醒非法证据排除”，载财新网，http://china.caixin.com/2014-12-18/100764960.html，访问日期：2015 年 4 月 18 日。

〔3〕 李奋飞、吕良彪、何兵：“学者力挺律师依法‘死磕’”，载《蓟门决策》第 86 期：《刑事辩护律师职业伦理研讨会（二）——“死磕”问题研讨》发言整理。

〔4〕 如：“‘这个案子的主要证人证言，是李某某的表哥张某被羁押在某军队监狱时作出的。在军队监狱一个月，张某白天受同监殴打，夜间被提讯。’田文昌为自己的当事人进行无罪辩护，他在庭上要求启动非法证据排除，但法官不让证人在场，当田文昌表达反对意见时，法官训斥他不懂常识。”欧阳艳琴：“唤醒非法证据排除”，载财新网，http://china.caixin.com/2014-12-18/100764960.html，访问日期：2015 年 4 月 18 日。

仅排除一份两份的，其他供述依然可以定罪量刑，所以，辩护律师不必然提出刑讯逼供的主张，而是要为犯罪嫌疑人、被告人整体利益通盘考虑，运用辩护技巧、经验，从案件的其他方面提出辩护意见。

第二种辩护观念认为，非法证据排除难的现实语境并不能说明刑讯逼供存在的可能性小，反而表明公检法等职权机关对刑讯逼供问题在某种程度上存在共识，其进行刑讯逼供的顾虑小，犯罪嫌疑人、被告人受刑讯逼供的风险不减反增。因此，律师及时提出非法证据排除的辩护意见，有利于激活公检法等职权部门之间的制约关系，有利于规范职权部门之间的配合力度，有利于保障犯罪嫌疑人、被告人合法权益，有利于维护刑事司法公正。

以审判为中心的诉讼制度改革要求加强和完善对侦查手段的司法监督，加强对刑讯逼供和非法取证的源头预防。笔者认为，非法证据排除辩护是其中的重要组成部分。如果犯罪嫌疑人、被告人提出被刑讯逼供的主张并提供线索或者材料，辩护律师却没有提出非法证据排除的辩护意见，律师就没有完整履行对犯罪嫌疑人、被告人的辩护责任，法院在审判过程中也失去了对侦查手段进行司法监督的机会，无法通过法庭审判加强对刑讯逼供和非法取证的审查。因此，辩护律师提出非法证据排除的辩护意见，不仅是保障犯罪嫌疑人、被告人合法权益的需要，而且是构建以审判为中心的诉讼制度的必然要求。

4. 与犯罪嫌疑人、被告人沟通和向其解释程序选择与实体问题

适用简易程序、刑事和解、速裁程序的前提条件是被告人认罪，认罪与否关系着诉讼程序的选择。对于犯罪嫌疑人、被告人而言，认罪是关系重大的决定。准确恰当的认罪不仅需要法律知识和经验，而且需要建立在认真阅卷、对案件证据和程序享有充分知情权的基础上。鉴于犯罪嫌疑人、被告人知情权受限、没有

阅卷权，因此，在认罪与否、诉讼程序的选择问题上，犯罪嫌疑人、被告人唯有信赖辩护律师的判断和建议。有鉴于此，律师要全盘衡量在卷证据证实有罪的可能性和法院判决有罪的可能性，结合自己的经验来判断定罪量刑的可能后果，在此基础上判断选择哪种诉讼程序对犯罪嫌疑人、被告人最为有利，建议犯罪嫌疑人、被告人是否认罪及程序选择。在犯罪嫌疑人、被告人认罪的案件中，辩护律师与其充分沟通，向其解释诉讼程序的选择、案件证据体系、可能的量刑结果是基本的要求。

如果律师的判断出现明显错误（既包括对证据判断的错误，如对非法证据排除问题的处理错误，也包括对法律适用的错误，如夸大案件量刑后果），或者与犯罪嫌疑人、被告人的沟通不畅，没有告诉对犯罪嫌疑人、被告人有利且有重大影响的事实或者法律问题，有影响犯罪嫌疑人、被告人选择诉讼程序的自愿性的合理可能的，就不能认为辩护律师的履职符合了合理的预期和通常的标准。比如轻伤害案件被害人向检察官或者法官提出和解意愿，检察官或者法官向辩护律师表明如果适用刑事和解程序将建议适用或者适用缓刑，而辩护律师未告知犯罪嫌疑人、被告人，导致未进行刑事和解，犯罪嫌疑人、被告人被判处实刑，该案中律师的履职行为就低于犯罪嫌疑人、被告人对辩护的合理预期和辩护的通常标准。

事实上，检察官在诉讼程序的选择上有建议权，同时拥有量刑建议权。为了诉讼的效率与公正，检察官不宜与未阅卷、不懂法的被告人沟通定罪量刑问题。笔者建议其与辩护律师就程序选择与量刑建议进行充分、坦率的沟通，并向辩护律师出具书面的、附有量刑建议和程序建议的文书，辩护律师在此基础上与被告人充分沟通检察官的量刑建议等问题，这种改革方向并不会降低诉讼的效率，但对于认罪案件的被告人的诉讼权利保障更为有利。

（四）律师履职中的疑难问题

笔者认为，现阶段律师履职的疑难问题较多，包括调查取证、发现案件重要疑点而进行无罪辩护等。笔者在此以调查取证和无罪辩护为例进行分析。

1. 调查取证

如前文所述，辩护律师调查取证面临《刑法》第306条的执业风险，辩护律师可以依据《刑事诉讼法》第41条申请人民检察院、人民法院收集、调取证据，这一规定在一定程度上分散了律师调查取证的风险。但是人民法院、人民检察院裁量认为没有必要收集、调取的证据材料，律师认为有必要收集、调取的，还是需要自行调查、收集。

律师调查取证有执业风险，如广西北海案：“‘4名律师被抓，绝对不是偶然。’据知情人透露，北海市公安局向政法委汇报后，政法委书记莫亦翔数次召集公检法司部门开会，确定调子：第一，‘11·14故意伤害抛尸案’犯罪嫌疑人肯定有罪，4名律师辩护过程中肯定有罪，必须抓捕。’北海市公安局一位副局长曾对我说：‘你以为我们抓几个人那么容易啊？我们会都开了好多次。’”“在这起由当地政法委主导的‘铁案’里，嫌疑人、证人、律师几乎全部身陷囹圄，到2011年7月下旬，4名律师代理的‘11·14故意伤害抛尸案’即将开庭，全国各地律师组成20人律师团，接替被抓的4名律师，前往北海办案。”“5名被告人的10名辩护律师不约而同决定作无罪辩护。”“各地律师声援团前往北海，律师或被警方命令解腰带安检，或遭不明身份人员围殴，警察袖手旁观。全国律协表态：对律师在北海人身权利遭受不法侵害的情况表示严重关切。”报道中提到：“广西北海市公安局之所以不惜触犯国内律师与全国律协之众怒，以‘伪证罪’一口气抓了同个案子中的4名辩护律师，被查明是因为北海市政法

委定调子要办‘铁案’。”〔1〕

此外，律师调查取证还要投入较多的人力物力，如邱兴隆建议聂树斌案再审辩护律师组织律师团分赴全国各地找以前与聂树斌同监室的人作证。“聂树斌在看守所羁押期间的同监人员都可能是破解本案的重要证人，而就我所知，聂的同监人员先后不下数十人，而且分布全国各地。要找到这些人员取证，耗资肯定不少。”〔2〕调查取证对于辩护律师而言，不仅是较高的法律要求，而且是很高的道德要求。

2. 发现案件重要疑点而进行无罪辩护

以往有罪判决率是检察院绩效考核机制中的重要指标，在改革绩效考核机制时，一般提出的改革目标是不排名、不以其一票否决，而是将其作为科学、全面、综合性的考核指标之一。无罪判决的案件往往事关检察机关工作业绩、检察官和检察长的升迁，因此不难理解，无罪辩护蕴含了刑事诉讼中控辩双方最为激烈的利益冲突，甚至演变成检察机关和辩护律师的冲突。基于检察院与辩方剧烈的利益冲突，检察院可以动用法律监督公权与法院协商作出有罪判决，从而扭曲人民法院居中裁判的本来地位，使辩护律师孤立成为控审两家的对立面。

如广西北海案中辩护律师在下榻酒店遭群殴，“报警后，警察来了，并没有采取措施。两个多小时后，一个神秘男子自称死者黄焕海的家属，走进陈的屋子里和他谈判。‘立刻离开北海，不准作无罪辩护。否则出不了北海，像蚂蚁一样把你踩死。’男

〔1〕 曹勇、黄秀丽：“中国律师界杠上北海公安”，载《南方周末》，参见南方网，http://www.infzm.com/content/61719，访问日期：2015年4月18日；黄秀丽：“‘以后再不敢代理刑事案子了’——广西四律师‘妨害作证’始末”，载《南方周末》2011年6月23日，第A04版。

〔2〕 邱兴隆：“聂树斌案：真相一直在天上——假如我是聂树斌案的申诉代理律师”，载http://blog.sina.com.cn/s/blog_63aeaff70102vrdm.html，访问日期：2015年4月18日。

子说了两三遍，陈光武感到毛骨悚然。晚上 9 点半，陈光武、李金星和杨名跨 3 位律师从餐厅吃完饭回房间。路过大堂，几十口人立刻围上来，仍然是妇女动手，男人们在外围观看。陈、李二人是首要目标，‘光武可能会死。’李金星说。李是 4 名律师中身体最强壮的一个，不久围攻陈光武的人最后都转过来攻击他。外面下着大雨，两辆警车停着，没有警察上前制止。在陈光武眼里，李金星像风暴中随时可能淹没的小船。一个小时后，李金星口吐白沫、晕倒在地，大群人马随即散去。一个星期后，陈、李二位律师向南方周末记者回忆当时的场景，仍然止不住眼泪。南方周末记者接触的北海律师团的律师，几乎都用‘执业以来最黑暗最屈辱的经历’来形容当晚的情况。”〔1〕

实践中基于这样的诉讼现实，检察院、辩护律师对无罪辩护的各种不同认识已经脱离了关于无罪辩护的本意和常识：首先，无罪判决几无可能；其次，检察院作撤诉处理的案件，其无罪辩护是成功的；最后，如果检察院不愿作撤诉处理，定罪后判处缓刑可能是对无辜的被告人最好的结果。刑事司法系统对控方利益的各种照顾和配合，最终损害的是司法权威和犯罪嫌疑人、被告人的权益。

综上，在犯罪嫌疑人、被告人可能被判处自由刑的刑事案件中，在涉及犯罪嫌疑人、被告人重大利益的关键节点，保障犯罪嫌疑人、被告人的有效辩护权，有利于犯罪嫌疑人、被告人在作出重大决定，比如认罪与否、程序选择等决定时，拥有充分的知情权，从而能够有效行使其辩护权，有利于贯彻尊重和保障人权的宪法条款和保护犯罪嫌疑人、被告人获得辩护权的宪法规定，有利于审判机关依法行使审判权，促进以审判为中心的诉讼制度建设。

---

〔1〕 曹勇、黄秀丽：“北海抓律师事件：‘政府痛恨’的律师不能释放”，载《南方周末》2011 年 7 月 29 日。

二、 无效辩护的识别标准及其法律后果

有效辩护是犯罪嫌疑人、被告人享有的诉讼权利，是获得辩护权这一宪法基本权利在诉讼中的体现。有效辩护的基本要求是从正面保障犯罪嫌疑人、被告人的获得辩护权，保障基本的辩护效果。无效辩护制度是对犯罪嫌疑人、被告人获得辩护权的救济，保障犯罪嫌疑人、被告人的获得辩护权受到侵犯时，获得程序上、实体上的补偿。认识无效辩护制度的必要性，确立无效辩护的识别标准和法律后果，是无效辩护制度的核心问题。

（一）认识无效辩护制度及其必要性

无效辩护制度是对侵犯有效辩护权的救济体系，是对有效辩护的识别、评价体系。评价一国刑事诉讼法的辩护权条款是否充分、有效，是否足以保障犯罪嫌疑人、被告人的辩护权利，不仅要看其是否确立了对辩护权的保障机制，而且要看其是否确立了对辩护权受侵犯的救济机制。我国是否需要确立无效辩护制度及其标准，由其尊重和保障刑事诉讼中人权的需求决定，并不因为哪一国家确立了无效辩护制度我国就确立，也不因其他国家以行为无效或者其他制度来救济律师辩护权就否认无效辩护制度。有效辩护权作为犯罪嫌疑人、被告人享有的程序性权利，其受到侵犯后，设置程序性法律后果〔1〕，对犯罪嫌疑人、被告人予以救济，是我国宪法获得辩护权的必要组成部分，也是我国刑事诉讼

〔1〕 程序性法律后果是“对违反诉讼程序的行为及其结果在程序上不予认可，或予以否定或要求补正。根据该概念，刑事诉讼中的程序性法律后果共有四种：①否定该违反诉讼程序的行为的效力，并使诉讼从违反诉讼程序的行为发生的那个阶段重新开始。②否定该违反诉讼程序的行为的效力，并否定因该行为所得到的诉讼结果。③否定违反诉讼程序的行为及其结果，并使诉讼进入另一阶段。④补正该违反诉讼程序的行为，以使其得到纠正，最终符合程序法的要求”。参见王敏远：“论违反刑事诉讼程序的程序性后果”，载《中国法学》1994 年第 3 期。

法缺失的部分内容。因此，在我国确立获得辩护权的程序性法律后果体系有其必要性，无效辩护制度可以作为获得辩护权这一宪法权利的程序性法律后果体系。

如果律师的辩护不但没有对犯罪嫌疑人、被告人起到帮助效果，反而使犯罪嫌疑人、被告人作出错误的判断或者选择，对案件最终诉讼结果产生不利影响，使犯罪嫌疑人、被告人的有效辩护权受到侵犯，律师就违反了辩护委托合同的合同义务，对犯罪嫌疑人、被告人负有违约赔偿的民事责任，也应承担职业道德纪律的处罚，更重要的是，如果不在刑事诉讼中对犯罪嫌疑人、被告人予以救济，就会使犯罪嫌疑人、被告人的获得辩护权落空。

首先，获得辩护权是犯罪嫌疑人、被告人其他诉讼权利的保障，尤其是在简易程序、速裁程序、刑事和解等简化的程序中，庭审过程对证据的审查、对定罪问题的审查简化，犯罪嫌疑人、被告人对案情走向的判断完全依赖律师，律师的准确判断对其认罪真实性、自愿性有决定性的影响。如果速裁程序的规则是被告人认罪后，检察官提出的量刑建议明确具体，法院必须采纳的话，实际上法院向检察院让渡了部分审判权，如广州市海珠区《刑事案件速裁程序实施细则（试行）》第12条：“经审查被告人不存在与起诉时不一致的情形的，量刑一般应在建议范围内；如量刑意见明确具体的，应当采纳量刑建议。”如此一来，被告人在审查起诉阶段对辩护律师的依赖就更强，就更加需要在其在审查起诉阶段律师辩护权受到侵犯时予以救济。

其次，律师与犯罪嫌疑人、被告人之间的委托关系蕴含了比其他案件的委托人更为重要的利益。刑事案件涉及犯罪嫌疑人、被告人的自由、生命权，刑事案件委托关系与其他委托关系的区别在于其损害无法以金钱衡量。有观点认为，对于不尽职辩护、违反委托合同义务的辩护律师，使其承担违约责任和律师执业纪律惩罚就可以了。但是，对犯罪嫌疑人、被告人而言，对其进行适当的救济与对辩护律师的惩罚是两个不同的问题，惩罚辩护律师不足以救济犯罪嫌疑人、被告人的获得辩护权，对于犯罪嫌疑人、被告人的案件而言，是否惩戒辩护律师对案件、对其获得辩护权的救济没有意义，唯有建立获得辩护权的权利救济体系才能救济犯罪嫌疑人、被告人受到的损害。

最后，现有的权利救济体系显然不足以对犯罪嫌疑人、被告人有效辩护权受到侵害提供充分救济。比如，虽然被告人有上诉权，判决后在押犯也有申诉权，但是对于辩护律师履职中的明显错误，法律并未规定予以救济。例如，对以下三种情形，二审法院既不能改判，又不会发回重审，申诉审查机关也不会启动再审：①律师为被告人作无罪辩护，但在庭审中没有针对有罪证据发表质证意见，没有对检察官的定罪指控意见进行辩论，也没有提出合理怀疑的；②律师没有将案卷中的无罪证据、合理怀疑告知犯罪嫌疑人、被告人，并建议其认罪，导致其选择认罪诉讼程序的；③犯罪嫌疑人、被告人不认罪，也不同意辩护律师为其作有罪辩护，但辩护律师始终认为其有罪、为其作有罪辩护的。显然，现有的程序权利救济体系以上诉权、申诉权的行使为途径，但律师错误并不是改判、重审、再审的理由，在现有条件下，上诉和申诉无法保障被告人的有效辩护权。

综上，无效辩护制度是犯罪嫌疑人、被告人获得辩护权救济的重要内容，为此，建立侵犯有效辩护权的程序性法律后果体系是我国的现实需要。

（二）无效辩护的识别标准

无效辩护是指律师辩护没有满足获得辩护权最低限度的要求，或者律师辩护给犯罪嫌疑人、被告人造成损害，导致不利诉讼程序法律后果或者不利实体法律后果的情况。无效辩护制度是指在律师辩护构成无效辩护的案件中，对犯罪嫌疑人、被告人予以救济的权利保障体系。

关于律师辩护的基本要求不仅是对律师尽职辩护的最低限度的要求，而且是律师开展有效辩护的前提条件。对于有律师辩护的案件，如果未能满足律师辩护的基本要求，应认定为无效辩护。

前文所列举律师辩护的基本要求包括会见，阅卷，申请收集、调取无罪、罪轻的证据材料，对刑讯逼供、违法取证的行为依法提出非法证据排除要求。对在卷证据、事实、法律适用判断错误，或者未与犯罪嫌疑人、被告人沟通解释控方的和解意愿、认罪后从轻量刑意愿等对犯罪嫌疑人、被告人选择诉讼程序有重大影响的事实，在简易程序、速裁程序案件中提出明显错误的事实判断和法律意见，足以影响无辜者认罪或者不认罪的决定，影响犯罪嫌疑人、被告人选择适用不同审判程序的，一经证实，即可说明该律师的辩护未满足基本要求，律师辩护不具备有效辩护的前提条件，具有影响案件诉讼结局的合理可能性，犯罪嫌疑人、被告人所享有的获得辩护权已经受到侵犯，应予救济。

对由于不能归因于辩护律师的客观原因未能达到律师辩护基本要求的案件，也即或者由于相关法律规定与获得辩护权条款存在冲突，或者由于职权机关法律适用错误，或者由于职权机关的其他错误甚至违法行为，导致律师未能达到对律师辩护基本要求的案件，也属于无效辩护，应对犯罪嫌疑人、被告人予以救济。在这类案件中，律师能够证明并未故意或者出于疏忽地违反辩护委托合同之义务的，无须承担执业纪律责任。

（三）无效辩护的证据及证明

犯罪嫌疑人、被告人主张无效辩护的，应当承担证明责任。在主张无效辩护的案件中，犯罪嫌疑人、被告人仅掌握无效辩护的证据线索，律师可以申请职权机关收集、调取证据。

事实上，在诉讼的各个阶段，律师的辩护行为均可能会有留存在职权机关的文件作为记录，各种文件均可调取。如律师会见的，看守所有文件记录可证明，律师也有会见笔录或者录音可予证明；律师阅卷的，在人民检察院和人民法院有记录或者证人；律师向犯罪嫌疑人、被告人核实证据的，在律师笔录中有证据证明；律师向人民检察院、人民法院申请收集、调取证据的，也要向人民检察院、人民法院提交书面申请文件。

另外，在有些案件中，犯罪嫌疑人、被告人主张无效辩护时需要证明，如果不是律师的错误，诉讼结果将对犯罪嫌疑人、被告人更加有利。这一证明的难度对于犯罪嫌疑人、被告人而言，是非常高的。为此，刑事案件中有关犯罪嫌疑人、被告人和辩护律师在公开场合如公开的法庭上、庭前会议上沟通交流的记录制度和录音录像制度应予加强，检察院和犯罪嫌疑人、被告人、辩护律师之间关于适用诉讼程序的交流、关于量刑建议和意见的交流等，均应使用书面形式。

（四）无效辩护的法律后果

设置无效辩护的法律后果，应考虑诉讼中权利保障的原则、职权规制的原则、完整性原则、充分性原则、适当性原则、协调性原则、法定与裁量相结合原则等。[1]同时应当注意区分不同的无效辩护行为对诉讼的影响，采取适当的救济方式。

首先，建议将无效辩护作为法定的发回重审或者再审条件。对于被告人主张律师没有达到律师辩护基本要求的，或者主张律师错误导致不利诉讼结局的，一经确认，有罪判决应予撤销，案件重新审理。在再审案件中应由被告人重新委托辩护律师，被告人没有委托辩护律师的，建议为其指派辩护律师。

其次，建议在案件审理过程中，被告人主张无效辩护的，一经法庭认定成立，即为被告人更换辩护律师，之前辩护律师参与进行的相关程序重新进行。

再次，建议对于律师错误导致被告人遭受不利后果的，再审案件时可视情况排除律师错误导致的后果。

最后，建议对于律师错误导致被告人作出选择诉讼程序的错

〔1〕 参见王敏远："设置刑事程序法律后果的原则"，载《法学家》2007年第4期。

误决定的，诉讼应倒回到律师出错的节点，使犯罪嫌疑人、被告人重新行使诉讼程序选择权。

综上，无效辩护制度是保障获得辩护权的必要组成部分，其不仅是对获得辩护权是否得到保障的评价体系，而且是对犯罪嫌疑人、被告人获得辩护权的救济体系。通过无效辩护制度设置合理的程序性法律后果，对于保障犯罪嫌疑人、被告人获得有效辩护具有重要意义，是刑事法治发展的需要。

三、 认识有效辩护和无效辩护的关系

如前所述，有效辩护制度是获得辩护权的要求，无效辩护制度是对获得辩护权的救济，是违反有效辩护的程序性法律后果。二者均为获得辩护权的保障制度。有效辩护是从肯定角度对司法保障和辩护律师提出要求，无效辩护是从否定角度对侵犯犯罪嫌疑人、被告人获得辩护权的案件予以救济。

获得辩护权蕴含了犯罪嫌疑人、被告人在刑事诉讼中的重大权益。对有效辩护提出最低要求、予以保障，对无效辩护予以救济，是保障犯罪嫌疑人、被告人权利的要求。需要说明的是，有效辩护和无效辩护并非简单的非此即彼的关系。设立无效辩护识别标准的目的是识别犯罪嫌疑人、被告人的获得辩护权是否受到侵犯，确保获得辩护的宪法权利受到侵犯时能够获得救济。

因此，对有效辩护和无效辩护的关系不能作简单的字面理解并将二者对立，二者不是非此即彼的关系，而是一项权利的两个侧面，有效辩护和无效辩护的目的都是保障犯罪嫌疑人、被告人获得辩护的宪法权利。

第三节 被害人权利保障与加强刑事代理

保护公诉案件被害人的合法权益是刑事司法公正的重要追求

之一。20世纪70年代以来的被害人权利运动中，国际被害人学界提出个人权利与国家权力关系理论、刑事救济多元化理论、被害人保护层次性理论、秩序与公正价值理论等，作为保护被害人权利的理论基础和正当性依据，并推动了国际上保护被害人的专门立法潮流。1985年联合国大会通过《为罪行和滥用权力行为受害者取得公理的基本原则宣言》，明确规定对被害人的援助和赔偿、国家补偿等救济方式。当前我国有20多个省、自治区、直辖市和130多个地、市颁布了对刑事被害人进行救助的规范性文件，救助被害人的工作机制基本形成，有地方如宁夏、无锡等省市发布了刑事被害人救助地方性法规。随着被害人保护的地方规范性文件渐成体系，我国将逐步形成制定全国性的专门保护被害人立法的基础。目前我国尚无保护刑事被害人的专门立法，实践中的情况也较为复杂，存在许多有待解决的问题。以审判为中心的诉讼制度改革以让人民群众在每一个司法案件中都感受到公平正义为目标，加强被害人权利保障是其当然内容。

一、 保障被害人权利有重要意义

以审判为中心的诉讼制度改革强调人民法院的审判权的重要性，让审理者裁判，推动对侦查机关强制措施和侦查行为的司法控制。这一改革以让人民群众在每一个司法案件中都感受到公平正义为目标，其所追求的公正是对所有诉讼参与人的公正，也包括对被害人的公正。保障被害人权利有利于实现改革所追求的司法公正的目标。

（一）正确认识被害人权利保障不足将给刑事司法带来现实压力

如果被害人权利保障不足，被害人无法感受到司法的公平，就会对刑事程序及其结果的公正性产生怀疑和不满，一些地方的被害人不满刑事程序而引发的申诉、信访、群众聚集产生的信访压力和维稳压力直接针对刑事司法机关。比如，办理案件会否引起涉诉信访行为或者维稳需求，作为办案人员和办案机关的业绩考核指标，显然会给办案机关带来现实的压力。针对来自被害人方的压力，2013年中央政法委《关于切实防止冤假错案的规定》第8条规定：“人民法院、人民检察院、公安机关办理刑事案件，必须以事实为依据，以法律为准绳，不能因为舆论炒作、当事人及其亲属上访闹访和‘限时破案’、地方‘维稳’等压力，作出违反法律规定的裁判和决定。”

然而实践中司法机关面对来自被害人方的压力时往往显得无奈。如念斌案中，在警方宣布念斌是杀害丁家两小孩嫌疑人、带走念斌的同一天，愤怒的丁家将念斌的家砸毁；念斌无罪释放后，凶手没有抓到，民事赔偿化为泡影。判决后法院安排念斌及律师走其他通道离开法院，而被害人之母丁云虾在判决后坚持在福建省高院院里不肯出法院。〔1〕

司法机关在面对来自被害人方的压力时，有时会迫于压力而影响到其判决结果。如2015年李彦（因家暴）杀夫案，由于被害人家属的强烈要求，该案一审二审均判死刑，等到被害人家属情绪稍微平复，最高人民法院才宣布不予核准死刑；再审法院让辩护律师协助维稳。该案引起妇女团体乃至国际社会的高度关注，但遗憾的是，再审将死刑改判死缓，引起各方不满。同期的温州市、新野县分别对家暴杀夫案被告人判处5年有期徒刑，而这两案均无来自被害人方要求重判的压力。〔2〕

---

〔1〕 曹晶晶：“念斌案受害者亲属：输了官司就只有哭只有闹”，载《南方都市报》2014年8月27日。

〔2〕 任重远：“家暴阴影下的妇女权益保护：未能完全翻转的李彦案”，载《南方周末》2015年4月30日。张茵：“家暴刑事案意见出台后全国首案温州女杀夫判5年”，载新华网，http://www.sh.xinhuanet.com/2015-03/06/c_134043251.htm；“一女因家暴杀夫获从宽判处”，载网易新闻，http://news.163.com/15/0522/10/AQ7DCBUR00014Q4P.html，访问日期：2015年5月22日。

当前的现实是许多案件中来自被害人方的压力仍然存在，司法评价考核的这些压力也仍然存在，包括受到多次强调、不尽合理的限时破案、维稳压力指标等，而且基于中央政法委前述文件第 14 条“建立健全科学合理、符合司法规律的办案绩效考评制度，不能片面追求破案率、批捕率、起诉率、定罪率等指标”的要求，各机关可能会确立具有综合性的考核指标，将更多的指标和指数纳入考核系统，职权机关可能面临的压力更大。因此，保障被害人权利，认识和面对被害人及其家属对于刑事诉讼程序的期待，正确面对被害人及其家属的过激情绪、不理性行为给司法机关带来的压力，有助于认识加强被害人权利保障及诉讼代理制度在以审判为中心的诉讼制度中的重要作用。

（二）认识诉讼代理制度对维护被害人合法权益的重要意义

加强诉讼代理是维护被害人权益的需要。被害人诉讼代理制度是保障被害人合法权益的重要制度安排。在刑事案件中，被害人处于弱势地位，其合法权益已经由于受到犯罪行为的不法侵害，处于受损状态，作为法律外行的被害人进入刑事诉讼，难以充分理解、行使和维护其合法权益。由律师或者法律人担任诉讼代理人，有利于被害人理解其诉讼权利和合法权益的边界，了解案件处理的各种流程和可能的走向，帮助被害人全面、有效、合法、有序参与刑事诉讼，充分行使诉讼权利，依法为被害人争取实现其各项合法权益。

加强诉讼代理是在公诉案件中充分体现被害人利益的需要。在公诉案件中，起诉权属于检察院，被害人不能自力救济和报复行为人，同时，其既没有开展侦查的手段、资源，又没有充分的法律知识和经验指控犯罪，无法有效地行使法律赋予其的诉讼权利，客观上需要专业法律人士帮助维护其自身合法权益。

公诉案件中公诉方的需求与被害人利益并不完全相同，公诉方依法提起公诉看似能够满足被害人的报应愿望，但有时也会出现问题。例如，在实践中确实发生了公诉罪名畸轻的案件。如

1997年，刘某被同村徐某用石头砸死，基层检察院以故意伤害罪起诉。诉讼代理人阅卷后发现故意杀人证据材料，主张案件由中级人民法院管辖。庭审中检察官坚持以故意伤害罪起诉，甚至在庭审中为被告人辩护。诉讼代理人将律师意见在休庭后送交上级人大、政法委等，案件的处理最终采纳了律师意见。[1]在这种案件中，代表国家利益的检察机关的公诉与被害人具体利益发生冲突，而维护被害人具体利益实际上并不在检察官的职责范围内，被害人只有通过诉讼代理人，由其通过法定途径、运用其丰富的法律知识和经验才有可能对案件的公正处理发挥作用。

诉讼代理人也可防止某些特殊案件的被害人二次被害。比如未成年人为被害人的案件、性犯罪案件等案件中，被害人如直接参与庭审，庭审过程中的质证、陈述等易使被害人回忆受害历史，导致二次被害，加剧被害人方和被告人方的冲突和仇恨。这些案件由诉讼代理人出庭维护被害人的权益，有利于防止被害人二次被害。

诉讼代理制度有利于为被害人争取因犯罪而遭受的损害的赔偿、补偿或者救济。赔偿的获取途径有刑事和解、附带民事诉讼等，其中，刑事和解程序复杂，涉及参与诉讼的多方，而附带民事诉讼执行难度大；补偿与救济则需要经过法定途径向职权机关提出申请和证据材料，并要符合法定条件，诉讼代理人丰富的经验有利于帮助被害人及时获得经济补偿。如果因为代理律师的努力使被告人的赔偿积极、主动、充分，则有利于被害人谅解被告人，早日走出犯罪受害影响，恢复正常生活。

二、 被害人权益保障不足对公正司法的影响

现代刑事诉讼法以保障犯罪嫌疑人、被告人诉讼权利为中

〔1〕 参见罗国良：“从徐振祥杀人案论公诉案件被害人的代理”，载陈光中、江伟主编：《诉讼法论丛》（第4卷），法律出版社2000年版，第274～276页。

心，在我国以审判为中心的诉讼制度改革中，被害人权利也不能忽视，应使被害人也能够感受到司法的公平正义，使其权益得到充分保障。当前，刑事司法仍然面临被害人需求的理性正当化程度需要提高，维护权益的方法、手段的非理性，以及被害人诉讼权利保障不足等问题，这些问题给刑事司法机关带来较大的压力和影响。

（一）被害人方的不合理、不理性需求影响司法机关的判断

被害人及其家属在诉讼中易于带有强烈报复需求，法律意识相对淡薄，甚至其所提供的证据线索与材料也会受到主观性的影响而使真实性受损，其还往往通过各种手段向侦查机关施加压力。以侦查为中心的诉讼模式之下，侦查机关受到来自被害人方的压力，快速突击审讯，突破犯罪嫌疑人口供，对于犯罪嫌疑人、被告人合法权益的维护造成影响，而且致使后续程序中的人民检察院、人民法院不得不继续承担来自被害人方的压力，即使已发现侦查办案不符合程序规定，也会出于维护侦查“成果”、维护被害人“情绪稳定”的目的，继续坚持错误，甚至造成冤假错案。

如在佘祥林冤案中，“被害人”张在玉的娘家亲属怀疑佘祥林杀妻，并以各种方式对司法机关施加压力，客观上成为铸成这起冤案的重要助力。张在玉失踪 3 天后，其三哥就到派出所报案，并提出佘祥林可能因其妻患上精神病而杀妻的怀疑。在公安机关发现无名女尸后，张家亲属认为很可能就是张在玉。在湖北省高级人民法院发现此案的疑点，要求重审时，张家亲属多次上访，并组织 220 名群众联名上书，要求对佘祥林从速处决，甚至某村村民因写了一个曾见过张在玉的良心证明而被关押 3 个月。此案中被害人家属的无端猜疑、上访等行为与其他因素相结合，促使公检法机关迫于维稳压力和破案压力，侦查机关违反法定程序办案，无视无罪证据，打击报复证人，铸成冤假错案。

（二）被害人方操纵舆论影响法院判断

在刑事诉讼中，尤其是在有重大影响的案件、可能判处死刑的案件中，来自被害人方的不理性的要求和压力，如果从侦查阶段就开始影响舆论，当案件成为媒体和网络的关注热点时，就会形成难以扭转的压倒性舆论，可能最终影响甚至操控审判结果。

比如药家鑫案，被害人代理人在网上散播被告人虚假的家庭背景，致使舆论倒向被害人一方。该案中被害人代理人的行为致使法院受到巨大的舆论压力，被告人药家鑫最终被判处死刑。[1]该案诉讼代理人在案件代理过程中不仅使用了捏造事实来误导舆论的不适当手段，而且在案件办理过程中明知自己追求的目标不适当，仍因掺杂个人利益而罔顾公平正义。

（三）被害人权利缺乏保障造成被害人方申诉上访，影响刑事政策

在以侦查为中心的诉讼模式下，司法机关和诉讼程序对被害人权利也欠缺充分考虑和尊重：一是被害人的程序参与权不足。被害人在侦查阶段只被认为是刑事诉讼证据材料的来源，只有在审查起诉阶段才能够委托诉讼代理人参与诉讼，在诉讼的各阶段，对被害人权利的保障均不充分。二是对被害人因犯罪遭受的损失赔偿不足、补偿不及时。这是导致被害人对判决结果不满，最终诉诸舆论影响诉讼结果的重要因素。

---

〔1〕 药家鑫之父药某登门责问，张某口头道歉。当晚张某发布两条微博：“见到药家鑫父母后，我感觉与想象的是有很大区别的，也是一位很普通的人，请大家骂我吧，确实我有误会人家的地方……我向药家鑫和他父母道歉。”“药家鑫的父亲和母亲的面孔是善良的，我和他们都很感到纳闷，药家鑫怎么犯了这么大的罪。”但仅仅过了数个小时，张某便删除了这些微博。药某打电话过去问，张某称自己是公众人物，代表一部分人的立场，不能轻易改变。2011 年 5 月 30 日晚，张某发了一条新的微博：“……对药家鑫罪行的态度一如既往，认为应判死刑立即执行的态度始终没有变，也不会变；对药家鑫父母不择手段的做法，表示不接受，以正视听。”“药家鑫案张显：‘玩火自焚’典型案例”，载南方周末网，http://news. ifeng. com/shendu/nfzm/detail_2012_ 02/27/12818136_ 0. shtml，访问日期：2015 年 4 月 18 日。

如云南省高级人民法院认定“5·16”案件杀害姐弟二人的被告人李昌奎有积极赔偿被害人家属经济损失等情节，二审作出死缓判决，但是二审判决结果并没有通知和送达被害人家属。家属去看守所打听后才知道判决结果，找民警借来判决书复印了一份。被害人家属认为二审判决罔顾事实，李昌奎的家属始终以各种借口不拿钱对受害人予以安葬，最终由当地社会矛盾调处中心、人民调解委员会责令公开变卖相关物品，被害人家属才得到21 838元丧葬费，被告人一方并没有做到积极赔偿被害人家属经济损失，更没有得到被害人家属谅解。被害人家属提出：“坚决要求一命还两命！”向省检察院和省高院、省政法委，甚至中央政法委、最高人民法院、最高人民检察院都递交了启动审判监督程序申请。最终李昌奎被再审判处死刑立即执行。〔1〕李昌奎案在很长一段时期内使法院处于与该案同案同判的压力下，造成适用死刑标准的降低和死刑数量的增加。

可见，在以侦查为中心的诉讼模式下，我国刑事政策本来就使侦查机关承载了许多不应有、不合理的压力，如限期破案、命案必破、控制信访等要求，而被害人方提出的不理性、没有法律根据也不符合刑事政策的要求，更加大了侦查机关的办案压力。在以侦查为中心的诉讼模式中，来自被害人方的压力与刑事诉讼的结果有微妙的关系。一旦侦查阶段对犯罪嫌疑人的认定发生错误，就难以避免其后司法机关迫于“维稳”需要认可侦查机关成果的压力作出错误的决定和判决；权利没有获得充分保障的被害人更是可能在诉讼的其他阶段给其他司法机关施加巨大的舆论压力，难以避免对被告人重判，影响司法公正和刑事政策的一贯

〔1〕“李昌奎故意杀人、强奸案再审判处死刑”，载新华网，http://news.xinhuanet.com/legal/2011-08/23/c_121898056.htm，类似案件还有“男子杀人焚尸死刑改判死缓被害人家属持续上访”，原题目为“刑满释放人员再度杀人焚尸高院改判死缓引争议”，原载《中国青年报》，转引自光明网，http://legal.gmw.cn/2013-01/04/content_6233898.htm，访问日期：2015年4月18日。

性。此外，被害人多数是法律外行，进入刑事诉讼程序后，不知其合法权益及诉讼权利边界，其行为和需求与法律规定可能有一定差距，不理性、不可行、无法实现。这些问题都需要诉讼代理人提供的专业法律服务来缓解或者解决。

三、妥善解决刑事代理面临的问题

随着刑事诉讼法的修改和以审判为中心的诉讼制度改革的推进，刑事代理将为实现司法的公平正义承担更重要的角色、发挥更重要的作用，也将获得更多重视，在制度建构及实践中不断得到加强和发展。不难理解，被害人经济越是困难，犯罪给其经济和生活带来的压力就越大；并且，越是由于个人健康、隐私等原因不能有效参加诉讼，委托诉讼代理人的需求就越紧迫，其从刑事诉讼和附带民事诉讼获得安慰和补偿的期待就会越高。为此，应当加强对因贫困而未聘请代理律师的被害人提供法律援助。法律援助使被害人获得律师的专业帮助，有利于实现其经济上的补偿，也有利于通过有效保障被害人的合法权益，使被害人感受到诉讼程序的公平正义，使被害人在诉讼代理人的协助下了解法律权利和法律程序的边界，对诉讼程序和结果的要求趋于理性化、合法化，使法院免于受到来自被害人方的不合理压力。为此，要切实解决刑事代理的问题、发挥其在以审判为中心的诉讼制度中的作用，需要在以下方面推进相关的工作：

（一）加强对被害人的法律援助

刑事诉讼法虽然并未规定对被害人的法律援助，但2003年《法律援助条例》第11条规定，公诉案件中的被害人及其法定代理人或者近亲属，自案件移送审查起诉之日起，因经济困难没有委托诉讼代理人的，可以向法律援助机构申请法律援助。2013年《关于刑事诉讼法律援助工作的规定》第3条重申以上规定。2014年最高人民检察院《关于依法保障律师执业权利的规定》第

4 条规定，对于符合法律援助情形而没有委托辩护人或者诉讼代理人的，人民检察院应当及时告知当事人有权申请法律援助，并依照相关规定向法律援助机构转交申请材料。

随着 2014 年以来全国范围内经济困难标准的变化，符合经济困难条件、可望获得法律援助的被害人的范围将有所变化。但在扩大被害人法律援助范围方面还存在需要解决的问题，除了经济困难标准造成的和刑事辩护一样的门槛高的问题之外，还有案件类型和当事人个人特殊情况带来的问题。

一是对于故意杀人案、故意伤害案（中的重伤案件）、强奸案、爆炸案、投毒案、绑架案等严重暴力犯罪案件，被害人或者被害人的近亲属没有委托诉讼代理人的，建议人民法院和人民检察院、公安机关及时通知法律援助机构为被害人方指派诉讼代理人，无须被害人申请，不需审查经济困难条件。

二是对于被害人属未成年人，精神病人，一、二级智力残疾人，盲、聋、哑等残障人士的案件，没有委托诉讼代理人的，建议人民法院和人民检察院、公安机关及时通知法律援助机构为被害人指派诉讼代理人。

三是随着以审判为中心的诉讼制度改革的推进，建议对申请法律援助的被害人均提供法律援助，除非证明其收入高于当地当年人均收入；经调查被害人经济富裕的，由其按照律师收费标准支付法律援助费用。

鉴于当前律师数量少、法律援助经费不足、法律援助制度还不发达的现实，以上建议主张针对最为紧迫的案件和最需要法律援助的被害人提供律师帮助。事实上，截至 2015 年，全国律师共有 27.1 万人，其中大城市执业律师聚集，如北京有 2.5 万名律师，上海有 1.69 万名律师。[1]在这些律师较多的地区，实现对被害人的全面法律援助并不存在人力资源上的困难。地方法律援

---

〔1〕“我国执业律师人数突破 27 万”，载《人民政协报》2015 年 4 月 9 日。

助机构可利用政府采购系统，采用公开招投标的方式，针对一段时期内的被害人法律援助业务与一个或者若干个律师事务所签订业务合同。

（二）保障担任诉讼代理人的律师的执业权利

律师担任诉讼代理人有明文规定的法定权利保障，如在审查起诉阶段有权申请人民检察院调取证据。依据《人民检察院刑事诉讼规则（试行）》第56条第2款，律师担任诉讼代理人，需要申请人民检察院收集、调取证据的，参照本规则第52条的规定办理。该规则第52条规定：“案件移送审查起诉后，辩护律师依据刑事诉讼法第41条第1款的规定申请人民检察院收集、调取证据的，人民检察院案件管理部门应当及时将申请材料移送公诉部门办理。人民检察院认为需要收集、调取证据的，应当决定收集、调取并制作笔录附卷；决定不予收集、调取的，应当书面说明理由。人民检察院根据辩护律师的申请收集、调取证据时，辩护律师可以在场。”但是，无论是在实践中还是在法律规定上，诉讼代理人的执业权利均不够充分，使其无法全面参与刑事诉讼。

首先，诉讼代理人无权在侦查阶段介入。我国刑事诉讼始于立案侦查，后续阶段的处理很大程度上与侦查阶段的证据、事实认定相关，在以侦查为中心的诉讼模式下，立案侦查阶段即已在很大程度上决定了诉讼结局。被害人在侦查阶段的知情权、参与权均受到很大限制，对于诉讼阶段的推进、强制措施的变更、案件主要事实和罪名的认定等，均无法定知情权利，也并无机会进行有效的参与，若无诉讼代理人参与诉讼，则其权益无法获得有效保障，也很难感受到公平正义。

在立案侦查之际，如果诉讼代理人可介入诉讼，可及时收集证据材料并提交给侦查机关，有利于促使侦查机关依法审查立案，避免久拖不立、不破不立等习惯做法；在案件的侦查阶段，诉讼代理人也可以代理被害人提交被害人陈述或者其他证据材料，有利于追诉犯罪。在有些案件如交通肇事、故意伤害等案件中，侦查阶段有刑事和解的可能，如有诉讼代理人的参与，不仅可以充分表达被害人的意志，而且可以从法律专业角度为被害人提出合理建议，和解的可能性增加，为审判的顺利进行和被害人受害情绪的恢复奠定良好的基础。

其次，诉讼代理人在审判程序中的不够充分的介入，对于维护被害人权益有不利影响。被害人在我国刑事诉讼中虽被定位为当事人，但其在刑事案件开庭审理过程中一般是作为证人参加诉讼，在庭审中遵循证人出庭作证的规则，比如不能坐在诉讼代理人旁边自始至终出席庭审，也不能旁听法庭审判，而是在需要对其质证时出庭，质证完毕后即退出法庭。被害人完全丧失了对证人、鉴定人以及其他证据进行质证和辩论的权利，被害人也完全不知庭审过程中的控辩双方意见，更无权发表自己的控诉意见。在这种情况下，只有诉讼代理人才能在庭审中维护被害人的诉讼权利。

再次，诉讼代理人的法律意见在诉讼的各个阶段均未体现出受重视。侦查阶段诉讼代理人无权参与，当然无机会提出法律意见。在审查起诉阶段，诉讼代理人对案件的事实、证据、法律适用问题有意见的，可以将书面意见提交给人民检察院，认为案件事实不清的，可以建议补充侦查；被害人愿意和解的，可以向检察院提出被害人的意愿，积极促成和解；认为案件管辖权有疑问的，可以向检察院提出书面意见，也可以向上一级人民检察院等部门提出意见，为被害人争取合法权益。在审判阶段，诉讼代理人的参与度更加直接、广泛，可以在庭审中提出口头或者书面的质证意见、辩论意见，也可单独提出书面的法律意见，甚至提出书面的量刑建议，争取影响法院判决或者决定。但是，无论是审查起诉阶段的代理意见还是审判阶段的法律意见，都难以在公诉书或者判决书中得到充分尊重。尤其是在公诉书中，且勿论诉讼代理人的法律意见，甚至连被害人聘请诉讼代理人一事都不会提到，诉讼代理人的姓氏也不会出现在法律文书中；在判决中，即使诉讼代理人提出法律意见或者量刑建议，刑事判决书正文也不予援引和分析，不表明采纳与否。

最后，诉讼代理人如不能有效参与二审程序与再审程序，将不利于被害人权益保障。被害人无权上诉，但有权请求检察院抗诉。在检察院抗诉的案件中，被害人可能与检察官一样希望加重量刑。在被告人上诉的案件中，被害人则有可能顾虑被告人被减轻量刑或者改判无罪。且被害人请求检察院抗诉的案件和申诉的案件中，其对于刑事附带民事诉讼的判决结果一般也不满意。是以无论是在检察院抗诉引起的还是在被告人上诉引起的二审程序中，抑或是在再审程序中，被害人都有其参与愿望与权益，在这一阶段由诉讼代理人代其参与程序，有利于充分维护其合法权益。对于开庭审理的二审案件和再审案件，诉讼代理人履行其出庭质证、辩论职责；对于不开庭审理的二审案件和再审案件，诉讼代理人应提交书面意见。建议二审、再审认真对待诉讼代理人的法律意见，在判决书中叙明代理律师的意见，并对其进行充分说理、予以分析判断，说明采纳与否；并依据《刑事诉讼法》第196条，将终审判决书和再审判决书送达诉讼代理人和被害人，避免再次发生李昌奎案等被害人收不到二审判决书、使被害人方感觉程序不公的事件。

四、　加强对被害人的赔偿与补偿

被害人对刑事司法机关的不满，很大程度上来源于经济上受犯罪行为影响而未得到相应的赔偿或补偿，而被告人大多经济条件也一般，附带民事诉讼的执行在实践中很难落实，这会影响被害人对司法公正的感受。因此，在实践中加强对被害人的赔偿与补偿，有利于平复犯罪给被害人造成的损害，减轻司法机关在诉讼中承受的不当压力。

对刑事被害人的国家补偿在我国被称为司法救助，其实质是国家因未尽保护公民义务而对公民提供补偿，是通过对生活困难的被害人提供金钱补偿，来弥补国家的过失，减少被害人对被告人、对刑事诉讼和司法机关甚至对社会的对抗情绪，消除被害人因受犯罪侵害而与犯罪嫌疑人、被告人产生的纠纷和矛盾，缓解司法机关面对的信访危机和维稳压力。人民法院将司法救助作为司法改革的一项内容，自 2009 年在全国范围内陆续开展，截至 2012 年，有 17 个省份和 100 多个地市出台了实施意见，全国法院共救助刑事案件被害人约 1.09 万人，实际救助资金约 2.05 亿元。〔1〕

2014 年中央政法委、财政部、最高人民法院、最高人民检察院、公安部、司法部印发《关于建立完善国家司法救助制度的意见（试行）》，要求对四种情况下因案件无法侦破或者因加害人死亡或没有赔偿能力，无法经过诉讼获得赔偿，造成生活困难的被害人予以救助：一是被害人受重伤或严重残疾的；二是刑事案件被害人受到犯罪侵害危及生命，急需救治，无力承担医疗救治费用的；三是被害人受到犯罪侵害而死亡，造成依靠其收入为主要生活来源的近亲属生活困难的；四是被害人受到犯罪侵害，致使财产遭受重大损失，造成生活困难的。

当前我国对被害人进行司法救助的形式主要是金钱补偿，一般以 36 个月本地上年度职工月平均工资为上限，最高不超过法院判决赔偿数额；同时亦开始逐步重视将司法救助与思想疏导、宣传教育相结合，与法律援助、诉讼救济相配套，与其他社会救助相衔接。有条件的地方正在积极探索建立刑事案件伤员急救“绿色通道”、对遭受严重心理创伤的被害人实施心理治疗、对行动不便的被害人提供社工帮助等多种救助方式，进一步增强救助

〔1〕 陈菲：“司法改革：万余刑案被害人获救助”，载《新华每日电讯》2012 年 8 月 24 日，第 2 版。

效果。

五、结语

建立以审判为中心的诉讼制度，不能忽视加强被害人权益保护和诉讼代理制度。在某种程度上，尤其是在当前改革的过渡阶段，被害人权利保护和诉讼代理制度是“以审判为中心”的配套制度和保障措施。为此，需要正确认识被害人权利保障对于以审判为中心的诉讼制度建构的重要意义，正确对待、合理引导被害人的需求。在被害人要求报应犯罪人、法律援助、司法救助、补偿等多元需求中，有些需求是合理并且合法的，有些则是不切实际，甚至不合理、不合法的，加强诉讼代理人法律援助制度有利于积极引导被害人的合理、合法需求，消除其对刑事审判的不着边际的期待；诉讼代理人的参与有利于加强被害人诉求的理性和表达的理性；同时，诉讼代理人的参与权需要加强、得到更多的尊重和重视。这些观念和做法不仅是令被害人感受到刑事司法公平正义的重要途径，而且是分散司法机关来自被害人方压力的重要措施，有利于建立以审判为中心的诉讼制度改革的顺利推进。

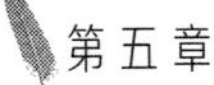

第五章

“以审判为中心”的诉讼制度改革之相关制度的配套改革

一国的刑事诉讼制度，必是其刑事司法理念、刑事司法政策、刑事司法体制及刑事司法经验的共同产物。同理，刑事诉讼制度之变革，亦必有赖于与刑事司法相关的制度、观念及社会条件的整体性改进。因而，推进“以审判为中心”的诉讼制度改革，绝不仅仅限于刑事程序法律层面的完善，甚至也不限于司法系统之内。在逻辑上，刑事司法生态系统之中，但凡对审判中心地位及司法公正产生足够影响的因素，都应纳入改革之考量。在我们看来，刑事司法考核作为刑事司法中的动力机制，考核指标、考核办法的设置，影响着刑事政策和法律落实的效果；国家投入是刑事司法的物质基础，其量的增长及在不同司法主体之间和不同诉讼阶段的合理配置，影响着刑事司法的效能；而司法之外的体制性因素则构成整个刑事司法最坚硬、最难以改变的体制架构，决定着刑事司法改革所能达到的最大限度，也决定着以审判为中心的诉讼制度能否真正与这个体制相适应，以实现其一系列的制度功能。在此，我们将对这一系列问题展开探讨。

第一节 考核指标与考核办法的问题及修改完善

考核，是上级组织对下级组织或组织对成员的一种“规训”手段，即以一定之标准，对其工作表现予以衡量、评定，并据以奖优惩劣。考核以利诱和惩戒为最后保障，约束、管控下级组织或成员服务和服从组织预设的目标。正是这种简单而有效的利益导向，使考核主体遵循着“考核什么就会有什么，考核什么就能得到什么”的功利逻辑。我国刑事司法领域一直都有考核制度存在。最初，是根据《国家公务员暂行条例》对德、能、勤、绩四个方面进行考核。这种考核指标笼统模糊，精确度和客观性都比较差。自20世纪90年代末，借鉴欧美国家企业管理和公共管理理论实践的经验，我国刑事司法部门陆续探索建立了以定量考核为主要方式的绩效考核模式。[1]其基本做法是，按照部门的职责目标设定某些量化指标，再以之为尺度去衡量部门成员的工作表现。由定性到定量，使得刑事司法绩效考核增强了客观性和科学色彩，实现了从行政考核向业务考核的转变。它的出现，在很大程度上改变了刑事司法工作的生态，调动了司法人员的积极性，尤其在打击犯罪、维护稳定方面发挥了显著的推动作用。但是，这种考核模式试图以一种“数目字管理”的简单方式去评判极为复杂、兼具事实认知与价值选择双重功能的诉讼活动，特别是制度目标的设定过于偏狭，紧盯个案和微观诉讼活动，强调功利性的“数”和“率”，并以自上而下行政推动的方式去督促实现。

---

〔1〕1999年，我国与欧盟开展绩效管理合作研究项目，铁路检察机关作为试点单位，开始探索以最佳工作业绩和效率为标准的绩效管理模式。参见王健：“刑事司法考核制度30年”，载《民主与法制》2013年第22期。

这使得绩效考核制度成为我国刑事诉讼中除法律、良知、职业荣誉感等规则与动力之外的另一种驱动，以其强有力的激励和威慑机制，在某种程度上影响、改变甚至扭曲着从侦查机关到检察机关、审判机关的刑事司法行为，而那些违反司法规律的考核办法和考核指标，甚至造成了对依法办案的冲击。对此，需要予以研究解决。

一、 追诉机关绩效考核

追诉机关绩效考核是附着于现有追诉体制之上的一项制度设计，在制度目标上，其只能着眼于最大化激活追诉职能，促进惩治功能之实现。事实上，由于我国追诉机关特殊的政治定位以及半军事化的管理体制，绩效考核制度运行得相当有效。正是这种有效性，使之成为当前“以侦查为中心”的刑事诉讼模式的固化剂——在它强有力的激励与约束之下，追诉机关的自主性进一步增强，支配整个刑事诉讼过程以实现追诉目标的意识进一步强化，从而给“以审判为中心”的刑事诉讼制度的建立造成了极大障碍。[1]

（一）侦查机关绩效考核

2001 年，公安部发布实施《公安机关执法质量考核评议规定》（公安部令第 60 号），在全国各地的公安机关组织开展执法质量考核活动。这是侦查工作领域业务绩效考核的发端。此后，公安部陆续出台了《公安派出所执法执勤工作规范》、《日常“网上追逃”工作考核评比办法（修订）》、《关于加强基层所队正规化建设的意见》，等等，侦查工作绩效考核越来越走向量化、细

〔1〕 本书的目的是探讨刑事司法考核制度对“以审判为中心”的诉讼制度的影响，而非对整个刑事司法考核制度的研究，故在考核项目的选取上，以对司法审判影响最为直接的破案率、无罪判决率等为主。

化。这些规定或意见，在纸面上构筑了一个逻辑严密、导向正确的绩效考核体系。遗憾的是，所有这些规则往往都止于一种宣示，难以完全贯彻执行。因为在科层制的官僚结构中，由于上下级之间信息不对称，自上而下的监督通常欠缺落实的机制和动力。对下级而言，其基于成本与收益的考虑，总是倾向于对上级的决策作选择性执行，即执行那些易于实现而且为上级所真正重视的考核指标。而且，侦查行为具有自主性和封闭性，与公诉机关、审判机关相比，本来就更少讲求正当程序，特别是侦查机关在我国权力结构中居于非常特殊的地位，乃至被认为“国家安危，系于一半”，曾经的唯一职责、现在的最主要的职责就是打击犯罪、维护稳定、保卫政权。在这样的现实之中，所有针对侦查机关的以繁复、琐细为特征的程序制约，往往都无法得到很好的落实，不得不让位于履行其“维稳”职责的需要。因此，要考察侦查机关实践中的绩效考核制度，主要应依赖于他们实践中的一些做法。这些做法可能以内部文件形式存在，也可能通过会议讲话方式进行部署。

根据学者研究，公安机关的绩效考核内容包括案件数量和案件质量。对案件数量的考核指标主要包括人均立案、破案数，(百名民警）人均打击数、人均逮捕人数、人均移送起诉人数，打击处理增长率，破案增长人均贡献度，等等。对案件质量的考核指标主要包括拒绝立案或错误立案数，不批准逮捕数，刑事拘留依法处理率，错误适用强制措施数，超期羁押、违反时限规定数，证据不足不起诉人数，无罪判决人数等。〔1〕有的还延伸到检察监督情况（因执法质量问题，被检察机关纠正违法或监督立案的），法院监督情况（因执法质量问题，被法院发出司法建议的）和相互制约情况（认为检察机关作出不批准逮捕或不起诉决定错

〔1〕 王健：“刑事司法考核制度30年”，载《民主与法制》2013年第22期。

误，经提请复议、复核后，检察机关改变原决定的）。[1]以上各项考核指标之中，一部分具有高度相似性，如破案数、（百名民警）人均打击数、打击处理增长率、破案增长人均贡献度以及无罪判决人数，其实质都与破案相关，只是计算方法不同、考核的角度不同。侦查机关关于破案情况的考核，与法院审判关系甚密。而近年来引起最多非议，也最为社会公众所熟知的也是破案数或破案率。因而，下文关于侦查机关绩效考核的探讨，就主要围绕破案数和破案率来展开。

所谓破案数，是指侦查机关或侦查人员每年所侦破的案件数量。对破案数的考核，有的地方采取反向激励措施，即限定某个数量下限，完不成任务者扣分或者扣罚奖金。例如，要求“刑警大队民警全年人均侦破案件数不低于4起，其中大要案件不低于2起”[2]。这种破案数通常又称为“办案指标”。办案指标一般都是在每一年的年底或次年年初就预设好，尽管会以上一年度刑事案件侦查情况作为依据，但这种依据只是经验性的，很难说具有什么科学性。因而，制定的指标往往脱离实际，给落实带来很大困难，对办案民警造成巨大压力。有些办案民警为了完成指标，常常“剑走偏锋”，采取一些违法行为。例如，2002年，湖北省荆州市沙市区公安分局民警戴明为完成办案指标、获取办案奖金，与“线人”邓某合谋，导演了一起“抢劫案”。2004年，吉林省吉林市公安局清河派出所所长为了完成当年年度办案指标，让“线人”花钱从市场上“雇”来13名民工充当“犯罪嫌疑人”，待他们蹲完3天拘留后，再付钱给他

---

〔1〕 吴美来、眭欧丽：“刑事诉讼职能的异化与治理——以公检法刑事诉讼关联绩效考核为中心”，载贺荣主编：《全国法院第25届学术讨论会获奖论文集：公正司法与行政法实施问题研究》（上册），人民法院出版社2014年版，第349页。

〔2〕 “大同市公安局刑侦工作考核奖惩办法（讨论稿）”，载大同市人民政府门户网，http://www.dt.gov.cn/xxgk/Government/PublicInfoShow.aspx?ID=872，2015年4月27日访问。

们。[1]鉴于此，有的地方改采正向激励的办法，如，规定“每破一起刑事案件得5分，年内破案数超过人均4起，每超过一起案件另奖5分”[2]。

破案率，即破案数与立案数的比率。破案率对侦查机关的重要性是无可置疑的，甚至被人称为“刑事司法的致命关键”[3]。的确，对以惩治犯罪、维护法制为己任的侦查机关而言，高破案率既是职业道德要求，也是民众所期盼的。而在我国，高破案率更有着昭示社会和谐稳定、执政能力强大等浓厚的政治意味。追求高破案率是确定的，要高到哪种程度却是不确定的。虽然在全国范围内并无关于破案率的统一标准，但各地各级公安机关的业绩竞赛，使得他们常常罔顾现实条件，竞相提出不切实际的过高指标。例如，有的地方规定，轻伤害案件破案率必须达到85%以上，每下降1%扣0.2分。[4]而追求高破案率的极端表现就是“命案必破”。所谓“群众看公安，关键看破案；案件千千万，关键看命案”。

“命案必破”最早是由湖北等地方警方提出并践行的。2000年，湖北省公安厅提出了“命案必破”的目标，要求全省公安机关作为一场警务革命来对待，千方百计追求“命案必破”，以此带动整个公安工作；省厅每年对各县市区命案破案情况进行排名并根据排名情况予以奖惩。两年之内，“命案必破”就展示出了

---

〔1〕李琳、齐书民：“咄咄怪事：派出所雇佣民工冒充‘嫌疑人’”，载《民主与法制》2005年第10期。

〔2〕“顺昌县公安局2014年局属各单位工作绩效考评实施办法”，载顺昌公安公众服务网，http://www.fjsc.gov.cn/cms/html/gaj/2014-11-03/509415540.html，2015年4月28日访问。

〔3〕[日]大谷实：《刑事政策学》，黎宏译，法律出版社2000年版，第168页。

〔4〕“顺昌县公安局2014年局属各单位工作绩效考评实施办法”，载顺昌公安公众服务网，http://www.fjsc.gov.cn/cms/html/gaj/2014-11-03/509415540.html，2015年4月28日访问。

良好的效果，命案破案率从当年的 78.9% 上升到 2001 年的 89.2%。[1]2004 年 6 月 1 日，公安部首次向社会公开提出“命案必破”的口号。同年 11 月 4 日，在江苏南京召开的全国侦破命案工作会议上正式向全国公安机关发出“命案必破”的号召，并要求在 2007 年实现“全国命案发案数下降、命案逃犯数下降、命案破案率上升”的“两降一升”的目标。至此，“命案必破”作为公安机关的一项基本工作方针确定下来。在表面上，“命案必破”只是一种宣示性口号，表达一种决心和信心，并非真的要求命案破案率达到百分之百。但在我国，口号绝不能简单地理解为一般性的意向、倾向或者愿望。从历史上看，每一个叫得响的口号，无不是政治的风向标。它表达的是决策者的期待，这种期待通常就是政策的方向，或者就是政策本身，因而，口号具有极强的政治象征意义和约束力。在实践当中，对“命案必破”的追求，被具体化为种种高企的指标，并自上而下层层加码。“破案率”在贯彻落实的过程当中，被具体化为种种高企的指标，并自上而下层层加码。[2]例如，2010 年《阿勒泰地区平安县（市）考核评分标准（试行）》就明确要求，“当年八类严重刑事犯罪案件破案率达到 70% 以上，其中杀人案件（含伤害致死案件）破案率达到 95% 以上”[3]。2012 年《阳泉市公安局目标责任考核年度指标》要求现行命案破案率达到 91% 以上，2013 年继续要求现行命案破案率达到 90% 以上。[4]

为促进这些指标的达成，考核制度通常都设定了足够的激励

---

〔1〕 张耀宇：“命案必破　中国警方的决心”，载《人民公安》2004 年第 4 期。

〔2〕 由于提出这类指标的往往都是内部文件或者会议讲话，而且，随着破案率等指标在全国范围内的取消，这类信息在网上也很难查得到。

〔3〕 载新疆富蕴政府网站，http://www.xjfy.gov.cn/NR.jsp?archive=0&urltype=news.NewsContentUrl&wbnewsid=6211&wbtreeid=1128.

〔4〕 载阳泉党建网，http://www.yqdj.gov.cn/assessment/publish/sec.jsp?lmid=163&temlmid=123，2015 年 4 月 14 日访问。

和威慑措施。一方面，破案会得到嘉奖、奖金、升职等种种奖励。例如，在佘祥林案“结案”后，专案组的办案人员纷纷得到提拔。专案组组长韩友华由京山县公安局副局长被调至京山县人民法院任副院长，副组长兼刑警大队大队长卢定成则被提拔为京山县公安局副局长，一般干警潘余均、曾忠分别升任巡警大队教导员和刑警大队指导员，一般干警程林成为刑侦大队副大队长。[1]在念斌案中，2006 年 8 月 23 日，平潭县委、县政府召开表彰大会，对侦破“7·27”投毒杀人案等 3 起特大刑事案件的有功人员通报表彰，并向 3 个专案组奖励现金 5.6 万元。主办此案的平潭县公安局侦查员翁某某，也因此被提拔为刑侦大队的中队长。[2]在这些激励措施的诱惑下，甚至有人为了受奖晋升，不惜戕害人命，制造假案。2012 年 7 月 1 日，深圳市公安局龙岗分局龙新派出所民警李才坤，以一枚金戒指为诱饵，唆使一女子谎报劫案，并对“劫匪”一枪爆头。他的动机竟然是为了“自己能得到市公安局或分局的奖励和表扬，在仕途上也会有好的发展”。[3]另一方面，如果案件无法侦破，侦查机关则必须承担巨大的压力。如河南省公安厅就曾明确要求，在命案侦破上，坚决落实领导责任制，省辖市公安局局长对本地积压未破的现行命案要负起总责，是第一责任人。积压两起未破现行命案的县分局局长，必须脱离日常工作，专司组织指挥之责；对新发命案，县分局局长必到现场。辖区发生杀死 3 人以上的命案和积压两起以上未破现行命案的县（市、区），省公安厅分管刑侦工作的副厅长和刑侦总队长

---

〔1〕 贾云勇：“湖北佘祥林案：杀妻冤案与一群人的命运转折”，载《南方都市报》2005 年 4 月 5 日。

〔2〕 曹晶晶：“无罪判决之后：两个破碎家庭，仇恨依旧无解”，载《南方都市报》2014 年 8 月 27 日，第 26 版。

〔3〕 王纳、孟广军：“深圳警察策划杀人假案动机：办案受辱渴望升迁”，载《广州日报》2013 年 2 月 8 日。

全部赶赴一线，深入现场，指导侦破。[1]甚至还有“积压一起命案主管局长辞职，积压两起命案局长免职”的说法。[2]

破案，意味着锦绣前程；不破案，则要面对近乎严苛的追责。绩效考核对侦查行为的影响与塑造，可想而知。这绝不是“没有必然的逻辑联系”一言就可蔽之的。

（二）公诉机关绩效考核

公诉机关业务考核的意识萌发较早。1995年《检察官考核暂行规定》即主张，检察官考核标准应以“检察官的职务（岗位）规范和工作任务”为依据。1999年，以哈尔滨铁检分院、上海铁检分院作为试点单位，与欧盟开展绩效管理合作研究项目，开始探索以最佳工作业绩和效率为标准的绩效管理模式。在试点取得一定成绩的基础上，2002年3月1日，最高人民检察院颁布了《人民检察院基层建设纲要》，明确指出：“在明确内设机构和工作岗位职责的基础上，分类分级明确工作目标，以动态考核为主、定性与定量相结合，实行全员能力和绩效考核，奖优罚劣”；“改革完善业务工作考核办法，注重对办案质量、效率和综合效果的考核评价”。这个纲要确定了公诉机关绩效考核制度的基本框架和重要原则，此后不断予以具体化。2005年《检察机关办理公诉案件考评办法（试行）》首次将“起诉率”作为考核的一项标准，开了量化指标的先河。2010年1月，最高人民检察院《考核评价各省、自治区、直辖市检察业务工作实施意见（试行）》和《考核评价各省、自治区、直辖市检察业务工作项目及计分细则（试行）》相继颁布，公诉机关业务绩效考核体系正式形成制度。[3]2010年4月，最高人民检察院下发《基层人民检察院建

---

〔1〕 邓红阳：“河南尉氏公安机关被疑抓精神病人抵杀人犯事件再调查——‘铁腕’考评是否催生‘为破案而破案’”，载《法制日报》2010年5月11日。

〔2〕“凶杀案破不了　抓精神病人充数”，载新浪网，http://news.sina.com.cn/c/2010-05-18/152617528727s.shtml，2015年4月13日访问。

〔3〕 参见王健：“刑事司法考核制度30年”，载《民主与法制》2013年第22期。

设考核办法（试行)》，规定由上级检察院对基层检察院工作进行全面综合考核，对考核结果可以实行排名。

在最高人民检察院所设定的制度框架内，各级检察机关根据各自实际需要，不断添加考核内容，增设考核指标，使得考核体系变得十分庞杂。通过归纳分析，主要考核项目大致可以分为案件数量和质量两个方面，前者主要考核追诉的力度，后者考核的则是追诉的准确度。数量方面包括案件受理数、受理大案数、结案数、审结率、人均结案数、批捕数、追捕数、起诉数、抗诉数、抗诉后改判或发回重审数、追诉漏犯数、增加罪名数、纠正违法意见数、检察建议数、主管检察长出庭数，等等；质量方面包括无罪判决数、法院改变定性数、撤回起诉不符合标准数、被支抗数、漏抗数、撤案数、不起诉适用错误数、被上级机关撤销不起诉决定数、超审限数、通报批评数，等等。〔1〕从业务性质看，这些指标又可以分为侦查监督、公诉和职务犯罪侦查三大部分。侦查监督部分，如监督公安机关立案数、撤案数、错捕不捕数、纠正漏捕数等；公诉部分，如指控错误案件数、撤回起诉数、无罪判决案件数、不起诉案件正确率、追诉漏罪漏犯数、提出抗诉数、再审检察建议数等；职务犯罪侦查部分，如立案侦查数、起诉数、起诉大案要案数、有罪判决案件数等。〔2〕

对于这些令人眼花缭乱的指标，如果再细加分析，就可以发现，其大多数都是围绕公诉这一核心职能来展开的，要么是为起诉服务的，如监督公安机关立案数、撤案数、立案侦查数、批捕数、追捕数等；要么是起诉的另一种形态，如抗诉数、追诉漏犯

---

〔1〕 参见朱桐辉：“刑事诉讼中的计件考核”，载苏力主编：《法律和社会科学》(第4卷)，法律出版社2009年版。

〔2〕 参见重庆市《2010年度全市基层检察院工作目标考核指标》及吴美来、眭欧丽：“刑事诉讼职能的异化与治理——以公检法刑事诉讼关联绩效考核为中心”，载贺荣主编：《全国法院第25届学术讨论会获奖论文集：公正司法与行政法实施问题研究》(上册)，人民法院出版社2014年版，第350页。

数、增加罪名数等。而起诉的质量和效果如何，目的能否实现，最后都归结为一个指标，即有罪判决——有罪判决数或者无罪判决率，两者实质是一样的。因而，有罪判决数或无罪判决率成为公诉部门绩效考核中最具刚性、最为紧要的指标。例如，重庆市《2010 年度全市基层检察院工作目标考核指标》〔1〕要求侦查监督做到“审查逮捕无错案和质量高”，所谓“错案”具体指批准或决定逮捕后作撤案、不诉或判无罪；〔2〕对公诉案件质量要求“无无罪判决和撤回起诉案件”；〔3〕在职务犯罪侦查方面强调“人均有罪判决数”，而每有一件无罪判决，所扣分数都相当于有罪判决加分的 4 倍。〔4〕甘肃阳泉《市人民检察院目标责任考核年度指标》从 2012 年至 2014 年连续 3 年均规定：提起公诉案件有罪判决率要达到 99.5%；公诉案件提起抗诉案件率不低于 0.5%；法院对抗诉案件的采纳意见率不低于 55%。

同样，为促进考核指标的实现，通常都会明确有力的奖惩措

〔1〕 关于印发《全市基层检察院年度工作目标考核办法（2010 年修订）》和《2010 年度全市基层检察院工作目标考核指标》的通知［渝检（政）〔2010〕34 号］。

〔2〕 具体评分标准是：①批准或决定逮捕后作撤案、绝对不诉、判无罪的 1 人减 5 分。②错不捕的 1 人减 3 分。③批准或决定逮捕后作存疑不诉或根据《刑事诉讼法》第 162 条第 3 项（新法第 195 条第 3 项——引者注）作无罪判决的（主要证据发生变化的除外），1 人减 0.5 分。

〔3〕 具体评分标准是：①对起诉确有错误的无罪判决案件，出现 1 人减 20 分。对起诉确有错误的撤回起诉案件，出现 1 人减 12 分。②不起诉决定执行后，经上级院纠正，决定起诉，法院作有罪判决的，1 件减 4 分。对没有犯罪事实，犯罪事实不是犯罪嫌疑人所为以及符合《刑法》第 15 条规定的情况而作出相对不起诉被纠正的，1 件减 4 分。③检察机关立案侦查案件不起诉率在 8% 以上的，每超过一个百分点减 0.2 分；超过 10% 的，每超过一个百分点减 0.5 分。

〔4〕 具体评分标准是：①职务犯罪被告人被判决有罪，贪污贿赂犯罪案件每 1 人计 2 分，渎职侵权犯罪案件每一人计 4 分。实际有罪判决人数与按照全市基层院平均有罪判决率计算出的有罪判决参考人数相比，贪污贿赂犯罪每多 1 人加 2 分，每少 1 人减 4 分；渎职侵权犯罪每多 1 人加 4 分，每少 1 人减 4 分。②起诉后被判无罪的，贪污贿赂案 1 人扣 8 分，渎职侵权案件 1 人扣 16 分，判决无罪后又改判有罪的，补计被扣分值。

施。例如，重庆市《全市基层检察院年度工作目标考核办法(2010年修订)》第17条规定，根据考核结果，区别不同情况给予授予奖牌、通报表彰、记功等奖励。第18条规定，年度考核排名下降10个位次以上的，检察长应向市院说明原因，提出整改措施。年度考核为不合格等次的，检察长应到市院作检讨，并限期整改；连续两年为不合格等次的，检察长应自行引咎辞职。出于对无罪判决的极度重视，很多地方甚至规定，如果1年中出现3个无罪判决，主管检察长就要被免职。[1]

（三）追诉机关绩效考核对以审判为中心的诉讼制度的影响

以审判为中心的诉讼制度，在更深层次的意义上，不仅指由审判机关在审判阶段“说了算”，还指整个刑事诉讼过程的程序正当化。鉴于刑事诉讼是一个环环相扣、紧密联系的有机整体，任何环节的重要制度或行为模式，都会触及其他环节，或缓或急，或远或近，或轻或重。因而，以审判为中心的诉讼制度要求，从侦查阶段开始，刑事诉讼就必须围绕司法审判的要求来进行。一切违反正当程序原则的制度、行为模式以及强化这些制度和行为模式的激励机制，都是违背审判中心主义的，也是在构建以审判为中心的诉讼制度中必须予以反思和改变的。

从对审判阶段的干扰和影响这一角度看，我国追诉机关绩效考核制度表现出如下几个特征：其一，强烈的控罪色彩。与我国刑事追诉机关被赋予的“刀把子”的政治功能定位相契合，弥漫在我国刑事司法领域的是一种控制与惩罚的司法文化。无论是侦查机关的人均立案、破案数，人均打击数，人均逮捕人数，人均移送起诉人数等，还是公诉机关的立案侦查数，起诉数，起诉大案要案数，有罪判决案件数等，其主要目标都是最大限度地追诉

〔1〕 韩永：“防范冤假错案：‘疑罪’从谁?”，载《中国新闻周刊》2013年12月4日，http://politics. inewsweek. cn/20131204/detail－75762－2. html，2015年4月28日访问。

犯罪。虽然在整个指标体系中也不乏一些保护被追诉人权利的指标，如拒绝立案或错误立案数、错误适用强制措施数、纠正违法意见数等，但是这些指标由于与主流的刑事司法理念、司法政策和功能定位凿枘不合，往往都被选择性忽视了，很难起到对不当追诉行为的制约和矫正作用。其二，非理性的压力机制。以奖惩机制为驱动乃绩效考核制度所必需。尽管我国司法绩效考核制度的激励功能也许远非想象的那样大，〔1〕其压力机制却着实严苛。一方面，违背常识和司法规律，以目标绩效形式设定超高指标，比如很多地方都要求命案破案率达到90%以上、无罪判决案件数必须为零；另一方面，对不能完成目标绩效者施以无休止、无穷尽的政治压力，除了“一刀毙命”式的责任追究，还有在大案要案中各级领导的指示甚至种种干预。并且，伴随着追诉机关行政层级的降低，这种压力被逐级传递，会变得越来越大、越来越具体化。其结果就是造成基层单位不堪重负，极易发生行为方式的扭曲变形。其三，与审判结果高度相关。某些最为重要的考核指标，如破案数、破案率、定罪率、无罪判决率等，依赖法院的审判结果而定，并不取决于追诉机关自身。以破案数（率）为例，尽管从正面看，“破案”不是“判案”，破案标准只是公安部门自己确定的一个远远低于起诉和判决标准的内部标准，〔2〕但从反面看，一旦被法院判决无罪，或者被列为冤假错案，该案无论如何都不能算破了的，办案人员也会从功臣变为罪人。公诉机关的定罪率、无罪判决率等指标，则是直接由审判机关来决定了。这无疑加剧了追诉机关与审判机关之间的紧张关系。

追诉机关绩效考核制度的上述三个特征，使其对以审判为中

〔1〕 郭松：“组织理性、程序理性与刑事司法绩效考评制度”，载《政法论坛》2013年第4期。

〔2〕 刘忠：“‘命案必破’的合理性论证——一种制度结构分析”，载《清华法学》2008年第2期。

心的诉讼制度也产生了颇为重要而不利的影响。具体表现在两个方面：

第一，绩效考核诱发追诉机关对正当程序的规避、扭曲和对被追诉人权利的恣意侵犯，进而干扰司法审判功能作用的发挥。适度的激励机制有利于激发被考核者的功利追求，驱使其服从和服务于组织目标，但我国追诉机关绩效考核制度以利益为诱饵、以追责为鞭策，并且将追责的力度层层升级到一个非理性的程度，过犹不及，由此导致激励机制的功能失常，在成为目标“驱动”的同时，也诱发司法人员“有利指标最大化、不利指标最小化”的行为逻辑，〔1〕成为种种便宜、从权或者违规违法行为的动力之源。尤其是在非理性压力的逼迫之下，一切有碍于结果导向主义绩效目标之达成的制度、程序，都被视为累赘，其直接后果就是，追诉机关可能采取各种规避法律程序、架空法定制度的行动，进而使得“刑事程序失灵”。〔2〕进而，被追诉人的诉讼权利也就岌岌可危。所有这些，最极端、最典型的表现就是刑讯逼供以及无视有利于被指控者的证据，甚至隐瞒和伪造证据。近年来陆续曝光的重大冤案，从佘祥林、赵作海、张高平叔侄到念斌、呼格吉勒图，事后追查反思，无不游荡着刑讯逼供的幽灵，手段之酷、为祸之烈，令人不寒而栗；而其对有利于被指控者的证据却是那样的忽视，令人瞠目。而近期开始复查的聂树斌案，律师在阅卷过程中发现侦查案卷中至少有 6 处聂树斌的签名涉嫌造假，法院的卷宗存在篡改、涂改、页码混乱、大面积缺页等问题。〔3〕法庭审判的功能在刑事诉讼中具体表现为：控辩交锋，就侦查阶段所形成的证据进行质证辨识，去伪存真，最大限度还原

〔1〕 赵开年：“刑事司法控制：权力与行动——以检察司法控制为例”，载《河北法学》2007 年第 7 期。

〔2〕 陈瑞华：《刑事诉讼的中国模式》，法律出版社 2008 年版，第 311 页。

〔3〕 宋立山、来慧、马晓硕：“聂树斌案卷至少六处签名涉嫌造假”，载《齐鲁晚报》2015 年 3 月 20 日。

事实，实现公平正义。但如果侦查质量不高，特别是如果刑讯逼供、伪造证据等极端情形大量存在，审判功能将根本无从发挥。因为公诉机关提交法庭审判的将是虚假证据，在我国当前的司法体制、刑事司法环境没有重大改变的情况下，这些虚假证据很难在法庭之上被拆穿、证伪。如此一来，以事实为依据、以法律为准绳，职在维护公平正义的法庭审判不免沦落为制造冤案的最后一道工序。

第二，绩效考核诱使追诉机关直接干涉司法审判的独立公正。如前所述，追诉机关绩效考核与审判结果具有高度的关联性，其关键考核指标的实现都依赖审判机关的判决，这是追诉机关无法内化的外部因素。但在过度的压力之下，追诉机关不得不想方设法，试图把这些外部因素内部化，于是有了充足的动机将对刑事诉讼程序的扭曲延伸到审判阶段。这通常包括两种手段：一是通过与审判机关的私下勾兑，将审判机关变为同情者或者同盟军。如某检察人员所说："起诉率我们检察院还能控制，但(无罪）判决率本就掌握在法院，检察院也无法左右，但上面就要考核你（无罪）判决率。搞得我们做检察官的天天跑法院，哀求法院，请人家千万别判无罪，甚至说'你们先判了，二审再改无罪也行'，搞得执法者违法最严重。"〔1〕由于种种说不清道不明的体制和私人因素，对这样的请求，法院很多时候都难以拒绝。二是以非常手段逼迫审判机关就范。例如，有的检察院在得知某些案件可能被法院判决无罪时，竟然滥用职务犯罪侦查权，威胁对该院某些法官开展刑事调查，以此给法院施压。还有的公安部门在案件被判无罪后，为挽回局面，将真实性存在严重问题的证据泄露给被害人一方，暗示是法院在放纵罪犯，怂恿被害人一方到法院进行缠闹。这样的压力法院通常是无法承受的，往往

〔1〕 朱桐辉："刑事诉讼中的计件考核"，载苏力主编：《法律和社会科学》（第4卷），法律出版社2009年版。

不得已选择顺从追诉机关的意志。无论属于哪种情况，司法审判都遭受着来自追诉机关的强烈冲击，并在很多时候决定着判决结果——“以审判为中心”成了一句虚言。

对绩效考核制度的这些影响，也有学者颇不以为然，认为绩效考核与司法人员功利化、程序失灵、侵犯人权等并无“必然的逻辑联系”，上述担忧是一种“直觉与随意”的分析，实属夸大其词。〔1〕笔者认同绩效考核与刑事司法的诸多弊端之间不存在必然的逻辑联系，当然也不会天真到把所有问题都归因于绩效考核制度一身。真正可忧惧者，不是什么绩效考核与程序失灵、侵犯人权之间的“必然性”，而是高度盖然性。有一种略显夸张的说法，叫“万事万物是普遍联系的”。从这个角度说，世上根本不存在单一的必然的因果联系。但是，决不能由此而轻易否定某物是另一物的原因，否则也就无需存在“因果”了。这与吸烟同肺癌的关系是一致的。显然不是每一个吸烟者都会患肺癌，甚至我们也无法准确测算吸烟对肺癌有多大比重的影响，可是，又有谁能否认吸烟致癌的高度危险性呢？同样，当我们在逻辑上论证了绩效考核对作为理性人的司法人员的强大驱动力，并且在现实中听闻了许多司法人员对绩效考核巨大威压的倾诉，见证了足够多冲击着人们道德良知底线的冤假错案时，我们当然有充分的理由将不合理的绩效考核视作产生这些问题的重要原因之一。

应当看到，以控制和惩罚犯罪为内核的司法理念、司法政策以及高度行政化甚至半军事化的司法体制，是我国刑事诉讼中各种弊病的渊薮，而不合理的绩效考核制度正是这一司法理念、司法政策和司法体制的具体形态，如果我们期待包括理念、政策、体制在内的司法改革，那么，就不能对附着于其上、违背司法规律的绩效考核无动于衷。而且，从可行性的角度看，司法改革总

---

〔1〕郭松：“组织理性、程序理性与刑事司法绩效考评制度”，载《政法论坛》2013 年第 4 期。

要一步步走，对绩效考核制度的修改完善就是其中可行的一个步骤。

（四）追诉机关绩效考核制度的完善

近年来，随着人们对冤案产生机理的深入研究和反思，追诉机关绩效考核制度的问题也得以充分暴露，并引起实务界的高度重视和积极响应。2013 年 7 月，张高平叔侄冤案、萧山出租车杀人冤案平反后，浙江省宣布取消全省打防控考核，不再搞破案率、批捕率、起诉率等排名通报；同年 11 月，河南省公安厅出台《关于进一步加强和改进刑事执法工作切实防止冤假错案的十项措施》，废除刑事拘留数、发案数、破案率、退查率等指标，要求各地不得以破案率、批捕数、起诉数、退查率等指标搞排名通报。在中央层面，2013 年 6 月和 2013 年 8 月，公安部和中央政法委先后下发《关于进一步加强和改进刑事执法办案工作切实防止发生冤假错案的通知》（公通字〔2013〕19 号）和《关于切实防止冤假错案的规定》（中政委〔2013〕27 号），强调不能片面追求破案率、批捕率、起诉率、定罪率等指标。2015 年 1 月召开的中央政法工作会议，更是进一步明确要求中央政法各单位和各地政法机关对各类执法司法考核指标进行全面清理，坚决取消刑事拘留数、批捕率、起诉率、有罪判决率、结案率等不合理的考核项目。

必须明确，中央政法工作会议的要求是取消不合理的考核项目，而非完全取消绩效考核制度。因为绩效考核作为一种重要的组织控制技术，是从侦查机关到审判机关各级组织实现自我塑造、自我规范的必要手段。同时，可能也是“提供高质量的司法”所“不可避免”的。[1]事实上，绩效考核制度对于激发司法人员的工作活力也确有很大作用，完全取消显然并非明智和现

---

〔1〕［法］让－马克·白休斯：“法官管理问题初探”，魏晓娜、张炜译，载周泽民主编：《国外法官管理制度观察》，人民法院出版社 2012 年版。

实的做法。问题在于，哪怕仅仅是取消不合理的考核项目，也不是一件容易做到的事情。毕竟，多年以来，为适应绩效考核制度已经形成一整套的工作理念、工作模式、工作习惯，乃至相应的业务管理体制、干部任免制度，皆根深蒂固，彼此缠绕，相互交织，急切之间难以改变。从建立以审判为中心的诉讼制度的最低需要为标准来审视，当下至少应当做好以下几个方面：

第一，坚决取消以目标绩效形式设定的考核指标。这里所谓目标绩效，即规定最低目标的考核项目，如“一年至少要打掉2个以上恶势力团伙”、“命案破案率必须达到90%以上”、“无罪判决不得超过3个”等等。此类目标的设定通常并无客观合理的依据，而且都是“硬杠杠”，考核压力也主要来自这类指标。绩效考核对诉讼行为的扭曲，在相当程度上就是拜它们所赐。可以说，这类考核项目不取消，绩效考核就无所谓改进与完善。只有取消这类考核项目，才能缓解追诉机关与审判机关在绩效目标上的紧张关系，为确立审判机关的中心地位营造宽松的环境。

第二，保留“命案必破”的口号，但坚决取消命案的破案率指标。“命案必破”作为一个口号，具有非常丰富的内容，比如建立有利于破案的工作机制、加大科技投入、提高破案人员侦查能力、促进办案的责任心等等。这些都是基础性工作，有必要从长计议、循序而为。罔顾这些条件，层层加码设定违背客观规律的命案破案率指标，是一种错误的激励，只会诱发强干、蛮干等急功近利的短视行为，不但侵害被追诉人人权，而且必然导致对各项基础建设的忽视，甚至促成冤错案件，在长远上不利于提高命案破案率。

第三，减弱考核追责的强度。当前绩效考核的有效性主要源于其强大的威慑力，比如高层领导要求“限期破案”，否则就地降职、免职，无罪判决超过3件主管检察长免职等等，成为侦查人员不可承受之重。重压之下，趋利避害的本能进一步放大，使得他们很可能采取刑讯等非法手段达成目的。因而，应当废止这种仅因短期内个案处理不力即严苛追责的做法，可以考虑，将追责的条件扩展为连续几年治安状况恶化、居民安全感下降、发案率高、公诉效果差等。

第四，改变表彰奖励的时间。当前的做法通常是破案后立即对相关侦查人员予以奖励，这样不但有违无罪推定的理念，还往往形成“生米煮成熟饭”的效应，对法院客观公正审判造成压力，使其难以发挥应有的制约作用。应当将奖励兑现的时间延后，只有在经过法院终审裁判后，再对其予以奖励，而不再是破案即予以奖励。

二、 审判机关绩效考核

审判机关绩效考核制度，是行政化司法体制之上的又一道绳索，将法院与法官更加牢固地限定在了上命下从的权力等级体系之中。不打破这样的束缚，以审判为中心的各项制度的建构就只能是镜花水月，而且即便能够在形式上建立起来，也绝无可能正常发挥其应有的职能作用。

（一）审判机关绩效考核制度概述

“案件质量评估”（又称“审判质效评估”）是我国审判机关绩效考核的主要形式。所谓案件质量评估，是指对全国各级人民法院案件质量进行的整体评判与分析，具体做法是“按照人民法院审判工作目的、功能、特点，设计若干反映审判公正、效率和效果各方面情况的评估指标，利用各种司法统计资料，运用多指标综合评价技术，建立案件质量评估的量化模型，计算案件质量综合指数”〔1〕。全国统一的案件质量评估体系由最高人民法院2008年《关于开展案件质量评估工作的指导意见（试行）》所建立。2011年3月，在总结各地法院评估工作取得的成功经验、全

〔1〕 最高人民法院《关于开展案件质量评估工作的指导意见》。

面分析评估活动存在的问题的基础上，最高人民法院又对指标体系做了进一步的优化和升级，下发《印发〈关于开展案件质量评估工作的指导意见〉的通知》（以下简称《意见》），决定在全国各级人民法院正式开展案件质量评估工作。至此，案件质量评估体系真正定型。〔1〕全国各级法院也“照猫画虎”，积极跟进，纷纷出台适用于本辖区和本院的评估规则。

根据《意见》，评估对象是各级人民法院，不包括法院内部机构和法官，但事实上，各级人民法院在落实《意见》的过程中均把评估延伸到了内部机构和法官，使之成为内部审判管理的重要手段。例如，黑龙江省高级人民法院《全省法院审判质效评估规则（试行）》第1条明确指出，“对全省各级法院、审判执行部门和法官审判质效进行量化评估”。〔2〕对法院的考核由上级人民法院负责组织，对内部机构和法官的考核则由各级人民法院自行组织。考核指标一般分为审判公正、审判效率和审判效果3个二级指标，在此之下，《意见》提出了立案变更率、一审案件陪审率、一审判决案件改判发回重审率（错误）等31个三级指标。〔3〕这些指标并非不可更易，各级人民法院有权根据实际情况增加或者减少。对评估结果，《意见》只是笼统地表示“评估结果是……评

〔1〕关于案件质量评估体系建立的过程请参见严戈：“人民法院案件质量评估工作的历程”，载《人民法院报》2011年10月23日。

〔2〕《鹤岗市东山区人民法院审判质效评估实施办法（试行）》第2条也明确规定，“对本院各业务部门和法官审判工作质效进行量化评估”。

〔3〕包括：审判公正指标11个，由立案变更率、一审案件陪审率、一审判决案件改判发回重审率（错误）、二审改判发回重审率（错误）、二审开庭审理率、对下级法院生效案件提起再审率、生效案件改判发回重审率、对下级法院生效案件再审改判发回重审率、再审审查询问（听证）率、司法赔偿率和裁判文书评分组成；审判效率指标10个，由法定期限内立案率、一审简易程序适用率、当庭裁判率、法定（正常）审限内结案率、平均审理时间指数、平均执行时间指数、延长审限未结比、结案均衡度、法院年人均结案数和法官年人均结案数组成；审判效果指标10个，由一审服判息诉率、调解率、撤诉率、实际执行率、执行标的到位率、裁判自动履行率、调解案件申请执行率、再审审查率、信访投诉率和公众满意度组成。

价考核各级人民法院的重要依据之一”。其他各级法院的规定则要明确得多，而且法院层级越低，规定越明确、具体，评估结果越重要。〔1〕

（二）审判机关绩效考核制度对“以审判为中心”的不利影响

从法院外部看，以审判为中心是对“以侦查为中心”的反对，依赖公检法关系的重构，健全侦查权、检察权、审判权相互配合、相互制约的体制机制。从法院内部看，则意味着所有关于审判的程序和制度建构，必须遵从司法特有的规律性，做到“诉讼证据质证在法庭、案件事实查明在法庭、诉辩意见发表在法庭、裁判理由形成在法庭”。

审判权作为判断权和裁量权，具有独立性、中立性、程序性和终局性特征。〔2〕司法审判是一个由法官依循法定程序，执其两端，辨析证据，认知事实，进而明释法理，选择价值，措置人心的过程。在此过程中，法官作为裁判者，必须隐身于“无知之幕”后面，保持价值中立，除了法律与良知，不得事先存了某种倾向或遵照某种指示。并且，要在控辩双方以证据建构的不同图景中，依据证据规则、凭借内心的确信确定事实，以此为基础实现法律的目的。因而，审判权的组织和运作，必须以反官僚制、反行政化的方式来进行，以最大限度保障法官（在我国则为法院）的独立、中立和自由。然而，我国审判机关绩效考核制度最

---

〔1〕 例如，北京市高级人民法院制定的《北京市法院审判质效考核办法（试行）》规定，审判质效考核结果记入审判业绩档案；年度综合考核结果作为确定各级法院、审判（执行）部门、法官全年审判质量档次的依据。《鹤岗市东山区人民法院审判质效评估实施办法（试行）》规定，审判质效评估结果是各业务部门参加上级法院、本院评比表彰的主要依据，法官及其他工作人员的审判质效评估结果是个人晋职晋级、评先选优、立功受奖、学习培训的主要依据。

〔2〕 参见最高人民法院《关于全面深化人民法院改革的意见——人民法院第四个五年改革纲要（2014－2018）》（法发〔2015〕3 号，以下简称《四五纲要》）。

为突出的问题就是“行政化”。就其建立而言，系由最高人民法院以文件形式自上而下强制推动。在具体操作上，上级法院制定考核规则，设定考核项目和指标，组织实施对下级法院的考核（法院对法官的考核同样如此）；各级法院逐级上报评估基础信息；上级法院对下级法院的考核结果进行排名通报，并给予奖惩；等等。贯穿其中的正是“一级抓一级，层层抓落实”的行政逻辑，其与审判规律扞格不入是显而易见的。由此，带来一系列违反司法规律的实际问题。

第一，束缚了法官的自由裁量权。最高人民法院审判质效评估体系设定了31项二级考核指标，覆盖了从立案到再审几乎所有重要的审判流程，本就已经足够繁密，而各级法院在贯彻落实过程中更是“层层加码”，将考核指标作了极富想象力的扩充，有的法院甚至达到惊人的111项。〔1〕这些无所不在的指标，成了“法律规则之上的规则”，犹如一张恢恢大网，极大压缩了法官审判时的自由意志空间。尤其是案件改判发回重审率、服判息诉率、裁判自动履行率、信访投诉率等有关实体裁判质效的指标，将上级法院的案件处置甚至社会舆论可能的反响，统统都塞进法官必须考量的范围。不幸的是，这些指标正是考核的重中之重，被法院管理层和上级法院寄予高度重视。如《陕西省人民法院案件质量监督评查办法（试行）》将“被上级法院二审改判或发回重审的案件”、“被上级法院提审、指令再审或本院再审的案件”、“引发重大涉诉信访的案件”等列为重点评查对象。〔2〕但是，这

〔1〕 刘炜：“法官绩效考核之忧”，载民主与法制网，http://www.mzyfz.com/html/1404/2012-06-11/content-401718.html，2015年3月28日访问。

〔2〕《陕西省人民法院案件质量监督评查办法（试行）》（2010年3月30日陕西省高级人民法院审判委员会第五次会议讨论通过）第16条。一些地方法院赋予这类指标更大的分值权重，如《济宁高新区人民法院考核规则》规定，“一年内主审案件被二审改判、发回重审3件以上（含3件，经审委会确认非主审法官责任的除外）……扣部门5分，扣直接责任人10分；上诉率超过8%的，扣部门5分”。

些指标能否实现却均取决于无法内化的偶发性因素，因而使得承办法官面临着无法预知的巨大风险。2010 年 3 月 18 日，湘潭市岳塘区人民法院法官刘立明因为“压力太大”自缢身亡，而将他逼上绝境的“压力”很可能就源于“两个案子被中级法院发回重审”。〔1〕考核制度带给法官的重压与恐惧竟然一至于斯！

第二，扭曲了审判程序。“让审理者裁判，由裁判者负责”〔2〕是审判规律的必然要求，也是在刑事诉讼中落实言词证据规则的前提条件。合议庭和独任法官是法定的审判组织，但在考核重压之下，他们常常不愿判、不想判、不敢判，千方百计寻求风险规避和责任转移。与此同时，院长、庭长等管理者既要总揽承担所属法官绩效考核的全部结果，又要担负队伍建设的责任，具有强劲的驱动去控制案件审判的过程和结果。这种心态上下相应、一拍即合，催生出各种形态的案件审批、讨论机制。在利用审判委员会集体讨论案件制度之外，更发展出所谓的“多元化整体作业模式”，包括院庭长审批决策，庭务会、审判长联席会议讨论以及直接咨询办案能手、阅览专家观点等不同形式。〔3〕此外，在上下级法院之间，由于上级法院是考核的实施主体，而且还是至为重要的发改率等考核指标的实际决定者，一审法院法官为了尽量降低发改风险，竭力通过各种途径探寻上级法院对案件的意见或倾向，形成长期作为“非法制度”〔4〕存在的案件请示制度。同时，作为考核中的利益共同体，加之“司法同僚”之间复杂而微妙的人情规则，上级法院也普遍建立了发改案件沟通机制，主动

---

〔1〕 覃爱玲：“法官自杀触痛业界”，载《南方周末》2010 年 4 月 8 日，第 A05 版。

〔2〕 最高人民法院《四五纲要》。

〔3〕 肖仕卫：《刑事判决是如何形成的——以 S 省 C 区法院实践为中心的考察》，中国检察出版社 2009 年版，第 76～90 页。

〔4〕 万毅：“历史与现实交困中的案件请示制度”，载《法学》2005 年第 2 期。

就发改案件与下级法院进行沟通。[1]这两者，或使二审法院提前进入一审程序，或使二审程序沦为一审的延续，不但使诉讼法依照程序运行所规定的审级监督形同虚设，法院独立审判的宪法原则亦被直接逾越。

第三，对公正的忽视。公正是司法最本质、最核心的价值。在实体意义上，公正具有极大的包容性和丰富的历史、文化、社会内涵，其“普洛透斯似的脸”变幻无常，所谓“公道自在人心”，根本无从外在固化，更不可能通过量化指标来衡量和体现。因而，审判绩效考核指标大多只能是对效率的强调。当把效率作为一种与公正并行的价值追求时，为提高效率而作出的时间、资源投入，往往会迫使降低正义的标准或限制追求正义的能力。例如，法院在追求高结案率时，常常会克减法定程序和期间，损害审判的程序公正，同时也会使法官对案件事实的认知流于表面，该鉴定的不鉴定、该调查的不调查，使案件事实模糊不清。[2]充分的司法公正，不仅意味着传统刑事诉讼所要求的实体上的“不枉不纵”，而且意味着现代刑事诉讼所要求的程序公正。甚至，司法公正往往还要在更大程度上依赖程序公正来体现和昭示。[3]但现行绩效考核的各项指标，要么针对难以把握的结果，如服判率、信访投诉率等，要么虽直接针对程序而设，如发改率、陪审率、简易程序适用率等，实际却与程序公正无关。考核的逻辑向

---

〔1〕《浙江省高级人民法院关于健全二审改判、发回重审案件沟通机制的意见》（浙高法〔2011〕42号）即规定：“省高级法院二审拟改判、发回重审的，一般需要与一审法院沟通、交换意见。拟改判、发回重审经一审法院审判委员会讨论决定以及群体性、敏感性等涉及面广、矛盾易激化案件和新类型案件，应当与一审法院沟通、交换意见。”

〔2〕王彪：“法院内部控制刑事裁判权的方法与反思”，载《中国刑事法杂志》2013年第2期。

〔3〕譬如，20世纪90年代轰动一时的美国橄榄球明星辛普森杀妻案，终因控方在取证方面的失误和法院对疑罪从无原则的坚守，致被告人辛普森被判无罪。虽然多数美国人不相信辛普森是无辜的，却极少有人对审判的公正性提出质疑。

来又是“考核什么就有什么”，这样的指标体系必然刺激法官功利性地追求考核结果，那些未纳入考核、对司法公正至关重要的程序只好选择性地放弃了。

（三）审判机关绩效考核制度的完善

2014 年底，最高人民法院决定取消对全国各高级人民法院的考核排名，除依照法律规定保留审限内结案率等若干必要的约束性指标外，其他指标仅作统计分析的数据参考。《四五纲要》也提出，“建立科学合理的案件质量评估体系。废止违反司法规律的考评指标和措施，取消任何形式的排名排序做法。”这表示，案件质量评估体系从此丧失考核的功能，转变为单纯的分析研究机制。与此同时，《四五纲要》提出“完善法官业绩评价体系”，作为案件质量评估体系的替代，要求“完善评价标准，将评价结果作为法官等级晋升、择优遴选的重要依据。建立不适任法官的退出机制，完善相关配套措施”。

依笔者浅见，在当前司法改革的大背景下，建立“科学合理、客观公正、符合规律”的法官业绩评价机制，应当充分考虑以下几个相关因素：一是推行省级以下法院人员统一管理改革；二是实行法院人员分类管理制度改革；三是在国家和省一级分别设立法官遴选委员会。在此体制机制条件之下，法官业绩评价机制应当注意以下问题：

第一，为适应省级以下法院人员统一管理的体制，今后省级以下审判机关法官的业绩评价，也应当由省高级人民法院统一组织实施，而不再是当前的层层考核。同时，实行省级以下法院人员统一管理，实际很可能对上下级法院之间行政化管理更加有利。因而，在设计业绩评价机制时，必须坚决剔除那些具有行政色彩的要素，防止业绩评价机制成为行政控制的另一种工具。

第二，实行法院人员分类管理制度，将现有法院工作人员分为法官、审判辅助人员和司法行政人员。这种身份、职责的分化，意味着今后法院内部将不复存在集法官、行政管理者及政治领导者于一身的法院管理层，对法官的业绩考核应当改由法官群体内部进行。可以考虑在法官内部选举法官代表成立考核委员会，负责对法官的业绩评价，具体组织工作则交由司法行政人员。

第三，根据《四五纲要》，国家和省级法官遴选委员会负责法官的选任、晋升，鉴于业绩评价是法官晋升的重要依据，因此，省级以下法院人员的业绩评价，由该遴选委员会一体担任为宜。

第四，对法官的业绩评价应是全面的、宏观的，包括法律学识、工作效率、程序控制能力、沟通交流能力等，不应再像案件质量评估一样针对个案评价。

第二节　司法投入之增量与科学配置

诉讼制度是国家制度的基本构成，其建立与运作当然依赖国家投入支撑。尤其是刑事诉讼制度，由于涉及国家和个人之间的纠纷，涉及打击犯罪以维护社会公共安全的层面，主要依靠国家资源的投入来维持与推进。〔1〕与此同时，现代刑事诉讼制度作为法治文明的集中体现，其典型特征是诉讼活动的正当程序，即应当以人道、文明、科学的方式追诉犯罪。而正当程序又是以程序的严密为必要条件的，因而刑事诉讼“需要的各种资源远远多于大多数国家活动”。〔2〕根据美国学者的研究，死刑误判率与司法经费呈负相关关系：司法经费越充足，死刑误判率越低；反之，司法经费越紧张，死刑误判率越高。在美国适用死刑的34个州中，当政府投入的司法经费由平均水平下降到最低点时，（直接

〔1〕 左卫民：“刑事诉讼的经济分析”，载《法学研究》2005年第4期。

〔2〕 左卫民：《价值与结构——刑事程序的双重分析》，法律出版社2003年版，第41页。

上诉阶段）死刑误判率由25%上升到74%，几乎增长两倍。[1]这一成果揭示了刑事司法的一条重要规律，对我国司法实践也具有强大的解释力。[2]从这个意义上讲，一方面，国家对刑事诉讼制度的投入必须与社会犯罪形势相适应，以持续的量的增长维持有效追诉犯罪的功能，并达到正当程序所需要的最低限度；另一方面，在一定时空条件下，国家的投入又是有限的，这有限的投入当然无法“天女散花”般让每个诉讼主体、诉讼阶段利益均沾，必须做到科学配置，“好钢用在刃上”，才能实现效用最大化。

一、 侦查投入的增长与配置

侦查是刑事诉讼的基础程序，也是发现证据、认知案件事实的关键阶段，法庭审判主要围绕侦查阶段所形成的证据来展开。因此，侦查的质量对诉讼结果具有极大影响，关乎诉讼功能的实现。在“侦查中心主义”体制之下，审判机关对侦查机关几乎没有约束力，除了可靠性常有疑问的自律之外，侦查事实上处于一种封闭且放任的状态。近年来，从佘祥林案、杜培武案、赵作海案到呼格吉勒图案、念斌案等一众冤假错案，纷纷暴露出了刑事侦查在质量上的严重问题。对此，我国刑事司法理念和制度当然要负主要责任，但从客观上看，国家投入不足导致的各种“不得已”也是重要原因之一。构建以审判为中心的诉讼制度，旨在破除“侦查中心主义”的种种弊端，对刑事侦查提出了截然不同的要求，即不再以破案为唯一目的，而必须符合司法审判正当程序

---

〔1〕 转引自陈永生：“司法经费与司法公正”，载《中外法学》2009年第3期。

〔2〕 我国有学者研究指出，在导致刑事误判的主要直接原因中，过分依赖口供、刑讯逼供问题非常严重；主观臆断、忽视科技手段的运用；有罪推定倾向非常严重，证据显然不足、相互矛盾仍认定犯罪嫌疑人、被告人有罪，都与司法经费不足有着紧密的关系。陈永生：“司法经费与司法公正”，载《中外法学》2009年第3期。

的要求，以适应科学侦查、文明侦查等法治趋势。在最低限度上，侦查机关不能存在违法尤其是刑讯逼供等严重侵犯人权的取证行为。为契合审判中心主义关于文明、科学的刑事侦查的要求，一方面当然要着力于制度建设；另一方面也必须加大必要的资源投入，包括但不限于：

第一，解决警力不足的问题。我国社会治安形势长期以来一直比较“严峻”，〔1〕严重刑事犯罪高发，〔2〕且经济、就业等层面促动犯罪增长的因素还难以消除，刑事犯罪高发的态势在短期之内还难以改变。〔3〕与此同时，公安警力却非常有限，常感捉襟见肘、疲于应付。首先，警民比例相对较低。我国警察的绝对数量位居世界第一，2007 年公安部负责人曾表示，我国大陆地区有 140 多万正式编制的警察，但是警民的比例仅为万分之十一左右，而发达国家和地区都是在万分之三十以上，有些个别地方如香港地区是万分之五十以上。〔4〕而且，20 多年来我国警察数量几乎没有增长过，〔5〕警力不足的问题直到现在仍然十分突出。例如，作为国家政治中心、号称“全国警民比例最高”的北京，警民比

---

〔1〕“在一个时期内某些治安问题可能还会增多，刑事案件发案数也不可能很快降下来，整个治安形势在今后几年仍将是严峻的。”参见国务委员兼公安部部长王芳 1988 年 8 月 30 日在第七届全国人民代表大会常务委员会第三次会议上发表的《关于公安工作和当前社会治安情况的报告》，载法律图书馆，http://www.law - lib.com/fzdt/newshtml/22/20050722162741.htm，2015 年 4 月 21 日访问。

〔2〕习近平在 2014 年中央政法工作会议上的讲话。参见“习近平出席中央政法工作会议：坚持严格执法公正司法”，载新华网，http://news.xinhuanet.com/politics/2014 -01/08/c_ 118887343.htm，2015 年 4 月 21 日访问。

〔3〕陈泽伟：“中央综治办主任：刑事犯罪高发态势短期内难以改变”，载《瞭望新闻周刊》2010 年 4 月 19 日。

〔4〕“公安部：我国警力长期不足 和发达国家相比差距大”，载中国网，http://www.china.com.cn/txt/2007 -01/23/content_ 7700100.htm，2015 年 4 月 20 日访问。

〔5〕“中国人民公安大学教授：根本是增加警力规范警权”，载新民网，http://health.xinmin.cn/jkzx/2015/03/30/27212562.html，2015 年 4 月 20 日访问。

例也仅有大约万分之二十四。[1]位于中部的湖南省，2013年共有公安民警6.1万余人，仅占全省人口万分之八点九。[2]其次，我国警力分布还呈现出基层警力严重不足、郊区农村警力严重不足的区域性特点。例如，湖南省湘潭县警民比例为万分之四点五，[3]河南省上蔡县只有万分之三点六。[4]全国仅有1到2个警察的派出所还有3723个，3到5个警察的还有16 533个，占派出所总数的一半。在上海市，有的中心城区每万人配50名警察，而市郊的大型居住区每万人只有4.8名警察，两者警力配置相差十多倍。[5]在广大农村，警力更堪称“奇缺”。四川省三台县共设36个派出所、警力218人，却要管辖63个镇（乡）935个行政村、103个城镇居委会，平均每个乡镇只有不到4名警察。[6]最后，我国警力分布还存在职业结构上的不足。我国警察分为治安警察、户籍警察、刑事警察、交通警察、外事警察、边防警察、消防警察等警种，所承担的职责远远超出传统意义上的警察职责。此外，基层公安机关还被安排大量非警务活动，在有的地方非警务活动甚至占到基层公安机关工作量的30%～40%。公安机关内部职能分工也越来越细，基层公安机关内设机构一般都多达二十来个，而真正用于侦查破案的警力往往只占全局总警力的10%左右。

---

〔1〕“北京每万人中就有24名民警　警民比例全国最高”，载凤凰网，http://finance.ifeng.com/a/20130821/10488089_0.shtml，2015年4月20日访问。

〔2〕刘文韬、苏莉：“全省警力严重不足仅占全省人口万分之8.9”，载《湖南日报》2013年11月28日。

〔3〕刘文韬、苏莉：“全省警力严重不足仅占全省人口万分之8.9”，载《湖南日报》2013年11月28日。

〔4〕解源源、史全增：“基层公安机关警力不足的类型化分析及改革路径”，载《中国人民公安大学学报（社会科学版）》2014年第4期。

〔5〕刘子烨：“市郊警力配置相差逾10倍”，载《联合时报》2012年5月8日，第1版。

〔6〕罗正凯、倪高峰：“浅析当前农村社会治安存在的问题及对策”，载四川法制网，http://www.scfzw.net/flfwmk/html/90－1/1633.htm，2015年4月20日访问。

人数虽然不是侦查质量保证的充分条件，却是必要条件，如果没有适当配比的警察尤其是刑事警察，侦查质量显然无法得到切实保障。解决警力不足的问题，有两条途径。一是扩大“增量”，即增加公安专项编制尤其是基层公安机关编制总量，这是根本途径。[1]但是，增加编制并非仅仅增加几个人这么简单，它意味着职位岗位、国家财政投入以及各项成本的增加。同时，国家对公安机关人民警察行政编制实行专项管理，增加编制问题需要在国家层面统一作出部署。二是盘活“存量”，即通过合理调配现有警力资源，解决区域、职业等结构性警力不足问题。可以包括：①整合机构，使警力向业务部门倾斜。基层公安机关的机构设置应尽可能接近实战需要，将诸如政工、纪检、监察、督察和审计、办公室、指挥中心与后勤等机构进行归并或合署办公，使相关人员转入侦查等业务部门。②精简机关工作人员，推动警力下沉，充实到基层派出所、警务室，让更多警察走上办案一线；新招录警察放到基层和一线锻炼，等等。③改变与乡镇、街道对应设置派出所的传统做法，综合考虑社会治安、城镇化建设等相关因素，合理撤并，做大做强派出所。④改革勤务制度，变“坐堂办公”为动态执勤，由“全面出击”到“重点盯防”，指导警力更多投向犯罪高发时段和犯罪高发区域；作息时间上，推行弹性作息制、夜班制和两班制，既保证休息时间，又增加有警时间。[2]⑤实施派出所刑侦工作改革，将刑侦工作从派出所职责中剥离出来，集中原来派出所的刑侦力量，建立覆盖社会面的责任区刑警队，专业做刑侦工作[3]……这些类似的经验做法，在

---

〔1〕 浙江省公安厅政治部调研组：“从某市公安警力配置情况看基层公安机关警力不足的表现及其原因和对策”，载《公安学刊》2006 年第 2 期。

〔2〕 参见浙江省公安厅政治部调研组：“从某市公安警力配置情况看基层公安机关警力不足的表现及其原因和对策”，载《公安学刊》2006 年第 2 期。

〔3〕 参见邢盘洲、刘佩锋：“转型期公安派出所刑侦工作改革的再探讨——基于绩效考核及刑侦工作专业化视角的分析”，载《公安研究》2013 年第 4 期。

实践中取得了很好的效果。

第二，提高侦查人员素质。[1]刑事侦查工作是针对具有过往性、隐蔽性的犯罪活动，找寻、固定证据，确定、抓捕犯罪嫌疑人，运用逻辑推理还原犯罪过程的活动，其面临的主要困难是“如何把一个个支离破碎、真假难辨的线索去粗取精、去伪存真、由此及彼地形成一个较完整的，有关犯罪的性质、动机、过程、手段、嫌疑人特征的假说体系”[2]，因而需要很高的专业技能和职业素养。然而，我国侦查队伍尤其是基层侦查人员专业素质不足却是一个较为普遍的问题，不少地方公安部门同志反映，一个省有能力侦破疑难案件的常常只有寥寥数人。根据北京市的统计，在全市 4044 名刑警中，具有本科学历的有 1201 名，大专学历的 1776 名，中专以下学历的 425 名，其中一大部分为后续学历。4044 名刑警中，仅有 1415 名为公安院校毕业生，其中刑侦专业不到总数的 15%。在甘肃省某市刑警大队中，全面熟悉刑侦业务的约占一半，能够独当一面开展刑侦工作的不足 30%。[3]在基层，刑警素质问题尤为突出，多数刑警都是从其他警种中调配过来的，真正具备刑警资格的人甚少，[4]一些侦查人员甚至连基本的刑事法律和刑侦专业知识都欠缺，对计算机信息系统、DNA 技术、高科技领域犯罪等缺乏基本知识的更是大有人在。[5]这种状况与刑事案件多发的现实显然极不适应，不但造成破案率低下，有时还成为制造冤假错案的重要因素。例如，在辽宁李化伟

---

〔1〕 此处仅指职业技能方面的素质，不包括心理素质、政治素质等。

〔2〕 丁世洁：“刑事案件管理中刑警资源的优化配置”，载《河南大学学报（社会科学版）》2006 年第 1 期。

〔3〕 杨郁娟：“论刑警职业技能”，载《武汉公安干部学院学报》2011 年第 1 期。

〔4〕 朱林兵、刘志强：“略论基层刑警证据意识的养成”，载《人民论坛》2011 年第 23 期。

〔5〕 卓义才：“试论刑警战斗力”，载《四川警官高等专科学校学报》2000 年第 3 期。

“杀”妻冤案中，就由于办案人员经验不足，在证据采集中犯下致命错误，成为酿成冤案的关键。李化伟妻子邢伟被害后，办案人员曾经将住在斜对门的真凶江海列为嫌疑人，找他调查过情况，但只是简单地询问他案发时在哪里，当他回答说在同学王某家之后，办案人员便信以为真，没有作进一步的查证。而且，办案人员提取了很多嫌疑人的指纹，但偏偏忽略了江海的，理由则是“他太小，没想到他能杀人而且手段这么残忍，只是问了他当天下午干什么去了，具体没落实”。[1]这样一个简单的错误，致使侦查中与真凶失之交臂，也扭转了警方的侦查方向，将目光锁定在第一个进入现场的李化伟身上，最终导致冤案产生。

另外，建立以审判为中心的诉讼制度，意味着侦查工作将受到越来越多、越来越严密的限制，侦查结果也将在法庭上经受更为严格的合理性与合法性检验。如果说在“侦查中心主义”之下，侦查质量上的瑕疵或者错误常常被作为“过场”的审判所掩盖，侦查人员素质问题暴露得尚不是很充分，那么在“审判中心主义”之下，辩方力量将显著增强，法庭也不再甘于仅仅作为“橡皮图章”，侦查结果必将被置于“放大镜”之下接受更加严格的审视。因侦查人员素质不够导致的侦查质量不高问题，将会变得十分突出，如不认真加以研究解决，恐怕会严重影响刑事司法对犯罪的揭露和证实等职能的正常发挥。

当然，提高侦查人员素质并不是一件轻而易举的事情。由于侦查工作不仅具有很强的专业性，涉及多方面的知识与能力，而且具有很强的实践性，只有经过专业技术教育与培训，再加上长期的刑侦实践锻炼经历，才能培养一个合格的刑侦人员，因此，提高侦查人员业务素质，以适应以审判为中心的诉讼制度之要

---

〔1〕“14年杀妻冤案‘辽宁佘祥林’李化伟获国家赔偿”，载《时代商报》2005年4月15日，转载于人民网，http://www.people.com.cn/GB/14576/42167/3324385.html，2015年4月23日访问。

求，实在是一项需要从长计议的系统性工程。根据学界与实务界的共识，至少可以从以下几个方面作出努力和改进：①严把侦查人员的入口。应当认识到，刑事侦查工作是一项高智能的工作，绝不是仅凭身强力壮就可以胜任的。对从事侦查工作的干警，要严格专业、文化、体能等各方面的标准，优中选优。尤其应当利用公安院校加大对侦查工作的研究和专业人才的培养力度，使公安院校毕业的学生成为侦查人员的主要来源。注重改善侦查人员知识结构，选调一批具有物理、化学、医学、计算机技术、金融、财贸、法律等专业知识的人才充实到队伍中来。②加大职业培训力度。职业培训是交流业务知识和经验，促进侦查人员更新观念、升级技能的重要方式。而且，当前部队转业干部和社会招警仍是我国民警的重要来源，因岗位调整从其他警种转而从事侦查工作的也不可避免。对这些非“科班”出身的侦查人员来讲，职业培训是他们进入角色、掌握基本侦查技能的主要渠道，显得尤为必要。因此，应当建立以业务培训为主要方式的侦查人才培养制度，对侦查人员尤其是基层侦查人员开展经常性的职业培训，选聘刑侦专家、技术专家、法学专家以及优秀的“老侦查”，不仅传授书本知识，也传授实践经验，特别是要着力提升受训者的法律素养，使之能够适应“审判中心主义”之下的刑事司法规则。③建立有效的“传帮带”制度。实际工作中，每个地方都有一些经验丰富、能力很强、善破大案要案难案的优秀刑侦人员，或者由于知识能力、表达能力所限，或者出于个人利益考虑，他们这些经验和技能常常被“垄断”起来，无法在更大范围发挥作用。要破除这种“垄断”，可以考虑根据个人业务技能的特色和工作需要，以这些优秀侦查人员为核心，建立较为固定的攻坚小组、技术小组或科研小组等团队形式，专门负责某类或某区域案件的侦破。这样，通过长期而紧密的工作协作和实践历练，使他们的经验和技能在潜移默化中传授给他人，从而变“独舞”为“群舞”、变“独唱”为“合唱”，带动公安部门整体刑侦水平的提高。

第三，改善侦查方式和手段。我国侦查机关长期奉行“专群结合”的原则，形成了很多行之有效的侦查手段和侦查方式，如摸底排队、通缉通报、调查访问、围追堵截、场所清查等。实践证明，这些方式和手段用以发现案件线索、确定侦查方向、缉捕犯罪嫌疑人等经常是非常有效的。但需要看到的是，这些方式和手段的有效性源于对“人力”的无限挖掘，对那些需要借助现代科技手段才能发现和确定的线索或物证，却很难发挥作用。例如，在一起交通肇事逃逸案件中，监控录像拍到的画面比较模糊，在单靠肉眼辨认的情况下，该画面很难说得上有多大价值。但借助模糊图像处理技术，却能使图像变得更加清晰，从而提供逃逸者衣物、发型等可辨认的破案线索。可见，科技手段和先进设备对刑侦工作的意义，绝不是简单的人力投放和时间投入的增加可以替代的。反之，如果技术手段滞后，对现场证据的利用、挖掘将会严重不足，在很多时候只好依赖审讯获取口供，甚至产生刑讯逼供现象。例如，在佘祥林案中，准确认定无名女尸是开展侦查的前提。在尸体已经高度腐烂、无法辨认的情况下，进行DNA 检测是唯一可靠的方法。但是，限于当时基层公安部门的技术条件，警方却仅凭亲属认领和身材、发型、年龄、个头大小等外在特征，直接认定死者是张在玉，由此迈向了依靠刑讯逼供、制造冤狱的第一步。此外，即便有了相关技术手段，如果不能科学、规范运用，对确立正确的侦查方向也难以产生积极帮助。再以念斌案为例来看，根据预审卷记载，警方之所以将犯罪嫌疑人锁定为念斌，转折点是在念斌的食杂店通往案发现场的门外侧把手上“鉴定”出氟乙酸盐离子碎片。然而，这一至关重要的鉴定却存在不可饶恕的低级错误：检测时曾将样本图样当做检验物检测图样，同一份质谱图，既被充当心血样本，又成了死者呕吐物的质谱图。此外，呕吐物、尿液、血液的检测均未按照规范操作，有“被污染的可能性”。[1]这样的所谓“鉴定”，连最为基本的科学性、规范性都不具备，其鉴定意见又如何能够拿上法庭接受质证，甚至成为定案的关键证据呢？

从纵向看，我国侦查机关的技术手段和装备已经有了极大改进。但受各方面现实条件的限制，整体水平还需要提高，特别是在基层，刑事科技经费投入不足，一些装备比较落后，科技含量不高，技术工作人员相对缺乏，队伍不稳定。例如，我国目前仅有31所高校开设法医专业，每年培养出的法医专业人才只有1200人左右，而相关统计数据显示，我国仅公安系统缺少的法医专业技术人员就达6000多人。[2]而且在技术手段的运用上也存在一些不规范的问题，如提取现场物证不够全面，痕迹类主要以手印为主，生物检材提取包装较随意，检材污染危险性较大。[3]这种状况距离侦查工作实际需要显然还有不小差距，亟须采取措施予以改善。一是应当提升“硬件”水平。这里的“硬件”指的是技术与设备。有些技术手段诸如DNA检测、毒化分析检测等，装备极为昂贵，必须依靠加大投入才能解决。一方面，要舍得花钱购置一批具有国际先进水平的技术设备，迅速弥补我国侦查技术的短板；另一方面，从长期看，也要加大科研投入力度，着力提升自身的技术水平。二是应当强化“软件”环境，也就是要培养、打造一支专业化的刑侦技术队伍。我国大专院校培养了很多刑事鉴定方面的高素质人才，但由于当前刑事技术管理体制不完善，导致他们不愿意从事刑事技术工作。应结合公安人事制度改革，研究建立刑事技术人员独有序列和相关配套措施，切实解决

---

〔1〕刘星、卢义杰、贾宸琰：“复盘念斌案”，载《中国青年报》2014年8月27日，第7版。

〔2〕王建芳：“法医短缺将会影响司法公正”，载《河南法制报》2015年2月3日，第3版。

〔3〕李华、林艳平、刘福宝：“福建省刑事科学技术工作调查报告”，载《福建警察学院学报》2010年第1期。

他们在刑侦工作中地位不高、待遇不厚、职级不清、人心不安的状况，增加刑侦工作的吸引力，使优秀人才进得来、留得住。同时，还可以考虑在国家或省级层面建立统一的培训平台，汇集高水平的专家学者，经常性开展刑侦技术培训，更新技术知识，并加大国际交流力度，积极学习借鉴世界先进水平。

二、 法官素质的提高及稳定

在以审判为中心的诉讼制度下，法官应当基于控辩均衡的审判过程，以自己对证据的认知和对法律的理解，形成关于裁判结果的内心确信。这迥异于“公安机关做饭、检察机关端饭、法院吃饭”的侦查中心主义，要求法官必须摆脱被动接受、附和乃至为追诉机关无原则背书的地位，并具有作为“法律帝国国王”的应有素质——敏锐的洞察力、缜密的逻辑思维、对世态人情的深刻体悟等。在此种意义上，以审判为中心就是以法官为中心。做到这点，既需要对我国刑事诉讼主体间的权力（权利）关系进行重构，也需要对法官管理体制作出结构性变革，使法官真正成为一个只服从法律、不受法外之权支配的职业群落。实践已经证明，“此前两轮司法体制改革取得了一定成效，但司法公信力不高问题仍然存在，原因是多方面的，从制度层面讲，没有遵循司法规律，把法官、检察官作为一般公务员来管理，造成部分法官、检察官素质不高，是影响办案质量和司法公信力的重要原因。”〔1〕此种环境之下，法官员额制作为“按司法规律配置司法人力资源、实现法官检察官正规化专业化职业化的重要制度”，被历史性地推上了此轮司法改革的舞台。

---

〔1〕“孟建柱：以坚韧不拔的勇气 坚定不移推进司法体制改革”，载人民网，http://legal. people. com. cn/n/2015/0418/c188502 -26865191. html，2015 年 5 月 5 日访问。

所谓“法官员额制”，是指法院从事审判工作的法官按照案件数量、人口密度、法院设置等因素来固定法官职数，依法独立公正行使国家审判权。[1]员额制并非在这次司法改革中才出现的新名词，早在2001年修订《法官法》时，即授权最高人民法院根据审判工作需要，会同有关部门制定各级人民法院的法官在人员编制内员额比例的办法。《人民法院第二个五年改革纲要(2004-2008)》也明确要求，“根据人民法院的管辖级别、管辖地域、案件数量、保障条件等因素，研究制定各级人民法院的法官员额比例方案”，并逐步落实。由于种种可以理解的原因，员额制构想提出之时即是其束之高阁之时，十几年间彻底沦为可望而不可即的“画饼”。直至这次堪称史上力度最大的司法改革，员额制才重又从故纸堆中被捡起，并被寄予前所未有的厚望。官方话语视员额制为“确保人民法院依法独立公正行使审判权、健全司法权力运行机制等司法改革重点目标任务的基础性工作，是建立以法官为核心的人员分类管理制度，进一步提高法官素质能力，优化司法人力资源配置的重要措施”[2]。总之，员额制在整个司法改革中处于十分重要的位置，“关系到这轮司法体制改革的成败”[3]。

(一) 法官员额制改革的基本情况

2014年6月，中共中央全面深化改革领导小组第三次会议审议通过了《关于司法体制改革试点若干问题的框架意见》(以下

---

〔1〕赵志桥：“法官员额制理论与实践思考”，载《法制与社会》2015年第5期。

〔2〕最高人民法院党组成员、政治部主任徐家新在部分高院法官员额制改革调研座谈会上的讲话。参见李亚飞：“坚持问题导向　勇于攻坚克难　扎实推进法官员额制等改革”，载《人民法院报》2015年4月20日，第1版。

〔3〕“孟建柱：以坚韧不拔的勇气　坚定不移推进司法体制改革”，载人民网，http://legal.people.com.cn/n/2015/0418/c188502-26865191.html，2015年5月5日访问。

简称《改革框架意见》）和《上海市司法改革试点工作方案》，对司法改革试点的若干重点难点问题提出了政策意见或政策取向。其中，《改革框架意见》主要针对建立法官、检察官员额制等7个问题提出了政策导向。同时，还决定就完善司法人员分类管理、完善司法责任制、健全司法人员职业保障、推动省以下地方法院检察院人财物统一管理这4项改革，在东、中、西部选择上海、广东、吉林、湖北、海南、青海6个省市先行试点，为全面推进司法改革积累经验。法官员额制改革由此正式拉开序幕。

中央《改革框架意见》出台迄今已有一年时间，但各试点省市司法改革方案和具体实施情况对外披露却极为有限，这给我们的研究带来困难。下面就以相关媒体的零星报道为据，尝试窥其一斑。

（1）上海市情况。由于改革试点方案由中央审议通过，因而上海市的试点工作就具有了极强的示范意义。2014年7月，上海即率先在全国拉开司法体制改革大幕，选择市二中院等8个单位开展为期半年的司法体制改革先行试点。大致情况是：①在员额设置和使用上，将法官、审判辅助人员、司法行政人员的员额比例确定为33%、52%、15%；法官员额配置向民事、刑事、行政审判庭等直接行使裁决权的岗位倾斜，立案庭、执行局（庭）等部门适当配备法官员额，综合管理部门不配置法官员额；进行员额使用规划，避免“一步到位”用尽员额，在消化现有审判员、助理审判员（“老人”）的同时，考虑为未来法官助理（“新人”）晋升初任法官预留空间。②在分类管理上，制定《上海法院工作人员分类管理办法（试行）》，明确法官、审判辅助人员、司法行政人员各自的定义、岗位、职责等问题；制定审判权运行规则和司法责任制，建立法院办案人员权力清单制度，建立法官员额退出机制，入额后定期进行考核，经考核不能胜任法官岗位工作的，退出员额；探索建立符合职业特点的保障制度，建立与法官等级挂钩的单独薪酬制度，暂按高于普通公务员43%的比例安排。③在法官选任上，对现有审判员、助理审判员进行全面考察，统一采用考核（考试）的方式，避免“论资排辈”、迁就照顾；重点考核办案业绩和审判能力，设置禁止性条件，司法作风、职业操守等方面有瑕疵的，“一票否决”；法官入额要经过申请报名、法官岗位承诺、入额基本条件审查、业绩考核、入额考试、审委会面试以及法官遴选（惩戒）委员会投票等七个步骤，按1∶1.2的差额进行遴选。〔1〕

截至2015年4月，上海市4家试点法院人员分类定岗工作基本完成，首批共产生531名入额法官，其中审判员404人，助理审判员127人。与此同时，上海市召开全面推进司法体制改革试点工作会议，决定将改革在全市所有法院、检察院全面推开。具体目标是用2个月的时间逐人定岗分类，于6月底前完成全市法院、检察院人员分类管理各项准备工作，为下半年启动纳入员额管理的法官、检察官的确认、遴选工作打好基础。

（2）吉林省情况。〔2〕迟至2015年4月22日上午，吉林省才召开司法体制改革试点法院工作动员视频会议，全面部署推进全省法院司法体制改革试点工作。至此，第一批17家法院司法体制改革试点工作进入实质推进阶段。

围绕法官员额制改革，全省把法官员额确定在中央政法专项编制的39%以内，其中省、市、县三级法院法官员额比例分别控制在34%、37%、40%以内。根据此次会议精神，吉林省将采取“一步到位”的方式推进落实员额制改革。法官选任采取“考试+考核”的综合评定方式，在坚持政治标准的同时，把业务水平、业务能力和职业品德作为重要考核标准；进入员额内的法

---

〔1〕 相关情况参见有关新闻报道。

〔2〕 参见“吉林采取一步到位的方式推进法官员额制改革”，载中国法院网，http://www.chinacourt.org/article/detail/2015/04/id/1602829.shtml，2015年5月6日访问。

官，必须独立主持庭审或承办案件，审理案件的数量、质量等必须达到规定指标。在完善司法责任制方面，要建立科学规范、权责明晰、权责统一、管理有序的审判权力运行机制，突出责任主体，完善主审法官、合议庭办案责任制，做到让审理者裁判、由裁判者负责；突出权力制约，建立权力清单制度和监督全程留痕制度，实现各审判主体在规定的权责范围内行使权力，履行职责；突出问责追究，建立办案质量责任追究制度，严格落实案件质量终身负责和错案责任倒查问责制。

（二）法官员额制改革相关问题评述

到目前为止，此次司改的一些内容尚处于一种不够透明的状态。无论普通民众抑或法官、检察官等利益相关者，对此均有茫然感。一些人对员额制改革所涉及的一些问题也抱有疑虑。而北京的部分法院纷纷出台限制法官辞职的规定，〔1〕似乎有加剧这种疑虑的效应，社会舆论一时也颇不乐观。〔2〕所有这些无疑都清楚地表明，当下员额制改革方案及执行尚存在诸多问题和不明朗之处。

在笔者看来，利益能否公平分配对员额制改革而言当然十分重要，但如果我们不囿于理性主义、完美主义的价值观，就不得不承认：在现实情景中，帕累托最优式的改革极为罕见，〔3〕改革过程的公平与否往往与改革的成败没有必然联系。关键在于如何最大限度地消除改革的阻力。显然，作为员额制改革执行主体的

---

〔1〕"北京法院延长服务年限应对法官辞职惹争议"，载法制网，http://www.legaldaily.com.cn/zfzz/content/2015-04/23/content_6056313.htm，2015年5月6日访问。

〔2〕参见清水："为什么说员额制改革面临失败的危险"，载东方法眼网，http://www.dffyw.com/faxuejieti/zh/201503/38198.html；秦前红："司法员额制改革之痒"，载财新网，http://opinion.caixin.com/2015-02-26/100785627.html；倾城："岂因改革辞公门"，载利川市人民法院网，http://lcsfy.hbfy.gov.cn/DocManage/ViewDoc?docId=c4156465-234c-4551-bd82-17e2a16ac70a.

〔3〕改革开放之初的包产到户之类，大概可以算。

法院管理层能量更为强大，一旦产生阻力，对改革的影响也最大，因而必然是重点关照对象。最简单的关照方式是直接入额，或者以更低的门槛入额。不过，这一方式已经被中央决策层明确否定。2015 年 4 月 17 日，中共中央政治局委员、中央政法委书记孟建柱在主持召开司法体制改革试点工作座谈会时专门强调，对领导干部进入员额要有严格规定，必须依照统一标准和程序进行遴选，并亲自办案，对办案质量终身负责。因而，可行的方式是为法院管理层畅通出口，使那些不愿意或者不适合继续担任法官的现任领导干部，能够顺畅地交流到其他部门任职。

可以断言，在排除了可能来自法院管理层的阻力之后，只要最高决策层有足够顽强的意志将改革推进下去，从当前改革方案的完善程度和试点工作的进展情况看，法官员额制的顺利推进应不成问题。

（三）进一步完善法官员额制的若干建议

员额制最基本的含义有二：一是“限额”，即明确一个固定数额的法官职数，以解决法官“队伍大”的问题；二是“选优”，即提高法官任职条件，择优汰劣，以解决法官“门槛低”的问题。单是如此，建立员额制就是司改中一项相对简单的任务。但是除此以外，员额制还具有非常丰富的内涵，即作为司法人员分类管理的基础，解决法官与普通公务员混同管理的现状，使法官摆脱作为行政官僚的属性，真正成为独立的裁判者与法律守护者。要做到这一点，需要相关配套制度和办法的跟进和落实。这些配套制度和办法至少应当包括：制定规范遴选法官、检察官的条件、标准和程序，建立法官单独职务序列和法官职业保障制度。然而，从相关试点方案和具体操作看，在这些方面还存在极为突出的问题。

在法官遴选方面，根据上海方案，法官遴选委员会并不能对所有法官统一遴选，具体人选仍然首先要由法院推荐，遴选委员会只能在推荐人选中再从司法专业的角度进行选择。在现实中，所谓法院推荐，其实就是现有管理层即院庭长们推荐。这一中间程序的设置，无疑为管理层入额大开了方便之门。

在法官单独职务序列方面，现有方案主要是建立与行政职级脱钩的法官职级，将原有的科、处、厅等行政级别换作三级法官、二级法官、一级法官等具有司法特色的职级。但是，法官职级所具有的权力/职责内涵是什么，则并未明确。因而，在外观上，所谓法官单独职务序列，更像是行政职级简单的改头换面。

在法官职业保障方面，现有方案集中在薪酬待遇上，而对法官的身份保障、职务行为保障未予足够重视，使得作为法官独立性基础的职业保障变成了单纯的加薪。法官作为独立裁判者的身份，并未能得到切实维护。

试点方案虽未提及，但存在很大可能的是，原有的院长管庭长、庭长管法官的管理模式并未得到改变。例如，法院审委会得以保留，只是现在试点法院审委会讨论的案件数量大为减少；对一些重大疑难案件，主审法官如有疑问，仍可以与院庭长沟通；在目前案件数量较多的情况下，院长、庭长不能当“甩手掌柜”，要指导法官审理好疑难案件。〔1〕在司法行政化达数十年之久的强大惯性下，我们完全可以想象，如果不作出根本性变革，这种残存下来的权力机构极有可能逐步恢复原来的运行模式。

针对这些问题，从法官员额制有效运行而非仅仅建立框架的角度，笔者提出如下完善建议：

第一，在法官选任程序上，使法院原有管理层彻底退出遴选程序，杜绝“掌勺者分大锅饭”带来的不公。

第二，完善法官职务保障制度，明确身份保障和职务行为保障，使法官职务具有高度稳定性，一经任命，非因法定事由、非

---

〔1〕 邢世伟：“上海司改方案：法官收入比普通公务员高43%”，载网易新闻，http://news.163.com/api/15/0424/02/ANUCS0U800014AED.html，2015年5月9日访问。

经法定程序不得被弹劾、免职、撤职；法官在履行审判职能时从事的行为、发表的言论，享有免遭指控和法律追究的权利。同时，应完善司法责任制，如果审判法官不存在故意或重大过失，不应追究责任。

第三，改革各级法院的领导体制为党委领导下的法官会议（审判委员会）负责制。首席法官主持下的法官会议为一切审判事务的最高决策机构。同时，要确保首席法官的主要精力投入到提升团队的司法技能、业务素质以及履行审判监督职责方面，确保改革之后党对法院工作的领导得以改善和加强，确保司法的中央事权特质得以维护和延续。〔1〕

第四，完善法官单独职务序列，根据法官职级，可将法官分为主要从事诉前非诉讼纠纷解决程序（ADR）工作和诉讼程序中和解工作的调解法官（和解法官）、处理简易程序案件的基层法官以及处理上诉和疑难复杂案件的更高级别法官，并分别配以不同的员额比例和工作内容。〔2〕

三、 刑事辩护的投入

“以审判为中心”的诉讼制度下，法庭“说了算”是以实质化的庭审为依据的，且这样的庭审必以控辩平等为基础。庭审实现“控辩平等”，真义在于：控方的追诉行为必须以符合现代法治要求的人道、文明的方式展开，不得恣意滥权；其重心是增强辩方力量，使之拥有能够理解、抗衡控方诉讼行为的智识与能力。在律例之繁密、义理之精微、运用之机巧已经使刑事诉讼成

〔1〕 参见清水：“为什么说员额制改革面临失败的危险”，载东方法眼网，http://www.dffyw.com/faxuejieti/zh/201503/38198.html.

〔2〕 李学尧、王静：“厘清法官员额制改革中的认识误区”，载中国社会科学网，http://www.cssn.cn/zm/zm_shkxzm/201410/t20141008_1353138.shtml，2015年5月9日访问。

为一种高超技艺的情况下，除极少数例外，辩方力量只有依赖作为法律专家的律师之帮助才能保证足以与控方抗衡。从这种意义上说，要实现以审判为中心，让人民群众在每一个刑事司法案件中均能感受到公平正义，首要的是让每一个刑事司法案件都有辩护律师的参与。要做到这一点，当然不能仅凭被追诉人的权利意识自觉，而应当上升为一种国家责任，即：建立以最普遍的律师参与为目标的刑事法律援助制度，为那些不知、不能甚至不愿聘请律师的被追诉人提供律师辩护服务。这不仅仅是保障被追诉人人权所必需，即便是以审判为中心的诉讼制度在形式意义上的建立和运行，亦有赖于此。否则，“控辩失衡”的刑事诉讼必然仍是由侦查机关“说了算”。

我国刑事法律援助制度，自1979年第一部《刑事诉讼法》确立“指定辩护”制度以来，由无到有逐步发展起来，从法律援助法定范围、援助经费投入、援助机构设置到受援案件数量和质量，均有了长足进步，取得了不俗成效。例如，截至2013年底，全国共有法律援助机构3249个，比1999年增长1.63倍；工作人员14 548人，比1999年增长2.71倍，其中法律专业工作人员11 343人，比1999年增长3.05倍；2013年全年，法律援助经费总额为162 868.87万元，比1999年增长了58.05倍；共批准办理法律援助案件1 158 876件，比1999年增长了8.86倍；各类受援人总数为1 279 202人次，比1999年增长了5.71倍。[1]然而，在这些耀眼的数字背后，我国刑事法律援助制度却仍然处于一个相对初级的阶段，与刑事司法发展进程、社会对法律援助的现实需求相比，仍然存在巨大的不适应。仅以辩护率为例，统计表明，我国律师参与刑事辩护（包括被追诉人自行委托辩护和刑事

---

〔1〕以上数字参见“2013年全国法律援助工作统计分析”，载《中国司法》2014年第6~8期；以及顾永忠、陈效：“中国刑事法律援助制度发展研究报告（上）”，载《中国司法》2013年第1期。

法律援助两种情况）的比例相当低，只有30%左右，[1]由法律援助提供的辩护又只占其中很小一部分。最高人民法院曾表示，指定辩护占有辩护人案件的比例由2003年的21.67%上升至2007年的23.32%。[2]之所以造成这种状况，除了整体刑事司法环境对律师辩护的不利之外，还包括法律援助制度无论是在立法还是在实践当中都存在诸多问题和不足。

（一）进一步扩大刑事法律援助的范围

2012年3月，《刑事诉讼法》作出重大修订，法律援助条款的主要变化体现在以下方面：①将“可以指定”改为“申请指派”，对于因经济困难或者其他原因没有委托辩护人的犯罪嫌疑人、被告人，由原来坐等法院酌情指定，变为本人及其近亲属有权主动向法律援助机构提出申请；②进一步扩充了法律援助的对象，在“未成年人”、“盲、聋、哑人”以及“可能被判处死刑的人”这3种人的基础上，又增加了“尚未完全丧失辨认或者控制自己行为能力的精神病人”和“可能被判处无期徒刑的人”2种；③提前了法律援助的诉讼阶段，从以前在审判阶段指定辩护，提前到在侦查阶段或审查起诉阶段即可进行法律援助；④改变了提供法律援助的方式，从以前由法院直接指定辩护律师改为由公安机关、检察机关、人民法院通知法律援助机构指派律师辩护。

2012年《刑事诉讼法》的法律援助条款与1996年《刑事诉讼法》相比，的确有了重大进步：改“可以指定”为“申请指

---

〔1〕 参见左卫民：“中国应当构建什么样的刑事法律援助制度”，载《中国法学》2013年第1期；马静华：“刑事辩护率及其形成机制研究——以刑事一审为中心”，载《四川大学学报（哲学社会科学版）》2011年第6期。

〔2〕 王胜俊：“最高人民法院关于加强刑事审判工作维护司法公正情况的报告”的附件“《最高人民法院关于加强刑事审判工作维护司法公正情况的报告》有关用语说明”，载《全国人民代表大会常务委员会公报》2008年第7期，转引自中国人大网，http://www.npc.gov.cn/huiyi/cwh/1105/2008-10/26/content_1455227.htm.

派”，改法院指定为法律援助机构指派，对赋予被追诉人自主权、防止追诉共同体出于私利妨碍指定辩护不无价值。提供法律援助诉讼阶段的提前，有利于约束审前尤其是侦查行为，在一定程度上弥缝侦查中心主义之弊。将法律援助对象扩大至应负刑责的精神病人和可能判处无期徒刑的被追诉人，更是拓展律师辩护范围、促进控辩平等的实质性举措。例如，我国现行《刑法》中可适用无期徒刑的罪名占总体罪名数的21.68%，〔1〕这就意味着刑事法律援助的对象至少因此扩大了1/5还多。不过，在实践中，由于应负刑事责任的精神病人占全部刑事案件被告人的比例甚低，且事实上大都已委托辩护或指定辩护，而且，可能被判处无期徒刑的犯罪嫌疑人和被告人事实上也已有相当部分自己聘请了律师或获得了法律援助，真正因为条文规定的适用范围扩大而受益的被告人数量并不多，〔2〕距离“让人民群众在每一个司法案件中都感受到公平正义”的政治承诺，进步显然十分有限。此外，关于“申请指派”中“经济困难”的标准，根据《最高人民法院关于执行〈中华人民共和国刑事诉讼法〉若干问题的解释》第37条和国务院《法律援助条例》第13条规定，由省、自治区、直辖市人民政府根据本行政区域经济发展状况和法律援助事业的需要规定。而各省、自治区、直辖市人民政府通常是按公民住所地县级人民政府规定的“最低生活保障标准”执行。〔3〕这一做法将基本生活保障与基本法律服务保障混为一谈，不当抬高了获取法律援助的门槛，将相当数量的被追诉人挡在了刑事法律援助制度的大门之外。例如，某市2011年城市居民最低生活保障

〔1〕 左卫民：“中国应当构建什么样的刑事法律援助制度”，载《中国法学》2013年第1期。

〔2〕 左卫民：“中国应当构建什么样的刑事法律援助制度”，载《中国法学》2013年第1期。

〔3〕 例如，《河北省法律援助条例》第10条规定：公民经济困难的标准，按公民住所地县级人民政府规定的最低生活保障标准执行。

标准为280元/月（3360元/年），刑事辩护每个案件收费在3500～23 000元之间。这意味着，一方面，即使收入水平超过最低生活保障标准，也很可能连最廉价的辩护律师都请不起；另一方面，却又因收入超过最低生活保障标准而无法获得免费的法律援助。〔1〕

一些地方和相关部门已经认识到法律援助经济条件门槛高的问题。司法部在2013年4月25日《关于进一步推进法律援助工作的意见》中明确指出，要进一步放宽法律援助的经济困难标准，使法律援助覆盖人群从低保群体逐步拓展至低收入群体。2015年4月1日修改后的《山东省法律援助条例》将经济困难标准提高到“按照接受申请的法律援助机构所在县（市、区）城乡居民上一年度最低生活保障标准的两倍执行”。这对于扩大法律援助覆盖面、增加受援人群无疑是积极有利的。但问题并未彻底解决，因为无论是两倍还是几倍，仍是以基本生活标准为衡量依据，与享受基本法律服务的权利之间并无必然联系。而且，让被追诉人在接受法律援助之前先证明自己的收入水平，这对进行中的刑事诉讼来说是不现实的。

笔者认为，在刑事诉讼中，律师参与辩护对于实现案件公平正义具有至关重要的作用。最理想的状态是普遍辩护，使每一个刑事案件的每一个诉讼阶段都有辩护律师参与。现实中，至少在通知辩护时不应将收入水平作为获得法律援助的前置条件，应该尽可能扩大通知辩护对象的范围。有学者提出两种改进方案：一是对刑罚可能是10年以上有期徒刑的严重犯罪在一审中实行普遍的法律援助；二是针对普通程序审理的案件在一审中设立普遍的法律援助。〔2〕其实，这两种方案并无冲突，完全可以并行不

〔1〕 参见刘方权：“中国需要什么样的刑事法律援助制度”，载《福建师范大学学报（哲学社会科学版）》2014年第1期。

〔2〕 左卫民：“中国应当构建什么样的刑事法律援助制度”，载《中国法学》2013年第1期。

悖。为此，笔者建议：

第一，犯罪嫌疑人、被告人可能被判处10年以上有期徒刑、无期徒刑或死刑，没有委托辩护人的，人民法院、人民检察院和公安机关应当通知法律援助机构指派律师为其提供辩护。

第二，通过普通程序审理的一审刑事案件，被告人没有委托辩护人的，人民法院应当通知法律援助机构指派律师为其提供辩护。因为，根据我国相关法律法规规定，普通程序审理的案件，多涉及犯罪情节较为严重、事实不清、证据不足或被告人不认罪等情形，如果被告人不能有效地行使辩护权，其权利则极易受到损害。[1]在这里，即使可能被判处的刑罚在10年有期徒刑以下，被告人也无需提供生活困难的证明。不过，考虑到我国法律援助经费投入实际情况，可以规定：如果以后查明被告人具有委托辩护人的经济能力的，法律援助机构可向其追偿相关费用。

第三，对未成年人，盲、聋、哑人以及尚未完全丧失辨认或者控制自己行为能力的精神病人，人民法院、人民检察院和公安机关应当通知法律援助机构指派律师为其提供辩护。

（二）进一步增加法律援助经费投入

如前所述，我国法律援助经费投入增长很快，从相对量看，2013年与1999年相比，法律援助经费总额增长了58倍，其中财政拨款投入增长更是多达80多倍。然而，在绝对量上，法律援助经费仍然偏低。例如，2013年法律援助经费总额只有约16.28亿元，财政拨款占经费总额的98.7%，为16.07亿元（包括中央专项彩票公益金法律援助项目资金1亿元）。与此同时，2013年共批准办理法律援助案件1 158 876件，其中刑事法律援助案件总数为222 200件。假设所有经费投入都用于办案，平均每个案

---

〔1〕 左卫民：“中国应当构建什么样的刑事法律援助制度”，载《中国法学》2013年第1期。

件也只有1405元左右。在实际中，这些经费当然不可能全部用于办案。仍以2013年为例，2013年，法律援助经费支出总额为136 816.69万元，在经费支出构成中，业务经费支出为80 716.18万元，占支出总额的59%。在业务经费支出中，办案补贴及支出为58 942.61万元，占73%。也就是说，只有不到6亿元的费用（占经费支出总额的43.08%，占经费投入总额的36.19%）被最终用于具体案件的办理。假设它们全部用于刑事法律援助案件，平均每个案件也只有2600多元！

具体到基层法律援助工作实践中，经费不足的问题显得尤为明显。以经济发达的浙江省杭州市为例，《杭州市法律援助经费实施细则（试行）》（杭司〔2010〕113号）规定了明确的案件补贴标准，但只有杭州市本级和六个主城区执行，其他区县则执行当地的补贴标准。除萧山区和余杭区外，其他5个县（市）的补贴标准均远低于市统一标准（如下表所示）。即便是市一级，经费也存在不足的问题。例如，市法律援助中心2012年全年受理法律援助案件500余件，办案补贴费用需60余万元，而市财政2012年度划拨经费仅40万元（含日常管理工作经费）。〔1〕在西部欠发达地区，经费不足的问题更加突出。例如，根据学者调研，青海省海北州2007年至2011年，刑事法律援助案件的办案补助分别只有300元/件、200元/件、200元/件、500元/件、500元/件。在对海北州法律援助专职办案人员关于法律援助制度所存在问题的调查中，38%的人认为“办案补助少”是现行法律援助制度存在的主要问题之一。〔2〕

〔1〕 麻伟静：“刑事法律援助工作的现状、问题与对策——基于杭州市刑事法律援助实践的思考”，载《中国司法》2014年第1期。

〔2〕 顾永忠、陈效：“中国刑事法律援助制度发展研究报告（上）”，载《中国司法》2013年第1期。

杭州市刑事法律援助案件补贴情况表〔1〕

（单位：元）

		法定标准	市本级及六城区	萧山区	余杭区	桐庐县	淳安县	建德市	富阳县	临安市
刑事案件补贴标准	侦查阶段	1000	1000	1000	900	500	300	700	700	500
	起诉阶段	1200	1200	1200	1100	500	500	700	700	500
	审判（为被害人）	1200	1200	1400	1700	900	700	700		600
	审判（为被告人）	1500	1500	1400	1400	700	700	700	900	600
	为自诉人代理	1500	1500	1400	1700	700	700	700	1000	600

鉴于法律援助是一种“政府责任”，加大对法律援助的财政投入应当是解决法律援助经费不足问题的当然之选和首要之选。并且，以我国财政收入实际状况和实现普遍刑事辩护目标所需的费用来看，这是完全不成问题的。根据最高人民法院的工作报告，从2008年至2014年的7年间，全国各级法院共判处罪犯757.7万人，平均每年108.24万人。由于我国经济社会发展已经进入一个相对稳定的时期，以这个数字作为未来一段时间内每年被判刑罪犯的平均数，应该不算离谱。假设这些罪犯全部需要法律援助，并参照在全国处于较高水平的广州市的办案补贴标准（处于侦查、审查起诉阶段的刑事案件，每件案件补贴1000～1300元；处于审判阶段的刑事案件，每件案件补贴1800～2300元）〔2〕来计算，则侦查、审查起诉阶段的办案成本分别约为

〔1〕 该表格参考麻伟静：“刑事法律援助工作的现状、问题与对策——基于杭州市刑事法律援助实践的思考”，载《中国司法》2014年第1期。

〔2〕《广州市法律援助办案补贴标准》（穗司发〔2013〕46号）。

10.82 亿~14.07 亿元，审判阶段成本约 19.48 亿~24.90 亿元，合计在 41.12 亿~53.04 亿元之间。再考虑到 2013 年业务经费支出占经费投入总额的 36%左右，那么，每年需要的刑事法律援助经费总投入也不过 114.22 亿~147.39 亿元。同时，2014 年全国一般公共财政收入已经达到 140 350 亿元，[1]每年 100 多亿元的刑事法律援助经费不过只占千分之一左右，可谓“九牛之一毛”，但对刑事司法法治建设的推动作用却是不可估量的。

（三）解决法律援助机构设置不合理问题

法律援助机构负责受理、审查法律援助申请，指派或者安排人员提供法律援助，是法定的法律援助工作的组织者和实施者。由于独特的历史演进路径，我国法律援助机构在体制上存在诸多基于行政管理体制改革而产生的乱象：其一，法律援助机构性质不统一。总的来看，我国法律援助机构主要有行政体制、事业体制和参照公务员管理体制三种形态。例如，截至 2013 年底，在全国 3249 个法律援助机构中，行政性质机构为 1544 个，占总数的 47.5%；全额拨款事业单位（不含参照公务员管理的事业单位）为 1010 个，占总数的 31.1%；参照公务员管理的事业单位为 633 个，占总数的 19.5%。此外，还有一小部分靠自收自支维持生存的事业单位性质的法律援助机构。[2]其二，法律援助机构职能混淆。依据国务院《法律援助条例》，法律援助机构是直接面向需要法律援助的人群提供服务的机构，并无行政层级的区别。但从实际情况来看，我国法律援助机构普遍按照行政架构层层设立，省市县三级都有，上下机构做同样的事。并且，在很多地方，省、市一级的法律援助机构往往同时也是法律援助工作监

---

〔1〕 庞东梅：“2014 年全国财政收入超 14 万亿元”，载中国金融新闻网，http://www.financialnews.com.cn/yw/jryw/201501/t20150131_70158.html，2015 年 5 月 3 日访问。

〔2〕 数据参见“2013 年全国法律援助工作统计分析”，载《中国司法》2014 年第 6 期。

督管理机构，既是管理机构，又是实施机构，〔1〕职责定位不清。

相应地，法律援助机构的这种状况，一定程度上影响了业务工作的开展。一方面，法律援助机构性质不一，造成工作人员的身份也五花八门，既有公务员，也有事业单位在编人员、非在编人员，还有说不清道不明的“其他身份”。这种差异意味着社会地位不同，人员的入口、管理、待遇等也不同，势必影响工作人员的积极性，造成人才的流失。〔2〕另一方面，法律援助机构根据行政层级叠床架屋，显属资源浪费，而且一些机构集监管与业务于一身，作为非法定主体难以实施有效的监管，同时也妨碍了业务质量和效率。解决这一问题，还是要回到《法律援助条例》关于“法律援助是政府责任”的定位上去。基于此，法律援助机构应当是政府行政工作机构。当前，我国法律援助机构中98%以上是行政性质、全额拨款事业单位和参公管理事业单位，即使全部都转为行政机构，在财政上也不存在大的困难。关键是编制问题，需要国家层面统一出台政策。当然，这并非易事。但是，解决法律援助机构重复设置、职能不清的问题却相对容易。应当明确，取消省级法律援助机构，只在地市及县级设立；〔3〕所有法律援助机构都只是开展法律援助的工作机构，不存在省、市、县等行政层级差异；对法律援助工作的监督管理交由司法部、省级司法行政部门和设立法律援助机构的司法行政机关来承担，不得由法律援助机构本身来行使。

---

〔1〕根据2010年的数据，全国有300个法律援助管理机构，其中与法律援助机构分开运行的共73个，占管理机构总数的24.3%。参见朱昆、郭婕：“我国法律援助机构设置中存在的主要问题及对策建议”，载《行政与法》2013年第8期。

〔2〕顾永忠、陈效：“中国刑事法律援助制度发展研究报告（下）”，载《中国司法》2013年第2期。

〔3〕2009年，省、地市、县区法律援助机构办案量分别占办案总量的2.5%、14.2%和83.3%。参见顾永忠、陈效：“中国刑事法律援助制度发展研究报告（下）”，载《中国司法》2013年第2期。可见，省一级法律援助机构基本形同虚设，大可取消，将相关资源转移到市县两级。

（四）提高刑事法律援助的办案质量

除了普遍性，刑事法律援助还必须是有效的，即能够起到维护被追诉人合法权益的作用。整体而言，我国目前刑事法律援助案件的办理质量还不够高。在很大程度上，这主要是物质因素和诉讼程序上的衔接问题所致。其一，法律援助经费严重不足，一些地方的办案补贴过低，而办理刑事案件往往所需费用更高，甚至很多时候，办案律师要自己拿钱才能维持。这极大削弱了律师提供刑事法律援助的积极性。其二，提供刑事法律援助的律师数量较少。截至 2013 年，全国法律援助机构中具有法律职业资格或律师资格的工作人员数为 6414 人，法律援助注册律师数为 4813 人。〔1〕这一数量相对于刑事法律援助需求来说，可以说是“供不应求”。同时，各地法律援助队伍人员数量及业务素质又极不平衡。2013 年 7 月之前，全国共有 174 个县没有律师，其中既无律师事务所又无律师的 132 个，有律师事务所而无律师的 42 个，涉及 15 个省（区）和新疆生产建设兵团。此外，还有 92 个县（市、区）只有 1 名律师。经过一年努力，到 2014 年 6 月，全国 174 个县无律师问题已经全部解决，实现了律师法律服务县域及以上区域全覆盖。〔2〕但这种“全覆盖”的质量和稳定性是很成问题的。〔3〕实际上，相当多西部地区的法律援助机构不具备

---

〔1〕数据参见“2013 年全国法律援助工作统计分析”，载《中国司法》2014 年第 6 期。

〔2〕刘子阳：“174 个县无律师已经全部解决”，载《法制日报》2014 年 10 月 17 日，转引自凤凰网，http://news.ifeng.com/a/20141018/42235133_0.shtml，2015 年 5 月 3 日访问。

〔3〕方法包括组织安排规模较大、社会形象好的律师事务所，特别是全国优秀律师事务所到没有律师事务所的县（市、区）设立分所；指导没有律师的县（市、区）的司法行政机关积极创造条件，组建国资律师事务所，对国资律师事务所给予财政支持；选派优秀律师到有律师事务所但没有律师的县（市、区）和律师资源严重不足的县（市、区）志愿执业；深入开展“1+1”法律援助志愿者行动和“同心·律师服务团”活动，优先选派法律援助志愿者律师到没有律师和律师资源严重不足的地区服务等。

基本的办案队伍。如青海省海北州海晏县法律援助中心仅 2011 年才有 1 名具有法律职业资格的办案人员。而在海北州门源县、祁连县、刚察县更是需要依托当地律师事务所，才能满足基本的办案需求。[1]其三，法律援助介入刑事诉讼的衔接不畅。目前，绝大多数刑事法律援助来自公检法机关的通知辩护，由被追诉人主动提出申请的还是少数。但追诉机关的通知往往相对滞后，再加上经常是法律援助机构指派援助律师后，案件已被移送到下一诉讼阶段。在审判阶段，按照现行规定，援助律师最早也只能在开庭前 10 日参加诉讼，除却送达时间，能够实质性接触了解案件的时间已所剩无几，根本无法充分准备。

因此，提高刑事法律援助案件办理质量，必须对上述问题逐一解决。首先当然是加大法律援助经费投入，前文已有论及，兹不赘述。其次，可以考虑在律师资源不足的地方以及外来人口犯罪率比较高的大中城市或东南沿海经济发达地区设立公设辩护人。公设辩护人应当具有公务员身份，在待遇上可适当高于一般公务员。一项调查表明，有财政保障、享受公务员待遇的专职刑事法律援助机构对社会律师和法律援助机构工作人员具有相当的吸引力。[2]同时，公设辩护人必须通过国家司法考试或者原是社会律师。有学者认为，未取得律师执业证书的法律专业人员，如法学院的研究生、基层法律服务人员、退休法官检察官等同样能够胜任刑事辩护工作，在那些没有律师或者律师较少的地区，他们完全可以担当刑事法律援助的职责。[3]笔者对此不予赞同。因为所谓“能够胜任”目前还没有经过大范围的严格的实践检验，

---

〔1〕 顾永忠、陈效：“中国刑事法律援助制度发展研究报告（上）”，载《中国司法》2013 年第 1 期。

〔2〕 平均 70.5% 的人表示愿意加入。顾永忠、陈效：“中国刑事法律援助制度发展研究报告（下）”，载《中国司法》2013 年第 2 期。

〔3〕 左卫民、马静华：“刑事法律援助改革试点之实证研究——基于 D 县试点的思考”，载《法制与社会发展》2013 年第 1 期。

大概只是一种直接观感。随着以审判为中心诉讼制度的建立，控辩双方在庭审中的对抗性将有显著增强，法律知识、辩护技巧和实践经验对辩护来说将更加重要，没有一定的门槛，是很难保证刑事法律援助工作的质量的。最后，在刑事法律援助与诉讼程序的衔接上：①对因经济困难而申请法律援助的，应当明确规定，侦查机关在第一次讯问犯罪嫌疑人或者对犯罪嫌疑人采取强制措施的时候，负有告知其申请法律援助权利的义务。当然，这一义务也适用于检察机关和审判机关。②至少对可能判处10年以上有期徒刑的犯罪嫌疑人，在公安机关或检察院通知法律援助机构之后，应当规定一段时间的程序暂停，以等待援助律师的到来。③对由法院通知辩护的案件，应将通知辩护的时间提前到人民法院受理案件之日起。

第三节　司法外体制性制约问题的切实解决

法律或法律过程是一套机制，这套机制的运行与社会的所有制度范畴都有关系，法律本身就是通过这种机制被制度化的。〔1〕司法制度作为国家制度的一部分，不可避免地受到司法外各种因素的影响。在某种程度上，所谓现代司法之建构，就是人们在处理司法制度与其他制度范畴的关系时，逐渐发现、认识其规律性并予以制度化的。因而，司法外的制度范畴尤其是政治制度，是司法赖以存在并展现为不同禀赋的决定性因素。反之，司法制度的重大改革，亦须以司法外制度的相应变革为必要条件。否则，司法内部的改进，要么仅能局限于技术性修补，要么必将撞上相关体制的铁壁而中途夭折。基于我国政制现实，独树一帜的政法体制构成司法制度牢不可破的生存空间，司法外因素尤其是政治

〔1〕［美］帕森斯：《现代社会的结构与过程》，梁向阳译，光明日报出版社1988年版，第155页。

因素对司法的影响要更加强大和紧要。因而，建立以审判为中心的诉讼制度，必须对政法体制进行一番认真审视，并对那些显然妨碍其建立的制约性因素，坚决予以排除或者加以改善。

一、 政法委的案件协调机制

中国共产党的领导是中国特色社会主义最本质的特征，是社会主义法治最根本的保证。〔1〕政法机关作为维护人民民主专政的“刀把子”，是仅次于“枪杆子”的重要国家机器，“必须置于党的领导之下”。〔2〕这是中国现实政治法律制度不可更易的基本原则。各级党委政法委员会（以下简称“政法委”）作为党委领导、管理政法工作的职能部门，〔3〕是我国政法体制的主要制度载体和组织形式，目前已经成为对司法制度、司法机关和司法工作具有最广泛、最完整、最直接影响的政治力量。应当看到，党对政法工作的领导并非一成不变的，〔4〕因而，在深入推进司法体制改革的过程中，必须顺应司法规律和公正司法的要求，对政法委进行必要的革新和完善，以便为司法改革包括建立以审判为中心的诉讼制度留出合适的制度空间。

根据1995年中共中央办公厅转发的《中共中央政法委关于加强各级党委政法委员会工作的通知》（厅字〔1995〕28号，以

〔1〕《中共中央关于全面推进依法治国若干重大问题的决定》（2014年10月23日中国共产党第十八届中央委员会第四次全体会议通过）。

〔2〕1995年中共中央办公厅转发的《中共中央政法委关于加强各级党委政法委员会工作的通知》。

〔3〕《中共中央关于进一步加强政法干部队伍建设的决定》（中发〔1999〕6号）。

〔4〕例如，1979年，为了贯彻落实已经制定并颁布的《刑法》和《刑事诉讼法》，中共中央曾制定并发布了“64号文件”，要求各级党委不再审批案件，由政法机关依法办理。

下简称“28号文”)，〔1〕各级党委政法委拥有非常广泛的职权，但大部分都是“虚”的，只有一条是“实”的，即案件协调权。〔2〕它使政法委对政法工作的领导不再局限于宏观指导性的“软权力”，而有了进入司法过程、控制司法运作，乃至撬动司法权力结构、仲裁公检法权力关系的切实抓手。法院不过是被协调的对象，案件的事实认定和法律适用亦皆不得自专，必须在协调过程中接受各家形成的“共识”。所谓的案件协调实际成为“审判之上的审判”，政法委成为“法院之上的法院”。这种状况与建立以审判为中心的诉讼制度显然是不相容的。

(一) 案件协调机制的运作程式

根据相关文件，〔3〕政法委协调案件的范围主要是：上级或同级党委交办的案件；上级党委政法委员会交办的案件；同级政法部门提请协调的案件；党委政法委员会认为需要协调的案件等。可见，政法委协调的案件并不限于“重大、疑难”，通常只要有上级交办即领导批示，即可成为协调对象。同级政法部门提请

---

〔1〕根据该通知规定，政法委拥有10项职责权限：①根据党的路线、方针、政策和党委的部署，统一政法各部门的思想和行动；②对一定时期内的政法工作作出全局性和阶段性、专项性部署，并督促贯彻落实；③组织协调指导维护社会稳定工作；④检查政法部门执行法律法规和党的方针政策的情况，结合实际，研究制定严肃执法、落实党的方针政策的具体措施；⑤大力支持和严格监督政法各部门依法行使职权，指导和协调政法各部门在依法相互制约的同时密切配合，督促、推动大案要案的查处工作，研究、协调有争议的重大、疑难案件；⑥组织、协调社会治安综合治理工作，推动各项措施的落实；⑦组织推动政法战线的调查研究工作，总结新经验，分析新情况，解决新问题，探索政法工作改革，通过改革进一步加强政法工作；⑧研究加强政法队伍建设和领导班子建设的措施，协助党委及其组织部门考察、管理政法部门的领导干部；⑨指导下级政法委员会的工作；⑩办理党委和上级政法委员会交办的其他事项。

〔2〕侯猛：“司法改革背景下的政法治理方式——基层政法委员会制度个案研究”，载《华东政法学院学报》2003年第5期。

〔3〕以下内容多参见《中共张家港市委政法委员会执法监督工作实施办法》(张政法〔2010〕5号)。

协调的案件往往也只是政法机关之间有争议的，即“扯皮”案件，如证据不足或认识上（可捕与否）有分歧的案件。[1]但上级政法部门已有明确答复意见的案件，事实不清、证据不足的案件以及党委政法委认为不适宜协调的案件，则不属于协调的范围。

在程序上，对同级政法部门提请协调的案件，政法委员会执法监督机构应先进行审核，对属于协调范围的案件，报经本级党委政法委员会领导同意后，即安排召开协调会议。党委政法委员会执法监督机构负责对协调的案件进行审查，提出初步协调意见。审查时，可向有关部门了解案件情况，必要时可调阅卷宗。上级机关和领导交办或党委政法委员会认为需要协调的案件，党委政法委员会可以指定相关政法部门提供案件有关情况。协调可以用以下方式进行：一是召开政法部门负责人会议协调，由党委政法委员会书记或副书记主持，政法部门分管领导和党委政法委执法监督机构负责人参加，即所谓“大三长会议”；二是召开政法部门职能机构负责人会议协调，由党委政法委员会分管领导或执法监督机构负责人主持，政法部门的相关业务部门负责人参加，即“小三长会议”。

在结果上，凡经党委政法委员会协调取得共识的案件，将形成会议纪要，报同级党委，必要时也发提请协调的政法部门备查。会议纪要虽然没有法律效力，但对有关政法部门却有事实上的约束力，他们必须严格按照纪要精神，依照法定程序认真办理案件，并需在案件办结后，于一定期限内向党委政法委员会报告结果。同时，相关规定都会明确，党委政法委员会协调案件属于党内活动，形成的会议纪要不得作为定案依据在法律文书中引用，

---

〔1〕 侯猛：“司法改革背景下的政法治理方式——基层政法委员会制度个案研究”，载《华东政法学院学报》2003 年第 5 期。

不归入案件卷宗。〔1〕

在实际工作中，除了个案协调之外，一些地方政法委往往还开展“政策协调”。例如，2003 年北京市委政法委出台了《关于处理轻伤害案件的会议纪要》，规定对于因民间纠纷引起的轻伤害案件，如果嫌疑人有认罪、悔罪表现，积极赔偿损失，被害人要求不追究其刑事责任，可以对其作出撤案、不起诉或免予刑事处分的处理。2013 年 5 月，临沂市苍山县委政法委召开案件协调会，出台《关于办理危险驾驶犯罪案件有关问题的会议纪要》，指导司法机关规范办理该类案件。〔2〕

（二）案件协调机制的运作逻辑及其对审判权的不当影响

政法委是党领导司法工作的重要组织，根本职责在于确保政法工作的政治方向，这决定了其案件协调遵循的必然是政治逻辑，而非司法逻辑。

所谓政治逻辑，首先是指处理权力关系的规律与规则，主要体现为权力主体的安全、维护不同权力主体之间的利益均衡、防止难以控制的权力冲突，等等。政法委的案件协调，多数时候旨在化解公检法三者之间围绕刑事诉讼展开的权力和利益纠葛，至于案件事实的认定和法律的适用，并非其所关注的重点。换言之，案件协调往往是借“案件”之名，行权力平衡之实。以赵作海案为例，该案曾先后两次启动政法委案件协调机制：第一次是在 2001 年初。因为此前商丘市检察机关以无名尸体身份问题无法解决为由，两次将案件退回柘城县公安机关补充侦查，柘城县政法委和公安局遂向商丘市政法委告状，称案件事实清楚、证据充分，而商丘市检察院却不予起诉，要求商丘市政法委协调解决。对公检机关之间的此类冲突，我国刑事诉讼法原本提供了复

〔1〕《中共张家港市委政法委员会执法监督工作实施办法》（张政法〔2010〕5 号）。

〔2〕叶竹盛：“政法委协调会机制面临变革”，载《南风窗》2014 年第 10 期。

议、复核的渠道，完全可以循此而定。但柘城县公安局弃而不用，选择由政法委进行协调，目的在于摆脱诉讼法关于起诉的条件限制和对检察机关申请复议时的被动地位，试图通过法外的权力运作规则来迫使检察机关就范。此次协调未果后，柘城县公安局于2002年8、9月份，又经柘城县政法委，再次将赵作海案件提交商丘市政法委研究。在案件事实、证据并无任何新变化的情况下，这次协调会却认为赵作海案件具备了起诉的条件，要求检察机关在20日内起诉到法院，法院“快审快判”。前后两次协调会议，之所以结果迥异，关键因素是第二次协调时正在开展清理超期羁押专项检查活动。由此给政法委带来巨大压力，为此，只好牺牲个案正义，迫使检察院、法院放弃疑罪从无的司法原则，强行起诉、定罪。无论如何，该案协调过程清晰可见的是权力主体之间融通乃至和稀泥的原因，正如知情人士所言，“多数时候不是因为案子复杂，而是如果严格按照法律，有人下不了台。”

政治逻辑的另一层含义是讲求社会效果。从政治的角度来看，司法不过是巩固、促进其所维护的体制之合法性、正当性的手段，因此，不能只讲法律而不讲政治，不能只有案件的事实和证据而没有必要的政治方向和政治立场。而这种所谓的政治考量，甚至会取决于经济发展、舆论认同及秩序和谐等等因素。在政法委开展案件协调过程中，这些“政治因素”自然而然会被纳入考量。例如，据《南风窗》记者拿到的一份某经济发达省份一个地级市政法委的会议纪要，该市曾于近年爆发一起有上百家企业卷入的虚开增值税发票案件。根据刑法及相关司法解释，该类案件的处罚有3个量刑幅度，分别是3年以下、3到10年和10年以上有期徒刑或无期徒刑。涉案金额50万元以上就已构成“虚开的税款数额巨大”，应处10年以上有期徒刑或者无期徒刑。但是该会议纪要提出，“为了保障经济发展”，要求法院对一些远远超过50万涉案金额的企业负责人，在存在自首、立功的情况下，“原则上判处缓刑”。〔1〕而在赵作海案中，促成商丘市政法委最终强制要求定罪的另一个重要原因就是当时的“民意”。由于赵作海与赵振裳两家有仇，平日关系不和，且赵振裳从村里消失是在同赵作海打架后，村民普遍认为其被赵作海所杀。在赵作海被公安机关带走后不久，对该案的“民间审判系统”就已经启动，村民们对赵作海杀死了赵振裳都深信不疑，并认为赵作海应当被判处死刑，“对于赵作海，当地人皆曰可杀”。〔2〕以维稳和营造合法性为天职的政法委显然无法忽视这种汹汹民意，作为政治运作的案件协调结果如何，自不待言。

政治逻辑的贯彻，使政治目的楔入司法过程，将案件协调变成了政治运作，违背了以审判为中心的诉讼制度的基本要求，导致诉讼的扭曲变形。其一，破坏了法院独立审判原则。建立以审判为中心的诉讼制度，要求“确保庭审在保护诉权、认定证据、查明事实、公正裁判中发挥决定性作用，实现诉讼证据质证在法庭、案件事实查明在法庭、诉辩意见发表在法庭、裁判理由形成在法庭”〔3〕。政法委的案件协调，由于公检法三机关负责人同时参与案件讨论，因而侦查、起诉、审判三种权力实际上被混为一体；〔4〕经协调就案件证据、法律适用、量刑等问题达成的“共识”，并非以事实为依据、以法律为准绳的严肃司法认定，而是公检法彼此妥协的结果，法院裁判权在不知不觉中被分割或替代；此外，记载这一“共识”的会议纪要，虽不得在法律文书中引用，但作为“潜规则”，各相关机关却必须遵照执行，在此意义上，案件协调实质等同于对案件的具有终局意义的审判。对法院而言，其既可能屈从于压力而接受“共识”，也可能通过内部

---

〔1〕 叶竹盛：“政法委协调会机制面临变革”，载《南风窗》2014年第10期。

〔2〕 刘刚：“检讨赵作海案”，载《中国新闻周刊》2010年第20期。

〔3〕 最高人民法院《四五纲要》。

〔4〕 陈永生：“冤案的成因与制度防范——以赵作海案件为样本的分析”，载《政法论坛》2011年第6期。

请示的方式，利用上级法院的意见对抗“协调”结果。〔1〕不论采取哪一种，有一点是共同的，即法院专属的审判权被转移到了案件协调会议，法院被剥夺了唯一审判者的身份，堕为与公安、检察、政法委讨价还价的普通官僚机构；在政法委强势的地方，甚至只能作为被支配、被命令者，听候政法委对案件的决断。关于这一点，有一种使人啼笑皆非的论调：“从本质上讲，地方政法委协调处理刑事案件只有妨碍了司法公正，才可能构成对司法独立原则的根本违背。”〔2〕司法独立和司法公正是两项关系密切但彼此独立的价值，虽然司法公正并非判断司法独立与否的标准，司法独立也非司法公正的必要条件，然而，司法独立却是防止系统性、整体性司法不公的必要条件，是司法公正的基本保障。因此，决不能因为政法委在一些案件的协调中尚有公正协调的情况存在，就认为协调案件本身并没有损害司法公正，因此即使损害了司法独立也是可以接受的。其二，破坏了控辩平等原则。控辩平等条件下的案件审理过程是法院裁判的依据，亦是公正司法的必要条件。案件协调在事实上替代或分割了法院的审判权，在形式上却只是政法机关内部的磋商机制，公检法三家尽可各陈己见，充分阐述对案件事实和法律适用的见解，但犯罪嫌疑人、被告人作为最直接的利害关系人却被排除在这一过程之外，辩护律师也无权发表辩护意见。有一种辩解的理由是，协调案件没有犯罪嫌疑人参加，不是不重视其权利，而是采取了书面“审”的方式，即包含在政法机关提交的案情报告中。应当说，这样的辩解并非全无道理，以“书面审多是出现在上诉案件中，且仅仅限于发回重审（而且可以书面审）的案件”来反驳也不完

〔1〕曾军、师亮亮：“地方政法委协调处理刑事案件的制度考察及分析”，载《西南政法大学学报》2012年第2期。

〔2〕曾军、师亮亮：“地方政法委协调处理刑事案件的制度考察及分析”，载《西南政法大学学报》2012年第2期。

全合适，因为在书面审理中控辩双方皆不需要出庭，而案件协调会上控方却是“出庭”的。真正需要强调的是，作为事实上的审判程序，案件协调必须遵循控辩平等的基本原则，保持中立的评判地位。否则，就会产生两个结果：一是案件协调沦为“偏听偏信”，失去了作出公正恰当的“共识”的基础；二是案件协调多数变成政法机关追诉犯罪的论证会、动员会，以控罪为主要目的，甚至不给辩护方相应的机会。其三，破坏了由裁判者负责的原则。落实审判责任制，做到让审理者裁判、由裁判者负责，是建立以审判为中心的诉讼制度的必要条件和有力保障。四中全会提出，要“完善主审法官、合议庭、主任检察官、主办侦查员办案责任制，落实谁办案谁负责”。然而，办案责任制只适用于法律确定的公检法机关及其工作人员。政法委作为依靠党权、凭借党法建立并存在的政治机关，不是法律上的公权主体，对其作出的决定无法追究法律责任。同时，案件协调采取的是“协调”的方式，即彼此态度、立场的协商与调和，直至妥协形成“共识”，常常没有谁一锤定音，很难找得出应负责的决定者。因此，政法委案件协调一旦出现了错案，就会造成责任主体缺失的情况。政法委经常以政法事务领导者的身份超脱于责任之外，把错案责任推给具体办案的公检法机关；公检法机关也会以组织要求、共同协商决定为由，不甘于负责。以赵作海案件为例，冤案曝光后，有 4 名侦查人员被立案侦查，有 2 名审判人员，包括河南高院负责死刑复核的审判人员都被停职检查，但参与政法委协调的却没有任何一人被追究责任。在佘祥林案件和李化伟案件中，至今未见有任何部门和人员受到错案责任追究的公开报道。

（三）取消政法委案件协调机制

政法委案件协调机制与司法规律尤其是以审判为中心的诉讼制度之扞格不入，已如前述。也正是因为如此，政法委协调往往与冤案的产生有着重大关联，佘祥林、赵作海、李化伟等案件概莫能外。因而，诸多学者强烈呼吁废除这一“潜规则”。[1]

然而，也有观点认为，政法委案件协调具有现实的制度背景和正当性，在我国刑事司法语境中，其正面价值不能完全予以否定，废除政法委案件协调的理由也经不起推敲。[2]这类观点，通常以“国情论”或者“务实派”的面目出现，主张“一种制度得以长期且普遍地坚持，必定有其存在的理由，即具有语境化的合理性，因此首先应当得到后来者或外来者的尊重和理解”[3]。且不说这一论断出于对“存在即合理”的歪曲，逻辑上不能成立，果真如此，大概世界上就只有复古，没有革新了。某项制度之长期普遍地坚持，必定有其现实的理由，此言不谬，但这理由并不必然就是合理的，尤其是绝不意味着价值上的正当性。这种态度和逻辑，用以解读历史事物或许是合适的，但若用以审视现实，甚至用作拒绝反思和改革的理由，则是极其荒谬的。另有学者认为，政法委案件协调机制之所以产生问题，人的因素要大于制度的因素。政法委在整个案件协调过程中往往处于被动和消极的地位，与那种积极干预的方式相比，其权威性和强制力自然大打折扣；政法委的调查结论对公检法只有建议权，并没有强制约束力；政法委特别是基层政法委掌握的资源相当有限，因而对司法过程施加的影响也极为有限，司法机关也有动力去摆脱政法委的控制。也就是说，政法委不一定有能力干预具体的司法审判工作。政法委对案件协调干预的程度，往往取决于政法委书记对法

---

〔1〕 崔敏：“论司法权力的合理配置——兼谈检察制度改革的构想”，载信春鹰、李林主编：《依法治国与司法改革》，中国法制出版社1999年版；周永坤：“论党委政法委员会之改革”，载《法学》2012年第5期；侯猛：“‘党与政法’关系的展开——以政法委员会为研究中心”，载《法学家》2013年第2期；严励：“地方政法委‘冤案协调会’的潜规则应该予以废除”，载《法学》2010年第6期；等等。

〔2〕 曾军、师亮亮：“地方政法委协调处理刑事案件的制度考察及分析”，载《西南政法大学学报》2012年第2期。

〔3〕 苏力：《送法下乡》，中国政法大学出版社2000年版，第90页。

院、检察院领导的强势程度，案件处理完全听命于政法委的情形极为少见。一些冤案的发生，实际原因不在于政法委的协调，而在于个别司法机关的领导和工作人员不敢坚持原则，甚至推卸责任，与政法委制度本身没有必然联系。[1]这一观点貌似客观，其实漏洞百出，难以成立。第一，既然政法委的协调如此不堪，取消又有何妨？第二，政法委协调的强度取决于政法委书记的强势程度，这岂非明显的“人治”吗？第三，政法委协调机制竟然沦为司法机关推卸责任的途径，有弊无利，要它何用？

实际上，纵观我国政法体制的发展历史，除了个别极端时期，执政党对如何领导司法工作有着比较清醒的认识，对党委包括党委政法委干预具体案件也曾持否定态度。例如，1979 年 9 月 9 日中共中央《关于坚决保证刑法、刑事诉讼法切实实施的指示》（中发〔1979〕64 号）明确提出：“加强党对司法工作的领导，最重要的一条，就是切实保证法律的实施，充分发挥司法机关的作用，切实保证人民检察院独立行使检察权，人民法院独立行使审判权……党委与司法机关各有专责，不能互相代替，不应互相混淆。为此，中央决定取消各级党委审批案件的制度……党对司法工作的领导，主要是方针、政策的领导。各级党委要坚决改变过去那种以党代政、以言代法，不按法律规定办事，包揽司法行政事务的习惯和做法。”1980 年，第一任中央政法委书记彭真在中央政法委员会第一次会议上，详细说明了政法委员会要做的工作：“第一，给中央当参谋，调查研究，提出意见，提出工作计划。第二，做组织工作。中央决定方针、任务后，我们要组织政法各部门去执行，统一认识，统一行动，互相配合，协同作战。第三，给中央做秘书工作，承办中央交办的事情。用通俗的话讲，就是要当参谋（不是当司令员、政委）、组织干事和秘

---

〔1〕 殷啸虎：“党委政法委在我国政法关系中的功能审视”，载《法学》2012 年第 6 期。

书。”〔1〕1990年，中央政法委员会恢复设置，时任中央政治局常委、政法委书记的乔石强调：“恢复政法委员会后，仍然必须贯彻党政职能分开的原则，不论哪一级政法委员会都要管得虚一点，着重抓宏观指导和协调，当好党委的参谋和助手，其办事机构主要做调查研究工作，不要过于具体地干预部门的业务，以保证法院、检察院依法独立行使审判权和检察权，充分发挥政法各部门的职能作用。”〔2〕

中共十八大特别是十八届四中全会之后，全面推进依法治国被提到前所未有的高度，中央对党的领导与法治之间的关系也有了更为深刻透彻的理解和认识。在2014年初的中央政法工作会议上，习近平总书记对政法委职能提出了新表述，即：“善于议大事、抓大事、谋全局，把握政治方向、协调各方职能、统筹政法工作、建设政法队伍、督促依法办事、创造执法环境。”并且特别强调：“党对政法工作的领导是管方向、管政策、管原则、管干部，不是包办具体事务，不要越俎代庖，领导干部更不能借党对政法工作的领导之名对司法机关工作进行不当干预。”2013年8月，中央政法委下发《关于切实防止冤假错案的规定》，明确要求“各级党委政法委应当支持人民法院、人民检察院依法独立公正行使审判权、检察权，支持政法各单位依照宪法和法律独立负责、协调一致地开展工作。对事实不清、证据不足的案件，不予协调；协调案件时，一般不对案件定性和实体处理提出具体意见”。《最高人民法院关于建立健全防范刑事冤假错案工作机制的意见》（法发〔2013〕11号）也明令禁止各级法院“参与公安机关、人民检察院联合办案”。在实践中，各地政法委协调会也

---

〔1〕彭真：“在中央政法委员会第一次会议上的讲话纪要”（1980年2月6日），载彭真：《论新中国的政法工作》，中央文献出版社1992年版，第216－217页。

〔2〕乔石：“加强社会主义民主和法制维护社会稳定”（1990年2月28日），载乔石：《乔石谈民主与法制》（上），人民出版社、中国长安出版社2012年版，第194页。

确有减少的趋势。有的地方的政法委不再热衷于开协调会，而是经常将疑难案件交给省法学会组织专家论证会，再将论证结果提供给案件经办人参考；有的地方则制定可以协调的案件目录，对不在目录上的案件不予协调。[1]总书记的深刻论断、相关部门的安排部署和工作实践的积极变化，清楚地表明政法委案件协调的职能正在朝着尊重司法规律、维护司法机关独立地位的方向进行调整。

尤其应当强调的是，随着此轮司法改革的逐步深入，政法委尤其是市县级政法委案件协调机制正在失去最为重要的现实条件——司法的地方化。十八届三中全会通过的《中共中央关于全面深化改革若干重大问题的决定》要求，“改革司法管理体制，推动省以下地方法院、检察院人财物统一管理，探索建立与行政区划适当分离的司法管辖制度，保证国家法律统一正确实施。”2014 年 6 月，中共中央全面深化改革领导小组第三次会议审议通过《关于司法体制改革试点若干问题的框架意见》和《上海市司法改革试点工作方案》，使这一改革措施开始纳入实际操作。显而易见，省以下地方法院、检察院人财物的统一管理，实质就是司法机关与市县党委（包括政法委）政府的彻底脱钩。对司法机关人财物核心资源支配权的丧失，必然意味着影响力的丧失，从此市县党委（包括政法委）再也不可能以制度化的手段对司法机关进行法外干涉。所谓“形势比人强”，不论政法委案件协调机制具有多么重要的意义，在省以下司法机关人财物统管之后，它都会成为无源之水。2013 年 11 月，《中央党内法规制定工作五年规划纲要》要求，“适时研究制定党委政法委工作条例，完善党领导政法工作的体制机制”。顺时应人，取消政法委案件协调职能就在可预见的将来。

---

〔1〕 叶竹盛：“政法委协调会机制面临变革”，载《南风窗》2014 年第 10 期。

二、涉诉信访之改革

信访是我国独具特色的一项政治法律制度，承担着政治表达、公民监督、权利救济、社会救助等多种功能。在官方话语中，信访制度根源于执政党的政治本色，信访工作被奉为“党和政府的一项重要工作”、“党的群众工作的重要组成部分”，做好信访工作成为执政党各个层级、各个部门一项普遍的政治责任。虽然有党的文件、《信访条例》及众多规范性文件作支撑，然而，在总体上信访仍是一项非正规的制度，这主要表现为制度功能模糊不清、工作范围没有明确界限、工作手段依赖领导批示指示、表征权力运作的各种文书缺乏法律效力，等等。在执政党结束大规模社会改造和政治运动之后，国家建设步入制度化、专业化、法治化阶段，以往的信访制度与现有党政、立法及司法权力运行机制不断发生摩擦碰撞，从而造就了一幅颇为奇特的“非正规制度侵蚀正规制度”的图景——为数众多的公民涌向信访渠道，试图以此来影响、干预甚至改变正规权力的运作规则和结果。

司法作为权利救济、定分止争的主要制度设置，毫不意外地成为信访的“重灾区”。特别是随着越来越多的社会矛盾以案件形式进入诉讼渠道，纠纷起诉到法院之时，往往就是当事人之间上访对决之始，以致呈现出诉讼与信访交织、法内处理与法外解决并存的怪异现象，“信访不信法”、“信上不信下”、“弃法转访”甚至“以访压法”等问题愈发突出，不少信访人采取越级上访、集体上访、非正常上访、缠访闹访甚至自伤自残等极端行为，迫使司法机关突破法律底线满足其利益诉求。这种以司法为对象、以干预诉讼结果为目的的非理性行为，被称为“涉诉信访”。[1]涉诉信访使得当事人（在刑事诉讼中指被害人和被告人及其亲属）个人意志除诉讼程序之外，还获得了一条非制度化的输入通道。这一通道的存在和畅通，损害了诉讼过程中审判程序的唯一性、程式性和公平性，动摇了司法机关以审判为依据行使裁判权的基础，削弱了司法终局裁判和作为公平正义“最后一道防线”的至高权威。因而，涉诉信访问题成为建立以审判为中心的诉讼制度必须认真面对和妥善解决的司法外体制问题。

（一）从唐慧案看信访如何影响司法

湖南永州唐慧案[2]，历时近七年，先后经过五次开庭、六次判决和裁定，涉及刑事诉讼、劳动教养、行政复议、国家赔偿案，情节之曲折离奇，堪比史上任何一出奇案。尤其是，主角唐慧每每在案件的关键处，以“舍得一身剐”的坚韧，通过顽强上访迫使案件朝着自己的意愿转折，使之成为充分展现我国司法与信访关系的典型样本。

根据相关媒体报道，[3]2006 年 10 月 3 日，唐慧 11 岁的女儿

---

〔1〕 中央政法委《涉法涉诉信访案件终结办法》（政法〔2005〕9 号）规定：“涉法涉诉信访案件是指依法属于人民法院、人民检察院、公安部门和司法行政部门处理的信访案件。”据此，涉诉信访则是指依法属于人民法院处理的信访案件。其实，这一界定并不准确。例如，因法院人事管理引发的信访，虽然依法也属于法院处理，但不应称为涉诉信访。中共中央办公厅、国务院办公厅《关于依法处理涉法涉诉信访问题的意见》（中办发〔2013〕26 号）提出“把涉及民商事、行政、刑事等诉讼权利救济的信访事项从普通信访体制中分离出来”，似乎是将涉诉信访界定为“涉及民商事、行政、刑事等诉讼权利救济的信访事项”。这一界定要更为具体，但仍不够恰当。事实上，很多涉诉信访与诉讼权利救济无关，不以诉讼权利受到侵害为条件，而只是当事人博弈或者向司法机关施压的法外手段。

〔2〕 唐慧案实际包括其女儿被强奸及强迫卖淫案、唐慧因上访被劳教案和唐慧因被错误劳教申请国家赔偿案。这里仅指其女被强奸及强迫卖淫案。

〔3〕 以下关于案情及唐慧上访的情况，请参见柴会群、邵克：“‘永州幼女被迫卖淫案’再调查——唐慧赢了，法治赢了没?”，载南方周末网，http://www.infzm.com/content/93029/，2015 年 5 月 19 日访问；柴会群、邵克：“什么造就了唐慧”，载南方周末网，http://www.infzm.com/content/93030，2015 年 5 月 19 日访问；维基百科“唐慧案”词条。

乐乐离家出走，被前不久刚结识的周军辉介绍到秦星和她男友陈刚开设的“柳情缘休闲中心”卖淫，直到12月30日唐慧报警后由零陵区民警接出。期间，据称还遭刘润、蒋军军、兰小强、秦斌四人轮奸。2007年1月5日，永州市公安局零陵分局刑警大队对主犯秦星以涉嫌“介绍、容留卖淫罪”立案。立案之后，唐慧指控负责该案的警察杨军祥“中断侦查19天”，“故意错失最佳破案时机”，并开始进京上访。不久，杨军祥被认为“工作失职”，受到“严重警告”处分。2007年2月14日，时任湖南省公安厅治安总队长接到唐慧反映女儿案情的来信，批示永州方面要“高度重视，依法惩处”；2月28日，唐慧“跪见”当时新上任的永州市公安局局长刘建宽，刘批示“务必严惩彻查，并追究民警办案不力的责任”。在该案被移交检察院审查起诉时，秦星的罪名由最初的“容留卖淫罪”变成了“组织卖淫罪”。2007年6月，在听说该案可能由永州市零陵区人民检察院起诉时，唐慧找到永州市人民检察院检察长，要求由市检察院公诉。在被拒绝后，唐慧“静坐绝食两天”。最终该案改由永州市人民检察院公诉。永州市人民检察院负责此案的检察官屈中平认为该案中缺乏被告人“强迫”乐乐卖淫的事实和证据，决定以“组织卖淫罪”起诉。得到此消息后，正在生病住院的唐慧“吊针一拔”，再次找到市检察院，在大厅跪了18个小时，其结果是检察院更换了公诉人，制作了新的起诉书，将“强迫卖淫罪”写入其中。

2008年6月6日，永州市中级人民法院作出一审判决。秦星、周军辉被判处死刑，陈刚、刘润被判处无期徒刑，兰小强、蒋军军分别被判处有期徒刑15年和16年（秦斌在逃）。此外判处6名被告人共赔偿被害人9万元。6名被告人不服，均提起了上诉。唐慧申请永州市人民检察院提起了抗诉。2009年2月11日，永州中院对此案作出第一次重审判决，维持了原判。重审判决后，唐慧认为法院审理超出时限，在宣判前未公告、未通知，民事赔偿太少，从2月16日起，坐到永州中院刑一庭庭长张晓龙的办公室，在此吃住 18 天。第一次重审之后，6 名被告人再度上诉。湖南高院以“证据不足，事实不清”为由再次发回永州中院重审。2010 年 11 月 24 日，乐乐案第四次开庭审理，在庭审进行当中，唐慧突然提出取消这次开庭，否则将“死给你们看”。这次开庭最终取消。永州中院还同意唐慧意见，整个刑一庭回避此案。更换了法官之后，唐慧向永州中院称：判决书出来之前，她和家人将留在法院立案大厅。永州中院被迫于 2011 年 3 月 28 日下达判决书，唐慧一家人次日撤离中院，最终在法院滞留 15 天。第二次重审判决，除维持秦星、周军辉死刑，陈刚、刘润无期徒刑外，原来被判有期徒刑的蒋军军、兰小强被改判无期徒刑。6 名被告人再度上诉，湖南高院直接审理。2012 年 5 月 22 日，唐慧到湖南高院“下跪”，其间法警与其发生肢体冲突，唐慧为此住院 7 天。2012 年 6 月，历经 6 个合议庭、18 位法官审理之后，此案终于走完常规诉讼历程。二审维持了一审最后一次重审的判决，为终审判决。2012 年 7 月 3 日，唐慧到湖南省公安厅大门口举牌跪地喊冤，要求追究女儿案子中“渎职”警察的责任。在信访接待室内，唐慧以头撞墙，一直到相关领导出面接待。后来，最高人民法院未核准秦星、周军辉死刑，将案件发回湖南高院重审。2014 年 9 月 5 日，湖南高院对秦星、周军辉作出二审重审宣判，两人被改判无期。

从以上案情大略可以看出，唐慧案从立案、起诉、起诉罪名、起诉机关层级到法院的每一次审判、审判庭组成、判决刑期、民事赔偿等，诉讼的每一个重要阶段和要素，其结果无不由唐慧上访来推动实现。笔者甚至产生这样一种错觉，该案的刑事诉讼程序不过是唐慧手中的牵线木偶。作为国家权力的司法权、作为“刀把子”的政法机关，竟然脆弱如斯。然而，势单力薄的公民个体的上访之所以有如此威力，却非源于法律或任何正式国家制度的保障，实际不过是因为上访人采取了正确的行动策略，以致产生了足以压服政法机关、扭曲刑事司法程序的压力。具体说来，表现为三个方面：一是以受害者的自虐行为换取道德支持。例如，在市检察院静坐绝食2天、下跪18个小时、到省高院下跪、在省公安厅接待室以头撞墙，等等。通过这些，唐慧向有关机关展现了其作为弱小受害者的孤苦无助和悲惨遭遇，获得道义同情，并以常人难以忍受的付出，最大限度消除对其诉求真实性的疑虑。二是将苦情诉诸高层，引入更高权力的干预。例如，唐慧给湖南省公安厅治安总队长写信、跪见永州市公安局局长，而且据媒体报道，她6年间进京上访23次、赴省上访百余次。结果，唐慧如愿得到省市公安部门领导的批示，促成永州市公安局成立专案组。三是故意破坏现行秩序，制造维稳压力。例如，其通过选择十七大召开之际到京上访、在永州中院办公室吃住18天、以死相逼取消某次开庭、一家人在中院滞留15天、到省公安厅举牌跪地喊冤等，向有关机关宣示其破釜沉舟，不惜以命相搏甚至制造政治影响的决心，以警告他们不要轻举妄动、实施制裁。事实证明，唐慧的这些上访策略是极为成功的，牵引案件一步步达其所愿。

（二）涉法涉诉信访制度改革的有效性分析

涉法涉诉信访曾长期高位运行，一度占到信访案件总数的62%，其中涉及审判机关的信访问题占87.7%。[1]这种状况无疑严重损害了司法权威，影响了司法公信力，引起从中央到地方的广泛重视。为解决涉法涉诉信访困境，中共十八届三中全会《关于全面深化改革若干重大问题的决定》明确要求，“把涉法涉诉信访纳入法治轨道解决，建立涉法涉诉信访依法终结制度。”为贯彻这一要求，2013年12月19日，中共中央办公厅、国务院

---

〔1〕2011年11月24日，最高人民法院常务副院长沈德咏在北京法院“带案下访”活动结束时的讲话。转引自王峰：“信访‘悬河’　涉法涉诉信访为何难以终结?”，载《21世纪经济报道》2014年5月7日；转引自新浪网，http://finance.sina.com.cn/roll/20140507/021419021281.shtml，2015年5月18日访问。

办公厅印发《关于依法处理涉法涉诉信访问题的意见》（中办发〔2013〕26号，以下简称《意见》），对涉法涉诉信访改革进行了系统部署。

《意见》强调，改革涉法涉诉信访工作机制、依法处理涉法涉诉信访问题的总体思路是：改变经常性集中交办、过分依靠行政推动、通过信访启动法律程序的工作方式，把解决涉法涉诉信访问题纳入法治轨道，由政法机关依法按程序处理，依法纠正执法差错，依法保障合法权益，依法维护公正结论，保护合法信访、制止违法闹访。努力实现案结事了、息诉息访，实现维护人民群众合法权益与维护司法权威的统一。围绕这一总体思路，《意见》提出一条核心举措、三项配套举措。

一条核心举措，即实行诉讼与信访分离制度。《意见》提出，把涉及民商事、行政、刑事等诉讼权利救济的信访事项从普通信访体制中分离出来，由政法机关依法处理。各级信访部门对到本部门上访的涉诉信访群众，应当引导其到政法机关反映问题；对按规定受理的涉及公安机关、司法行政机关的涉法涉诉信访事项，收到的群众涉法涉诉信件，应当转同级政法机关依法处理。

三项配套举措：一是建立涉法涉诉信访事项导入司法程序机制。对涉法涉诉信访事项，各级政法机关要及时审查、甄别。对于正在法律程序中的，继续依法按程序办理；对于已经结案，但符合复议、复核、再审条件的，依法转入相应法律程序办理；对于已经结案，不符合复议、复核、再审条件的，做好不予受理的解释说明工作；对于不服有关行政机关依法作出的行政复议决定，经释法明理仍不服的，可引导其向人民法院提起行政诉讼。有关处理程序和结果，应当严格按照规定的期限和方式，及时告知当事人。二是严格落实依法按程序办理制度。各级政法机关对于已经进入法律程序处理的案件，应当依法按程序在法定时限内公正办结。对经复议、审理、复核，确属错案、瑕疵案的，依法纠正错误、补正瑕疵；属于国家赔偿范围的，依照国家赔偿法的有关规定办理。对经复议、审理、复核，未发现错误的，依法维持原裁决，并按照有关规定及时告知当事人。三是建立涉法涉诉信访依法终结制度。中央政法机关按照修改后的刑事诉讼法、民事诉讼法和相关法律法规，修改完善涉法涉诉信访终结办法。对涉法涉诉信访事项，已经穷尽法律程序的，依法作出的判决、裁定为终结决定。对在申诉时限内反复缠访缠诉，经过案件审查、评查等方式，并经中央或省级政法机关审核，认定其反映问题已经得到公正处理的，除有法律规定的情形外，依法不再启动复查程序。各级各有关部门不再统计、交办、通报，重点是做好对信访人的解释、疏导工作。〔1〕

2014 年 9 月，中央政法委印发《关于建立涉法涉诉信访事项导入法律程序工作机制的意见》（以下简称《导入意见》）、《关于建立涉法涉诉信访执法错误纠正和瑕疵补正机制的指导意见》（以下简称《纠错意见》）、《关于健全涉法涉诉信访依法终结制度的实施意见》（以下简称《终结意见》），对《意见》提出的三项配套举措进一步予以细化，使之更具可操作性。其中，《导入意见》主要着眼于解决入口不畅的问题，确保符合条件的涉法涉诉信访事项在法律程序内得到及时处理，防止一些案件游离在法治轨道外，形成越级访、违法访。文件重点明确了诉与访的标准，对什么是诉类事项、什么是访类事项作了严格区分，以及导入相应法律程序的各种具体情形；为防止界限不清、相互推诿、案件积压，要求政法机关建立内外部衔接配合机制，加强督导检查，确保导入工作依法有序进行。《纠错意见》主要着眼于防止法律程序“空转”，解决有错不纠的问题。特别是对实体没有问题，但办案程序、司法文书等方面存有瑕疵的案件，提出了原则

〔1〕 相关内容参见《中共中央办公厅、国务院办公厅印发〈关于依法处理涉法涉诉信访问题的意见〉》，载新华网，http://news. xinhuanet. com/politics/2014 - 03/19/c_ 119848574. htm，2015 年 5 月 18 日访问。

性解决办法，要求政法机关出台具体实施意见，在法律程序内解决，不能对带有小毛病、小问题的案件推出不管。文件原则提出了执法错误、瑕疵的认定标准，以及依法纠正错误、补正瑕疵的办法；从健全内部纠错机制、加强外部监督制约、严格责任查究等方面提出了意见；从矛盾化解、舆情引导、源头治理三个方面，就增强工作效果提出了具体要求。《终结意见》主要着眼于解决出口不畅的问题，防止终而不结、无限申诉，切实维护司法权威。文件重点明确了依法终结的范围和法律依据，细化了终结标准和程序，确保终结案件质量；对问题已经依法公正解决仍然缠访缠诉的个案，明确了综合化解的具体要求，以确保终结事项依法有序退出法律处理程序。〔1〕

可见，从《意见》到三个配套性文件，已经形成了一整套依法处理涉法涉诉信访问题的工作机制，贯穿其中的主导思想就是“程序化”或曰“诉讼化”，即最大可能地将涉法涉诉信访问题纳入司法程序解决，为此不惜“降低受理门槛”，明确“只要可能存在执法过错或瑕疵的，都应当依法予以审查”；无法纳入或者不再适合纳入的，也应通过规范的程序予以终结。甚至有学者将涉法涉诉信访改革的目标直接标定为“以司法终结”。〔2〕诚然，这样的思路和做法能够将相当数量的涉法涉诉信访事项引入成熟、理性的诉讼程序解决，防止信访事项处理工作成为法外之地。在效果上，或许可以大幅降低涉法涉诉信访的数量，改变涉法涉诉信访处理随意无序的现状。但在笔者看来，这些举措对于防止和排除涉法涉诉信访干扰司法独立、司法公正，似乎还远远不够。

信访是一种双向活动，即信访人向公权力主体提出诉求，公

---

〔1〕参见“中央政法委就印发涉法涉诉信访改革配套文件答记者问”，2014 年 9 月 11 日，载人民网，http://legal.people.com.cn/n/2014/0911/c188502-25645148.html，2015 年 5 月 18 日访问。

〔2〕邢世伟：“涉法涉诉信访改革目标：以司法终结”，载凤凰网，http://finance.ifeng.com/a/20131116/11096094_0.shtml，2015 年 5 月 18 日访问。

权力主体予以处理。前者是“信访活动”，后者是“信访工作”。信访的法治化，除了信访活动和信访工作的法治化，非常关键的一点是“活动”进入“工作”之切入点的法治化，亦即必须限定信访事项导入法律程序的条件。对此，《导入意见》已有明确规定。然而，真正的问题在于，信访的政治化尤其是维稳化，使之成为一种可能不受法律约束的行为，因而具有了打破一切常规规则的力量。在官方正式的意识形态话语中，信访工作被视为“党的群众工作的重要组成部分”，是“党和政府联系群众的重要桥梁”。同时，司法工作作为“人民司法”，“是依靠人民、便利人民、为人民服务的工作，人民司法工作者应该全心全意为人民服务”。〔1〕政法机关既是执法司法机关，也是群众工作机关；政法干警既是执法司法工作者，也是群众工作者。妥善处理群众涉法涉诉信访理所当然成为司法工作的重要内容之一。如果处理不好，则可能遭到“群众观念淡薄”、“群众立场不坚定”、“不善于做群众工作”等富有意识形态色彩的指责，给司法机关造成难以言明的强大压力。更为紧要的是，在现实中，信访问题和信访活动通常是与稳定或维稳联系在一起的。例如，早在2004年就成立了“中央集中处理信访突出问题及群体性事件联席会议制度”，〔2〕到2007年，全国县级以上地方都相应建立健全了这一制度。〔3〕地方各级更是把信访与稳定、综治工作“一把抓”，在多数省份都由政法委书记分管信访工作。而稳定则是压倒一切的政治任务。由此，信访包括涉法涉诉信访真正获得了能够撼动官僚机构之惰性、打破程式化规则之惯性的强大能力，成为“弱者的

〔1〕《沈钧儒文集》，人民出版社1994年版，第661页。

〔2〕“中央已建立处理信访问题联席会议制度”，载人民网，http://www.people.com.cn/GB/shizheng/1026/3030023.html，2015年5月18日访问。

〔3〕李亚杰、魏武：“信访突出问题及群体性事件联席会议协调机制普及”，载新华网2007年3月28日，转引自搜狐网，http://news.sohu.com/20070328/n249042816.shtml，2015年5月18日访问。

有力武器”，并给信访人提供了明确的行动指引——竭力把信访“问题化”，即通过越级上访、集体上访、非正常上访乃至堵门堵路、拦轿喊冤、自伤自残等方式，使个人利益诉求转化为司法机关所高度敏感的权力等级秩序、政治声誉、社会稳定等问题。这些行为，在“人民司法”、“稳定压倒一切”等政治话语塑造的意义情境和制度现实中，使得本来再正常不过的个体诉求被赋予不同寻常的政治内涵，成为影响社会稳定和公众政治评价的“事件”，从而也就具有了不同寻常的影响力和破坏力。简单来说，这是一种“施压制造麻烦，麻烦倒逼行动”的非正式规则，“大闹大解决，小闹小解决，不闹不解决”正是恰如其分的形象表述。而恰恰由于其非正式性，使之潜藏了难以预料甚或超出主流意识形态和社会现实所能够承受的限度的后果。上访正是以这种不确定性来撬动板结的权力秩序的。

（三）以“去维稳化”推动涉法涉诉信访的法治化

目前，关于涉法涉诉信访的法治化改革措施，以推进信访工作的规范化、制度化为重点，却忽视了信访活动的复杂政治意义和独特运行逻辑，恐怕难以取得预期的成效。一些迹象表明，这样的猜测并非臆想。例如，访民万锁忠的信访事项早在2010年4月26日即被河北高院“终结”，但他仍坚持上访。2012年5月，有关单位同万锁忠签订协议书，以万锁忠“保证今后息诉罢访”为条件，给予他14万余元赔偿和近6万元的经济帮助费。此后，万锁忠又“收到一张存了12万的银行卡”。他的态度却是，“给钱就拿着”，然后继续上访。〔1〕可见，不论信访工作行为如何，只要信访活动仍然被政治化，包括司法机关在内的权力主体就不得不向其妥协，给予其种种法外利益。

---

〔1〕 王峰：“信访‘悬河’　涉法涉诉信访为何难以终结?”，载《21世纪经济报道》2014年5月7日，转引自新浪网，http://finance.sina.com.cn/roll/20140507/021419021281.shtml，2015年5月18日访问。

因而在笔者看来，涉法涉诉信访进一步的改革，必须着眼于信访的“去维稳化”，将信访活动还原为法律行为，从而实现法律规制。首要的是理清涉法涉诉信访与维稳的关系。维稳，简单说就是预防和处置不稳定事件。而一个行为要构成不稳定事件，必须已经或即将对现有的政治、法律、社会等国家秩序造成严重的破坏性后果。在法治化的语境下，不稳定事件的判断标准只能是法律，具体说是治安管理处罚法和刑法。只有违反这两部法律的行为，才可以称之为不稳定事件。信访活动包括涉法涉诉信访活动，是向国家机关反映情况，提出建议、意见或者投诉请求的行为，〔1〕为宪法、法律所认可，虽然某些具体的信访活动如大规模聚集上访、缠访闹访等可能涉及违法，但其整体属性并非不稳定事件。正如国家信访局副局长张恩玺所言，“不能简单把信访与维稳等同起来，更不能把上访人员当作‘维稳对象’，这是与法规规定相悖的。”〔2〕因此，应当坚决改变将信访与社会稳定笼统挂钩对应的观念和做法。

第一，不应对正常信访数量进行考核排名。事实上，在国家层面，从未对各省信访数量尤其是正常信访数量进行过考核排名。目前，国家信访局只对各地进京重复非正常上访数量进行“点对点、一对一”的通报。〔3〕但在省级以下，普遍的做法是对信访数量尤其是进京赴省上访〔4〕数量进行考核排名。例如，湖

〔1〕参见国务院《信访条例》第2条。

〔2〕“张恩玺：不能把上访人员当作‘维稳对象’”，载新华网新华访谈，http://news.xinhuanet.com/talking/2015-05/13/c_1115270916.htm，2015年5月19日访问。

〔3〕“信访局：‘点对点’通报非正常进京上访 取消排名”，载人民网，2013年11月28日，http://politics.people.com.cn/n/2013/1128/c70731-23684283.html.

〔4〕“上访”即《信访条例》所说的“走访”，以信件、网络方式进行投诉笼统地称“信访”，但不叫“上访”。“在政府对游行、示威严格管制的情形下，‘走访’尤其是‘集体上访’不过是民众以上访名义进行的游行示威，一种公开施加压力的手段。其它非走访的‘信访’，最多只能传递信息，而不能施加压力。”赵晓力：“信访的制度逻辑”，载《二十一世纪》2005年6月号。

南省永州市零陵区对乡镇政府信访考核实行“百分制”，其中“减少越级上访量”一项就占50分。在“特别防护期”，如发生“进京非正常个访”和“进京非正常个访且登记挂号”的，每人次分别扣4分、8分。[1]这是地方视上访为压力的重要原因，以后应予取消。

第二，禁止让司法机关参与信访人稳控工作。之前，一些地方让司法机关参与涉法涉诉信访人的思想教育、帮扶救助、劝返接回等工作，在实行“诉访分离”之后，这项工作任务变得更加繁重，严重影响审判业务的正常开展。应当明确，不论是否由涉法涉诉信访引起，相关人员的教育稳控工作都属于政府的职责范围，司法机关作为审判机关不应继续参与。

第三，调整信访工作责任追究制度。当前的信访工作责任追究也体现为一种维稳倾向。例如，《信访条例》第40~45条[2]规定了有关机关的法律责任，其中“造成严重后果”是追责的必要条件。所谓“严重后果”，通常指的就是影响社会和谐稳定。例如，2014年7月16日，7名来自江苏泗洪县的访民在中国青年报社门口喝农药自杀，随后有关地方和部门迅速启动调查，对包括泗洪县县委书记徐德在内的14名责任人进行责任追究。这无疑给信访人一种错误导向，即努力制造足以妨碍社会观瞻、影响社会稳定的“严重后果”，形成追责条件，以此向有关机关施压。因此，建议删除责任追究条款中“造成严重后果”或“造成不良社会影响”之类的条件，规定凡因违法行为侵害信访人合法权益的，都应当承担相应责任。

第四，严肃依法处理信访中的违法行为。为制造足够大的压

---

〔1〕“国家信访局已暂停公布各地信访人数排名表数月”，载《南京日报》2013年5月8日，转引自新浪网，http://zj.sina.com.cn/news/d/2013-05-08/101979268.html，2015年5月19日访问。

〔2〕《信访条例》虽然不规范涉法涉诉信访，但对整个信访工作具有示范意义。

力，很多上访人往往将“问题化”策略运用到极致，不惜采取违法行为，公然与有关机关进行对抗。例如，唐慧在永州中院办公室吃住 18 天，一家人在中院滞留 15 天，等等。但出于种种原因，有关机关不敢依法处置，只得进行妥协退让。这种状况是对国家法制的严重侵犯，也纵容部分上访人得寸进尺，敢于以无底线的非法行为，博取法外利益。必须改变“大闹大解决”的现实逻辑，对违法信访活动严格执法，将其约束在理性的轨道上。

需要强调的是，在我国，信访的维稳化不仅是一种制度现实，也是一种无处不在的政治文化，以至于在很多方面，当前还不具备开展严肃、深入探讨的条件。上述四个方面的建议，只是从可行性角度提出的技术性完善措施，虽不能从根本上解决信访对司法的干扰，但应该不会一无是处、徒劳无功。